河南大学马克思主义学院出版基金资助
中国博士后科学基金资助项目（2014M551998）
河南省教育厅人文社会科学研究规划项目（2014-gh-271）

马克思主义理论研究丛书

现代化视野下的私立中学研究
（1902—1936）

周志刚 著

Xiandaihua Shiyexia De Sili Zhongxue Yanjiu
（1902-1936）

中国社会科学出版社

图书在版编目(CIP)数据

现代化视野下的私立中学研究（1902—1936）/周志刚著.—北京：中国社会科学出版社，2015.1

ISBN 978-7-5161-5362-8

Ⅰ.①现… Ⅱ.①周… Ⅲ.①私立学校—中学—发展—研究—中国—1902~1936 Ⅳ.①G639.21

中国版本图书馆 CIP 数据核字（2014）第 305433 号

出 版 人	赵剑英
责任编辑	田　文
特约编辑	陈　琳
责任校对	张爱华
责任印制	王　超

出　　版	中国社会科学出版社
社　　址	北京鼓楼西大街甲 158 号（邮编 100720）
网　　址	http://www.csspw.cn
	中文域名：中国社科网　010-64070619
发 行 部	010-84083685
门 市 部	010-84029450
经　　销	新华书店及其他书店
印　　刷	北京君升印刷有限公司
装　　订	廊坊市广阳区广增装订厂
版　　次	2015 年 1 月第 1 版
印　　次	2015 年 1 月第 1 次印刷
开　　本	710×1000　1/16
印　　张	17.75
插　　页	2
字　　数	300 千字
定　　价	55.00 元

凡购买中国社会科学出版社图书，如有质量问题请与本社联系调换
电话：010-84083683
版权所有　侵权必究

目　录

绪论 ………………………………………………………………（1）
　一　问题的缘起、时间断限及相关概念 …………………………（1）
　　（一）问题缘起 ……………………………………………………（1）
　　（二）时间断限 ……………………………………………………（3）
　　（三）相关概念 ……………………………………………………（4）
　二　相关研究综述 …………………………………………………（6）
　　（一）以私立教育为研究对象的论著 ……………………………（6）
　　（二）与近代私立中学相关的论著 ………………………………（7）
　　（三）与近代私立中学相关的论文 ………………………………（9）
　三　研究思路与框架 ………………………………………………（12）

第一章　社会的转型与教育的转型 …………………………………（17）
　一　社会变迁与教育变革的联动共振关系 ………………………（17）
　　（一）教育是社会结构的有机组成 ………………………………（17）
　　（二）在社会动态发展中考察教育 ………………………………（19）
　二　20世纪初中国社会的现代化转型 ……………………………（21）
　　（一）工业的发展与城市化进程 …………………………………（21）
　　（二）新兴知识分子与工商业者 …………………………………（24）
　　（三）政治制度的现代重构 ………………………………………（26）
　　（四）文化观念的冲突与交融 ……………………………………（29）
　三　中国近代教育的现代化转型 …………………………………（33）
　　（一）教育普及程度的提高 ………………………………………（34）
　　（二）现代教育制度的确立 ………………………………………（36）

（三）近代"七科之学"的形成 …………………………………… (37)
　　（四）民间教育团体及报刊的兴起 ……………………………… (38)
　　（五）从模仿西方到中国本土化 ………………………………… (41)

第二章　私立中学发展的几个阶段 …………………………………… (44)
　一　私立中学的兴起(1902—1911) ………………………………… (44)
　　（一）新学制设立和科举制废除 ………………………………… (44)
　　（二）官方对兴学的褒奖 ………………………………………… (47)
　　（三）"学优则仕"观的驱动 ……………………………………… (49)
　　（四）私立中学的兴起 …………………………………………… (51)
　二　私立中学的快速发展(1912—1927) …………………………… (54)
　　（一）壬子·癸丑学制和壬戌学制 ……………………………… (54)
　　（二）私立中学的快速发展 ……………………………………… (56)
　三　私立中学的稳定发展(1928—1936) …………………………… (63)
　　（一）私立中学的稳定发展 ……………………………………… (63)
　　（二）私立中学发展中的政府因素 ……………………………… (67)

第三章　关于私立中学教育的立法 …………………………………… (73)
　一　近代教育立法的发展概况 ……………………………………… (73)
　　（一）从清末到国民政府前期的教育立法概况 ………………… (73)
　　（二）清末民国时期教育宗旨的演变 …………………………… (74)
　二　与私立中学相关的法规 ………………………………………… (79)
　　（一）私立中学的定位 …………………………………………… (79)
　　（二）私立中学的立案与取缔 …………………………………… (81)
　　（三）关于校董会的规定 ………………………………………… (88)
　　（四）关于经费补助与财务监督的规定 ………………………… (92)
　　（五）关于褒奖捐资兴学的规定 ………………………………… (97)
　三　对教会中学的改造 ……………………………………………… (98)
　　（一）教会中学在中国的发展 …………………………………… (98)
　　（二）教会中学的被迫立案 ……………………………………… (100)
　　（三）教会中学的去教会化 ……………………………………… (104)

第四章 私立中学的学校管理 ……………………………………… (108)
一 民主专业管理方式的建构 ……………………………………… (108)
（一）校董会管理模式的确立 ………………………………… (108)
（二）校董会的组织和运作 …………………………………… (111)
（三）私立中学的学校管理 …………………………………… (117)
二 私立中学的校园矛盾及解决方式 ……………………………… (128)
（一）校园矛盾的产生 ………………………………………… (129)
（二）私立中学的训育 ………………………………………… (132)
（三）学生会社的疏导 ………………………………………… (136)

第五章 私立中学的经费问题 …………………………………… (140)
一 经费的筹集 ……………………………………………………… (140)
（一）私立中学的经常性收入 ………………………………… (141)
（二）私立中学的临时性收入 ………………………………… (147)
二 经费的支出 ……………………………………………………… (160)
（一）私立中学的经费支出 …………………………………… (160)
（二）私立中学的非营利性 …………………………………… (170)
三 私立中学是贵族学校吗 ………………………………………… (175)
（一）私立中学学生的在校开支 ……………………………… (175)
（二）学生家庭的职业分布 …………………………………… (179)
（三）私立中学并非贵族学校 ………………………………… (182)

第六章 私立中学的课程与教学 ………………………………… (185)
一 私立中学的教育理念与教学方法 ……………………………… (185)
（一）私立中学的教育理念 …………………………………… (185)
（二）私立中学的教学方法 …………………………………… (190)
二 私立中学的课程设置 …………………………………………… (194)
（一）私立中学的课程设置 …………………………………… (194)
（二）私立中学课程设置的特点 ……………………………… (200)
三 从外语和体育看私立中学的学科教学 ………………………… (203)
（一）外语教学 ………………………………………………… (203)
（二）体育教学 ………………………………………………… (210)

四　教学成绩与毕业生的出路 …………………………………… (217)
　　　（一）教学成绩的考察 ……………………………………… (217)
　　　（二）毕业生的出路 ………………………………………… (220)

第七章　私立中学的社会参与 ……………………………………… (226)
　　一　近代私立中学参与社会的形成条件 ……………………… (226)
　　　（一）"经世"与"笃行"观念的延续 ……………………… (226)
　　　（二）私立中学参与社会的时代条件 ……………………… (228)
　　二　私立中学的社会参与 ……………………………………… (233)
　　　（一）私立中学的政治运动参与 …………………………… (233)
　　　（二）私立中学与庆祝性社会活动 ………………………… (240)
　　　（三）私立中学与中国早期话剧活动 ……………………… (243)
　　　（四）私立中学与革命力量的培养 ………………………… (245)
　　三　关于私立中学社会参与的认识 …………………………… (249)
　　　（一）私立中学社会参与的特征 …………………………… (249)
　　　（二）私立中学社会参与的作用 …………………………… (250)

余论　近代私立中学的地位及启示 ………………………………… (253)
　　一　带动了近代中国教育的普及 ……………………………… (253)
　　二　开创了中国教育管理新模式 ……………………………… (255)
　　三　推动了教育法治化进程 …………………………………… (257)
　　四　对当代民办教育的启示 …………………………………… (258)

主要参考文献 ………………………………………………………… (261)

绪　　论

一　问题的缘起、时间断限及相关概念

（一）问题缘起

中国近代史的主题是现代化的问题。[①]

从1500年左右的新航路开辟之后，西方国家逐渐向现代化的道路迈

[①] 关于如何书写中国近代史的问题，存在着"现代化范式"和"革命史范式"之争。蒋廷黻写于1938年的《中国近代史大纲》写道："中国人能近代化吗？能赶上西洋人吗？能利用科学和机械吗？能废除我们家族和家乡观念而组织一个近代的民族国家吗？能的话，我们民族的前途是光明的；不能的话，我们这个民族是没有前途的。"（蒋廷黻：《中国近代史大纲》，江苏教育出版社2006年版，第2页）这是较早地以现（近）代化作为中国近代主题的观点。针对此观点，范文澜的《中国近代史》则明确地用"革命史"来书写中国近代史，他把鸦片战争后的近代中国历史作为半殖民地半封建社会，以1919年为界，之前为旧民主主义时期，之后为新民主主义时期，成为以后中国书写近代史的经典模式。（范文澜：《中国近代史》（上编第一分册），华北新华书店1947年版）1949年以来大陆史学界由于普遍采用阶级斗争和阶级观点来研究历史，并且由于政治对学术的干预，"革命史范式"一直占据主流地位。近二十年来，伴随着现代化理论的发展，有人开始用现代化理论来阐释中国近代史。虞和平认为，"反对帝国主义侵略，争取国家独立的民族化，与工业化、民主化一起，共同构成殖民地半殖民地国家实现现代化的核心含义"。即"反帝反封建的改革和革命应该包含在现代化进程之中"。提出了用"现代化范式"涵盖"革命史范式"的观点。（虞和平：《中国现代化历程》（第一卷），江苏人民出版社2001年版，"绪论"第22—28页）张宪文亦持相似观点，认为"一百多年来，中国人民不怕牺牲、前仆后继为之奋斗的目标，就是要建设一个独立、自由、民主、统一、富强的现代中国，把中国从封建专制的传统社会引向现代国家的发展道路"。"历史事实、历史过程都必须围绕建设现代中国这一主线展开。"（张宪文：《中华民国史》，南京大学出版社2005年版，"导论"第7页）西方学者吉尔伯特·罗兹曼尽管认为现代化研究方法只是研究中国历史的方法和手段之一，然而由于他认为以阶级斗争论为代表的革命史观并不能很好地解释历史，因此在其《中国的现代化》中，几乎看不到中国革命的影子。（［美］吉尔伯特·罗兹曼：《中国的现代化》，江苏人民出版社2005年版）但张海鹏反对用"现代化范式"取代、包含"革命史范式"，他认为"现代化的视角如果不与革命史的视角相结合，仅仅用现代化理论揭示近代历史，也难以科学地复原历史的真实面目。……是革命、改良、夺权、反抗与斗争的基调，制约了现代化的进程，而不是现代化的进程带动了革命的进程"。书写中国近代史，应该"在'革命史范式'主导下，兼采'现代化范式'的视角"（张海鹏：《中国近代通史》（第一卷），江苏人民出版社2006年版，第48—50页）。笔者倾向于采用虞和平与张宪文的观点，认为从宏观上来说，现代化范式包含了革命史的内涵。

进，而中国此前虽不乏郑和下西洋之壮举、四大发明之荣耀，但却在"天朝上国"的自我陶醉中渐渐褪去了昔日的辉煌。及至19世纪中期，国门被完成工业革命的英国的坚船利炮打开，之后的中国艰难地在现代化的道路上行进。如何救亡图存，求富求强？数千年未有之大变局促使人们从各个角度反思中国命运的乖蹇，李鸿章、康有为、孙中山、胡适、鲁迅等等，他们从思想到实践，从器物到制度再到文化，[①] 从来没有停止过对"中国向何处去？"的探索，也给后人留下了无尽的感慨和继续的思考。

纵观整个中国近代，可以说是云谲波诡的时代，诸多矛盾纷繁复杂，如何在矛盾的交汇处找到合适的切面作为观察当时社会的窗口？在阅读大量的材料和论著的过程中，笔者注意到了教育在近代的演变和发展的现代化取向，且此取向亦为各史家所认同。[②] 然而教育是一个结构庞大、内容丰富的领域，从何处着手进行研究呢？近代以来，学校成为实现教育目的的最重要载体，"精英文化与大众文化的唯一结合存在于学校"[③]，特别是中学更是精英思想和大众要求沟通交流的重要区域，[④] 最终笔者把关注点

[①] 此处借用了梁启超的说法。在《五十年中国进化概论》(1923)中，梁启超将中国向西方学习的过程分为三期：第一期是补器物的不足；第二期是补制度的不足；第三期是补文化的不足。这和中国早期现代化的历程也是基本吻合的。（《最近之五十年》，申报馆1923年版，"五十年来之中国"第3页）另在此之前陈独秀在1916年也有类似的表达：自西洋文明输入吾国，最初促吾人之觉悟者为学术；其次为政治；伦理的觉悟，为吾人最后觉悟之最后觉悟。（《独秀文存》，安徽人民出版社1987年版，第41页）

[②] 不过在讨论教育在现代化进程中的地位和作用时则有分歧产生。对教育在现代化进程中的地位和作用评价较高的如章开沅认为："教育近代化是整个社会近代化的重要组成部分，甚至可以说是关键部分。""教育领域的新旧之争，其激烈程度并不次于政治领域与经济领域，而其影响覆盖面甚至更大于后两个领域。"（章开沅：总序，田正平主编：《中国教育近代化研究丛书》，广东教育出版社1996年版）但吉尔伯特·罗兹曼则质疑"是否像某些人指出的那样，知识和教育事业上的是非曲直在勾画中国现代化的道路方面起着决定性的作用"。（[美]吉尔伯特·罗兹曼：《中国的现代化》，江苏人民出版社2005年版，第10页）

[③] [美]阿普尔：《意识形态与课程》，黄忠敬译，华东师范大学出版社2001年版，第29页。

[④] 教育分成高等教育、中等教育和初等教育三个层次，高等教育主要以培养社会精英（elite）为主，虽然他们的思想领风气之先，毕竟他们和社会中下层接触较少，其思想的传播往往是历时性的，对当时民众的直接影响有限；而初等教育的受众多年龄较小，在社会的参与度较低，对社会的直接影响度亦较低；中等教育处于两者之间，具有双重责任：既要为高等教育输送合格学生，又要为社会培养就业人员，因此中等教育与社会的各个阶层都有直接的联系，中等教育既会受社会各种思潮的直接影响来确定自己的教育方针和教育政策，还必须通过不断调整自身的教育内容和教育方法来满足社会的现实需要，中等教育的社会参与度是三者中最大的。若从剖析中国近代一般社会状态的话，中等教育应该是一个较好的切入点。

集中到了其中的私立中学①上,首先,因为私立中学发展的过程多维度地反映了当时的中国社会尤其是教育现代化的诸多特征,既体现诸如中西文化的矛盾与融合、传统与现代的冲突与消长等在教育领域共有的特征,还能将商人办学、教会办学等公立学校不具备的因素纳入我们的视野,对私立中学的剖析和对其社会地位的讨论必然有助于我们对近代社会作整体认识;其次,与官立中学"依附"于政府不同,私立中学办学过程中体现出更多的"自由"和"独立"性,为我们研究教育独立和国家权威之间的关系提供了一个新的视角;最后,私立中学在20世纪前期的快速发展也是引起笔者关注的原因之一。②

选择私立中学作为研究对象,还有其现实意义。历史研究的选题虽然是研究过去发生的人、物和事,但须应该给现实以某种意义上的启迪。强调历史的时代性是历史研究的起点和归宿,历史学家的显著特征就是具有时代感。克罗齐认为:一切真历史都是当代史,③因此,研究历史的起点应该从现实中寻找问题,"历史学研究若要顺利开展,第一个必要前提就是提出问题。"④本书也可以说是笔者面对当代私立中学的崛起而产生的一种问题意识,希望通过描述当时的私立中学的情况,为现代私立中学的发展提供一个参照。

(二) 时间断限

本书选取1902—1936年作为研究的时间范围,主要是从私立中学自

---

① 本书讨论的私立中学是指由个人、团体或教会投资兴办的普通中学,是相对于政府投资的官办中学相对而言的。在不同的历史时期,私立中学的名称略有区别,在官方法规性文件中先后出现过民立中学堂(《钦定学堂章程》,1902年)、公立中学、私立中学(《奏定学堂章程》,1904年)、私立中学校(《教育部公布中学校令》,1912年)、私立中学(《中学法》,1932年)等称谓。

② 在北洋军阀统治前期,私立中学在中学教育中所占的比例一直较小,大致在12%左右波动,南京国民政府成立以后,私立中学所占的比例呈逐年上升的趋势,1936年的私立普通中学在班级数量、学生人数和教职员人数等各方面均超过了公立中学,学生数所占比例达到了50.99%,由于抗日战争的爆发,比例降至40.02%(1938年),此后虽然有所回升,但再也没有回复到战前1936年的最高水平。数据见王伦信:《清末民国时期中学教育研究》,华东师范大学出版社2002年版,第215—218页。

③ [意]克罗齐:《历史学的理论和实际》,傅任敢译,商务印书馆1982年版,第2页。《史学理论研究》2006年第4期还曾以"时代精神与历史研究"为主题对史学的时代性进行了讨论。参与讨论的篇目依次有:庞卓恒:《时代精神与历史真理》;王学典:《在创造历史中研究历史》;赵文洪:《历史学家与时代和社会的联系》;侯建新:《史学的时代性与永远的历史性》;马勇:《绕不开的"时代精神"》。参与讨论的各文均不同程度地同意史学具有时代性。

④ [英]巴勒克拉夫:《当代史学主要趋势》,杨豫译,北京大学出版社2006年版,第44页。

身的发展来考虑。1902年，清政府颁布了《钦定学堂章程》，内有"地方绅富捐集款项……而设立中学堂，谓之民立中学堂"的规定，这是第一次从法律意义上确定了私立中学的合法性，可看作私立中学制度化的发端，到1936年，私立中学的相关立法已基本完备，私立中学被纳入国家的统一管理中，以后的发展大体是在此框架下进行，并无更大变化；另外，从数量上看，1936年的私立中学在班级数量、学生人数和教职员人数等各方面均超过了公立中学，学生数所占比例达到了50.99%，[①]1937年后，因日本发动全面侵华战争，中国的全民族抗战成为最主要任务，教育的发展严重受挫，进入非正常的发展状态，而本书的目的是想对私立中学的"常态"进行研究，因此决定以1936年作为研究的终点。

1902—1936年还是中国早期现代化中的重要阶段，在这一阶段中国的现代化从被动回应逐渐转为主动调适。政治制度、经济制度、文化教育、社会风俗等社会的各个方面在这一时期都发生了重大而深刻的转型，与社会发展联系密切的私立中学，本身既是中国早期现代化进程的结果，同时也是早期现代化进程的动力之一，研究这一时期的私立中学对认识早期现代化发展历程不无裨益。

（三）相关概念

本书力图用现代化[②]的角度来审视近代中国私立中学的发展。现代化

[①] 王伦信：《清末民国时期中学教育研究》，华东师范大学出版社2002年版，第216—218页表。

[②] 现代化是一个多阶段、多层次的历史过程，从不同角度研究现代化，对现代化的内涵就会有不同的解释。从60年代以来，关于现代化的定义及现代化的内涵，中西学者进行了广泛而深入的讨论，并形成了不同的研究流派，罗荣渠曾对现代化内涵的不同解说概括为四种类型：一、现代化是指近代资本主义兴起后的特定国际关系格局下，经济上落后的国家通过大搞技术革命，在经济和技术上赶上世界先进水平的历史进程；二、现代化实质就是工业化；三、现代化是自科学革命以来人类急剧变动过程的统称；四、现代化主要是一种心理态度、价值观和生活方式的改变过程。（《现代化新论》，商务印书馆2004版，第9—17页）如要对现代化的定义和内涵做进一步的了解，还可参阅下列国内较有代表性的有关现代化的专著：［美］塞缪尔·亨廷顿等：《现代化：理论与历史经验的再探讨》，上海译文出版社1993年版；［美］布莱克：《现代化的动力——一个比较史的研究》，四川人民出版社1988年版；金耀基：《从传统到现代》，中国人民大学出版社1999年版；殷海光：《中国文化的展望》，上海三联书店2002版；［美］吉尔伯特·罗兹曼：《中国的现代化》，江苏人民出版社2005年版；罗荣渠、牛大勇编：《中国现代化历程的探索》，北京大学出版社1992年版；钱乘旦、陈意新：《走向现代国家之路》，四川人民出版社1987版；虞和平：《中国现代化历程》，江苏人民出版社2001年版；尹保云：《什么是现代化》，人民出版社2001年版；毕道村：《现代化本质》，人民出版社2005年版。

是一个历史过程，应该有一个历史范畴的规定，尽管现代化的本质是人的解放和自由，但毕竟在500年的现代化历程中，人在不同时期的解放程度是不同的，由人建构起来的现代化社会制度也必然存在着历史的差异，这就决定了不同历史阶段的现代化内涵是有区别的，如当前世界（尤其是发达国家）正在进行的现代化，肯定和20世纪中期以前发生的现代化的内涵不同；后发性现代化国家和先发性现代化国家的现代化特征也肯定不尽相同，需要我们作具体分析和比较才能得出切合历史进程的结论。现代化还是一个综合发展的过程，因为人类历史就是"物质与精神、经济与社会互动"，同样，反映在对现代化内涵的理解上，不能仅从技术或物质的层面进行简单的理解，而应该将"包括生产效率、市场流通、思想观念、制度创新以及城市化和教育大众化等一系列指标"[1]综合考虑。

本书要讨论的是20世纪前期中国的教育问题，该时期处于中国的早期现代化[2]进程中，笔者认为中国早期现代化是指自19世纪中期以后，工业文明渗透到中国社会、经济、政治、文化、思想等各个领域并引起相应的深刻变化的历史过程。[3] 这其中也必然包括教育的早期现代化，即自19世纪中期到20世纪中期，在工业文明的冲击之下，中国教育领域的各个层面发生的与工业社会相适应的变化过程。[4] 具体说，就是在教育领域出现了与工业社会相适应的普及化、制度化、专业化、民族化等特征。

---

[1] 侯建新：《欧洲与世界：从传统到现代》，《天津师范大学学报（社会科学版）》2008年第4期。

[2] 笔者将中国现代化的早期定位于19世纪中期到20世纪中期。因为这一百年左右的时间内中国发展的脉络基本是连续的，20世纪中期之后（尤其是从1956社会主义改造）之后，中国现代化发展明显转向，呈现出不同的特征。实际上直到当前，中国的现代化道路仍在继续探索之中，并且尚需较长时间才能形成较完整的中国现代化的理论体系。

[3] 此处对现代化的理解参考了罗荣渠的一些提法。见罗荣渠《现代化新论》，商务印书馆2004年版，第17页。

[4] 浙江大学的田正平曾对中国教育的近代化进行过界定：所谓的中国教育近代化，是指一种历史过程。即是说，它指的是与几千年来自给自足的封建农业经济基础和封建专制政体相适应的传统教育，逐步向与近代大工业生产和资本主义发展相适应的近代新式教育转化演变的这样一个历史过程。（田正平主编：《中国教育近代化研究丛书》，广东教育出版社1996年版，"前言"）笔者没有直接使用该定义，原因有二：一是该定义中使用的"封建"概念近几年在史学界颇有争议（有代表性的为侯建新：《"封建主义"概念辨析》，《中国社会科学》2005年第6期；冯天瑜：《"封建"考论》，武汉大学出版社2006年版）；二是现在人们更倾向于用现代来统一"现代"和"近代"之分。（罗荣渠：《现代化新论》；虞和平：《中国现代化历程》等）

二 相关研究综述

关于1949年之前对近代私立中学的研究,笔者查询了《民国时期总书目(1911—1949)》①,发现尚无对私立中学直接进行专门研究的。1949年以后,因中国大陆逐渐取消了私人办学,私立中学在大陆不复存在,也查询不到关于私立中学的研究。20世纪90年代之后,随着市场经济的初步建立,中国社会转型加快,公立中学满足不了社会的需要,私立(民办)中学才逐渐成长起来,同时带来很多管理上的问题,在这种情况下,人们才开始关注起私立(民办)中学的发展。故与私立中学相关的研究成果多集中在近15年左右,与对近代私立大学(主要是教会大学)的研究相比,史学界对近代私立中学的关注很少,至今仍未出版关于近代私立中学的研究专著。

(一) 以私立教育为研究对象的论著

在笔者所搜集的与私立中学教育有关的资料中,参考价值较大的是王炳照主编的《中国古代私学与近代私立学校研究》②和《中国私学·私立学校·民办教育研究》③,前者成书较早,主要分析研究中国古代私学和近代私立学校,后者在前著的基础上又加入了"中国当代民办教育"而成。《中国私学·私立学校·民办教育研究》是目前笔者所见的研究中国私立教育发展史的集大成者,该书全景式地展现从先秦私学到当代民办教育的私立学校教育发展全过程,系统总结各个历史时期办学的经验教训,提炼出带有共性的东西,使全书呈现出广博的特色,成为这一领域的高质量专著。该书的很多观点和研究方法给笔者以启发,如肯定教会学校在近代教育史上的地位,以及将民族工商业的发展与私立教育发展相联系等。然而正是该书广、博的特点,使其在专、深等方面就打了折扣,无法在某些特殊时段给予深入研究,更无法对私立普通中学这一特定事物的发展状况及原因进行更详尽的探讨。另外,该书将1912年至1927年视为私立教育的"盲目发展时期",④是笔者不太赞同的,笔者更倾向于用"多元化发展"

---

① 北京图书馆:《民国时期总书目(1911—1949)·教育体育卷》,书目文献出版社1995年版。
② 王炳照等:《中国古代私学与近代私立学校研究》,山东教育出版社1997年版。
③ 王炳照主编:《中国私学·私立学校·民办教育研究》,山东教育出版社2002年版。
④ 同上书,第306页。

称之,因为这一时期看似无序的发展实际包含了向有序发展的趋势。

金忠明等主编的《中国民办教育史》① 也是对中国从古代到当代的民办教育(或私立教育)作概括的著作。该书对近代私立教育的发展主要描述的是教会教育的概况、学制变化及私立高等教育等几个方面,对私立中学的研究几乎没有涉及。

(二) 与近代私立中学相关的论著

首先是中国教育通史和断代史方面,笔者搜集到了大量的教育史著作,其中不乏大家之作,计有李桂林著《中国现代教育史》②、喻本伐和熊贤君著《中国教育发展史》③、熊明安著《中华民国教育史》④、华东师范大学教育系教科所编《中国现代教育史》⑤、高奇主编《中国现代教育史》⑥、李华兴主编《民国教育史》⑦、孙培青著《中国教育史》⑧、王炳照等著的《简明中国教育史》⑨、李定开等编写的《简明中国教育史》⑩、毛礼锐主编的《中国教育史简编》⑪、毛礼锐和沈灌群主编的《中国教育通史》(第五卷)⑫ 等,这些著作或是中国教育通史,或是现代教育史,或是民国教育史,其中有些章节虽然涉及清末民国时期的私立中学教育,但大都语焉不详,并且以上作者均为教育学学者,故对教育本身发展关注较多,对其历史背景的变化关注较少,会让人有"知其然,不知其所以然"之感。

在专题性的研究方面,可资参考的有以下几部著作。

研究近代中学教育方面有代表性的是王伦信著《清末民国时期中学教育研究》,该书对中国20世纪前半期中学教育发展做了整体的梳理,对这

---

① 金忠明等主编:《中国民办教育史》,中国社会科学出版社2003年版。
② 李桂林:《中国现代教育史》,吉林教育出版社1991年版。
③ 喻本伐、熊贤君:《中国教育发展史》,华中师范大学出版社1991年版。
④ 熊明安:《中华民国教育史》,重庆出版社1997年版。
⑤ 华东师范大学教育系教科所编:《中国现代教育史》,华东师范大学出版社1983年版。
⑥ 高奇主编:《中国现代教育史》,北京师范大学出版社1985年版。
⑦ 李华兴主编:《民国教育史》,上海教育出版社1997年版。
⑧ 孙培青:《中国教育史》,华东师范大学出版社2000年版。
⑨ 王炳照等:《简明中国教育史》,北京师范大学出版社1987年版。
⑩ 李定开等编写:《简明中国教育史》,四川人民出版社1985年版。
⑪ 毛礼锐主编:《中国教育史简编》,教育科学出版社1984年版。
⑫ 毛礼锐、沈灌群主编:《中国教育通史》(第五卷),山东教育出版社1988年版。

一时期中学制度、课程、训育等中学教育的基本问题进行了较为深入的专题研究，并在有关统计资料进行归整分析的基础上，以量化形式描述了清末民国时期中学教育规模和结构的动态发展。在该书对中学教育发展状态进行量化考察部分，涉及对私立中学的量化统计，并分析了1931—1936年私立中学的发展较快是其"较少受到政府行政行为的影响，表现出相对灵活性"的结果。[①] 由于该书是着眼于整体中学的发展，故对私立中学能在国民政府时期达到与公立中学平分秋色的现象，尽管有所注意，却没有进行更深入的分析。笔者的论文在课程、训育等述论方面借鉴了该书的部分观点，并引用了其中的部分数据。

私立中学的经费主要依靠私人或私人团体的捐助，在捐资兴学的主体中比例最大的当属商人[②]，商人还是校董会的主要构成人员，因此研究私立中学不可避免会涉及商人和教育的关系。在这个领域有代表性的是阎广芬的《经商与办学——近代商人教育活动研究》，该书重点研究了近代商人捐助教育的动因（时代推动、内发力量、知识力量）、教育理念（尚富强、启民智、治身心）以及近代商人的办学活动，作者还归纳了商人的办学特色，如多元化的捐助方式，董事会领导下的校长负责制，融入时代精神和商人风貌的校风建设，趋时更新的教学内容和方法等[③]，间或涉及某些私立中学，对于本人开展私立中学的董事会研究和经费研究有一定的启示作用。

教育立法既是现代教育发展的结果，又是现代教育发展的保证。李露的《中国近代教育立法研究》从立法学的角度，分析了清末民初和北洋政府时期以及南京国民政府时期三个不同阶段三类教育立法主体（立法机构、影响立法的各类组织、立法者个人）的发展变化。作者认为中国近代教育立法是教育发展到一定阶段的产物，是近代中国社会转型在教育领域上的反映，促进了中国传统教育体制向近代教育体制转型，保障了近代教育制度在中国的确立；中国近代教育立法活动，不仅形成了一套比较完整的近代法律体系，而且建立了一套用法律规定的教育立法制度，一定程度

[①] 王伦信：《清末民国时期中学教育研究》，华东师范大学出版社2002年版，第215页。

[②] 此处按照虞和平的界说，商人是指投资创办和经营管理工商企业之人，即各种工商企业家的集合体。见氏著：《近代中国商人》，广东人民出版社1996年版，"前言"第7页。

[③] 阎广芬：《经商与办学——近代商人教育研究》，河北教育出版社2001年版。

上有效地规范着立法活动。① 由于研究视角的关系，该著作并未直接论述私立中学的立法情况，但其中的某些立法理论的历史分析对笔者会有一定的帮助。

在近代教育经费的研究方面，商丽浩的《政府与社会——近代公共教育经费配置研究》对近代公共教育经费配置进行了深入研究，作者认为在传统社会向近代社会嬗变中，伴随着科举制的废除，以国家投入为主的免费教育渐被收费制度所取代，这是"新式学制的建立与中央财政崩溃恰逢其会"的结果。作者认为收费制是兴学的"双刃剑"，一方面它将贫寒子弟拒之门外；另一方面则维持了学堂（校）的生存。作者强调"教育收费是近代吸纳教育资金的一条重要渠道"，"受政治、经济、教育发展目标等多重因素的制约"。② 由于该著作主要是以考察近代中国教育财政制度的变迁，把握近代教育财政近代化的走向为目的，故对私立学校经费情况的着墨极少，但为笔者做私立中学经费的收支状况研究提供了背景。

在研究学生与社会变迁关系方面最有代表性的当推桑兵著《晚清学堂学生与社会变迁》，③ 该书以大量的报刊图书史料，重现了晚清国内学生群体活动的史实，展示了这一新兴群体的思维和行为倾向。在注视学生参与爱国民主运动的群体表现的同时，着重考查了他们的社会联系及其在社会变迁各方面的角色、功能和作用，认为晚清学生群体"不仅加快扩展了社会变动的速度幅度，而且对改良社会土壤结构，更新民族文化心理素质，产生了深远的影响"④。该书对研究近代私立中学学生运动的缘起和早期特征具有重要的参考价值。

（三）与近代私立中学相关的论文

笔者的硕士学位论文曾对中国近代私立中学做过初步研究，重点讨论了1928年至1936年中国私立中学的状况：（1）该时期南京国民政府加强了对私立中学的控制，不断从制度和法律方面加强对私立学校的管理与控制。（2）私立学校在课程设置上已没有多少自主性，包括教会及外人学校

---

① 李露：《中国近代教育立法研究》，广西师范大学出版社2001年版。
② 商丽浩：《政府与社会——近代公共教育经费配置研究》，河北教育出版社2001年版，第298页。
③ 桑兵：《晚清学堂学生与社会变迁》，广西师范大学出版社2007年版。
④ 同上书，第376页。

在内，各级各类学校须按国家制定的课程标准进行。在课程统一的同时，教学方法大量引入西方观念和思想，较为灵活多变。（3）私立中学更重视训育的作用，学生的学习、生活都有严格的规定，这有助于良好校风的形成。（4）私立中学的经费主要通过学费收入、社会捐助、学校产息等途径筹集，教职员薪俸是支出的主要部分；私立学校的经费由这些学校自己负责，而政府仍然要加以监督检查。（5）教会中学在这一时期被纳入国家教育系统，与早期教会教育指导思想相比，发生的明显变化就是由早期的以培养教内人才为主转向了既培养教内人才，也培养教外人才，这种转变再加上南京政府的政策很快促使教会中学向世俗化和本土化方向发展。[①]

在硕士论文中，笔者已意识到教育的发展应与社会诸因素的发展密切相关，于是关注了其中较为明显的经济、政治等相关因素，但对私立中学的立法、董事会等相关问题未作进一步的探讨，这会在本书中作为重要部分进行论述。

江西师大陈先福的硕士论文从分析南京国民政府统治前期的三民主义教育宗旨及其对中学管理的指导思想入手，对该时期政府对私立中学训育的管理及学风整顿、对私立中学设立与备案的管理、教师与学生的管理、课程教学与教材设备的管理、体育与军事训练的管理、行政管理与视导制度六个方面进行了阐述。论文最后落脚于对我国现阶段私立中学发展的启示上。[②] 从内容看，该篇论文所做的研究让人感觉有"文不对题"之感，因为该论文除了"设立与备案"一节与私立中学关系较密切之外，其他内容诸如指导思想、训育等则适用于包括公立、私立中学在内的整个中学教育，而私立中学特有的（相对于公立中学）董事会问题、经费问题等几乎未作论述。

四川大学吴丽君硕士论文用翔实的资料对民国时期成都的私立中学发展做了较系统的研究。作者首先对私立中学从清末到解放初期的发展做了分期，认为私立中学教育经历了萌芽、初步发展和持续发展几个阶段，并一直呈现出旺盛的生命力。作者认为私立中学的发展主要得益于政府的管理：政府通过确立地位、控制质量、扶持帮助、规范运行等途径，将私立

[①] 周志刚：《1928—1936年中国私立中学状况研究》，河南师范大学硕士论文，2005年。
[②] 陈先福：《南京国民政府统治前期对私立中学的管理及其现代启示》，江西师范大学硕士论文，2004年。

中学纳入自己的管辖范围。政府一方面对私立中学给予物质和精神方面的支持；另一方面又对私立中学的发展予以规范，极大地推动了私立中学的发展。进而作者对成都私立中学的办学宗旨、教学内容和教学方法、经费来源、学校行政和师资生源等办学机制进行了述评，基本揭示了私立中学与公立中学有别的部分特征。在分析私立中学的办学成效时，辩证地指明了私立中学既有弥补公立学校不足的一面，也存在着经费不足、生存基础脆弱、学校缺乏诚信意识，办学水平总体相对较低等缺陷。[1]

由于采用了较多的第一手资料，吴丽君的论文得出的结论是有说服力的。可能由于硕士论文的要求所限，作者并没有对与私立中学相关的社会背景、政治因素、文化因素等作更深入的探讨，还有一点如作者所说的，对教会中学的论述还存在疏落和不足。

近年来与笔者选题关联较多的发表论文有杨天平《民国中后期三民主义教育宗旨述评》[2]、熊贤君《1949年前中国私立学校的董事会组织管理体制》[3]和《论民国时期教育经费的困扰与对策》[4]、杨大春《南京国民政府的教会学校政策述论》[5]等，这些论文虽非完全论述私立中学，但其中涉及民国时期私立中学教育的某些方面，诸如政府对私立中学的管理、董事会体制、经费问题、教会中学问题等，其中不乏独到见解能给笔者以启示。

总的来说，近代私立中学的研究尽管已取得了一定的成果，不过还有很多地方值得进一步探讨。从内容上看，如对私立中学自身的一些特质性的事物像董事会、经费等问题的研究很不到位，有待于进一步深化；以往对教育史的研究多集中在名人教育思想和教育制度两大方面，形成了教育史研究的"思想—制度模式"，当然这两个方面确实非常重要，但如果问题的研究始终在这个框架内进行静态的分析，不免有千文一面的感觉，使人觉察不到教育的变化和社会变迁之间的联系。从研究方法上看，以往研

---

[1] 吴丽君：《民国时期成都私立中学教育发展述论》，四川大学硕士学位论文，2005年。
[2] 杨天平：《民国中后期三民主义教育宗旨述评》，载《理论界》2004年第1期。
[3] 熊贤君：《1949年前中国私立学校的董事会组织管理体制》，载《教育研究与实践》1998年第3期。
[4] 熊贤君：《论民国时期教育经费的困扰与对策》，载《湖北大学学报（哲社版）》1996年第3期。
[5] 杨大春：《南京国民政府的教会学校政策述论》，载《苏州大学学报（哲社版）》1999年第2期。

究主要是从官方或校方文件的规定出发得出结论，缺少对人物活动的认识，而实际上文件规定和实际还有相当的差距，比如在学校管理中，以往论著都不同程度地从国家法规和学校规章出发论述私立中学的管理如何成功，但对现实中存在的校园冲突以及私立中学如何参与社会活动等都几乎没有涉及，在这些问题上仍有很大的研究空间。因为历史的发生远比表面看起来更复杂，应该把教育放在社会广阔的背景中加以考察，从而发现新的研究课题。因此根据现有的成果和材料，笔者拟定了以下研究思路与框架。

三 研究思路与框架

本书力图做到宏观研究和微观研究相结合，一方面由著而微，从社会及文化的变迁着手来分析教育和社会的互动；一方面由微显著，通过对私立中学的研究来体现社会的发展特征。本书并不想做成求大求全式的论文，而是就与私立中学紧密相关的问题做深入的讨论。全书除绪论和结论外，主体由七章组成。

绪论部分主要是介绍选题缘起、前人著述、思路框架和研究方法等内容。

第一章讨论社会的转型与教育的转型的关系。"欲将教育与社会断绝关系，以期独立于社会之外，这是不可能的。"[1] 教育虽是相对独立的社会现象，但是教育的发展与变化并不是孤立进行的，它的发展势必会受政治结构、经济结构、意识观念和社会风俗等诸因素的影响。这一时期在政治方面，中国先后经历了清政府、南京临时政府、北京政府和南京国民政府四个政权，政体形式从君主专制走向共和（尽管共和名义下更多的是独裁且间有复辟丑剧的发生，但民主意识毕竟初步形成），政治秩序在动荡中渐趋稳定；经济方面，中国的自然经济进一步受到冲击，民族资本主义在清政府新政时期、辛亥革命后的十年以及南京国民政府前期，都有明显的发展，中国城市化进程加快；社会方面，由于政治、经济的变化，导致了中国社会阶层的重新分化，新阶级兴起壮大，旧阶级衰落分化，风俗习惯也在中西文化的冲突中交融。总的来说，中国在这个时期呈现出的特征

---

[1] 古楳：《现代中国及其教育》，中华书局1934年版，"陈礼江序"第3页。

是：由被动应激到主动调适地进行现代化转型。以上变化直接影响到中国的教育，现代化因素很快渗透进教育的各个方面，使教育变革向着现代化的方向发展，现代教育制度逐渐确立，教育普及化、专业化程度日益提高，私立中学在这种环境下兴起并得到迅速发展。

第二章对私立中学的发展做出总体认识。私立中学的发展可分为三个阶段：1902—1911年是萌芽期，随着中国第一个近代学制建立，私立中学进入制度化发展。由于条件的限制（包括社会环境和办学条件），私立中学中的旧学色彩还较浓厚。1912—1927年为投资办学的多元发展期，这一时期数量有较大增长，但由于政局动荡，国家对私立中学的监管尚不到位，使私立中学的发展良莠不齐，办学亟待规范；1928—1936年为规范期，这一时期私立中学稳定增加，渐与公立中学平分秋色，随着国家的统一，政府的控制力加强，私立中学的发展更加规范，教会学校最终被纳入到世俗教育系统中。

第三章讨论关于私立中学教育的立法问题。法治是国家实施管理职能的主要手段，法治取代人治是社会趋向现代的重要特征。清末民初，人们的法治意识逐渐形成，社会上"形成了一股颇有声势的法治思潮"，[1] 这股思潮既有力地推动了民初国会的立法活动，对人们的思想和社会生活也产生了积极的影响。[2] 在南京国民政府前期，颁布了一系列有关政权组织、行政管理等方面的法律，积极完成清末和北洋军阀以来的按照西方资产阶级法律模式建立中国法律制度的工作，进一步削弱了传统的封建主义的法律成分，[3] 但明显带有要确立国民党一党专政"训政"色彩。

在不同阶段的法治进程中，与私立中学相关的立法也经历了从无到有、从依附其他法令到拥有专门规程、从不完善到完善的过程。伴随着私立中学法规的逐渐完善，国家对私立中学的控制也越来越严格，对办学宗旨、学制年限、教学课程、董事会构成和职责和教师的选聘等都逐渐作了规定，尤其值得一提的是，教会中学从20世纪20年代中后期起在收回教育权运动中，被强制要求在教育行政部门立案，并须遵守相关教育法规，否则视为非法办学，从而将教会中学纳入到了世俗教育的体系中，这是一

---

[1] 李学智：《民国初年的法治思潮与法制建设》，中国社会科学出版社2004年版，第4页。
[2] 同上书，第223页。
[3] 范明辛：《中国近代法制史》，陕西人民出版社1988年版，第196页。

次重要的教育变革，同时也说明国家权威的强化。

第四章讨论私立中学的管理问题。以校董会为核心的管理方式成为现代教育管理体制的成功尝试，校董会作为私立中学的最高管理机构，要制定校董会章程，规定办学的宗旨、校董会的组织、职责等等。董事会一般不直接管理学校的日常事务，而是本着"唯贤""唯能"的原则聘请校长，校长对学校行政全权负责。董事会成员和校长的素质与学校风格的形成及学校的兴衰密切相关。以董事会为核心的管理体制的设立，大大降低了学校管理过程中的"人治"的成分，学校的重大决策都须经董事会讨论通过，"是一个民主管理、民主决策的体制"[①]，减少了办学的风险，成为学校发展的保障机制，是中国民主化进程在教育领域的反映。现代社会的科层制[②]管理在私立中学管理体系中也得以体现，在校长之下一般设置教务科、庶务科、训育科等部门，由专人负责，明确的分工带来办事的高效率，且很少出现人浮于事的情况。

受近代中国社会追求民主和自由的影响，学生与学校的管理者的冲突不断出现，学校权威面临挑战，私立中学一是加强训育，从各个方面对学生严格管理，减少学生参与学潮的机会；二是通过让学生办各种会社，以疏导学生的各种不满情绪。因此与公立中学以压制为主相比，私立中学的校内冲突明显少于公立中学，这是私立中学管理较为成功的一个方面。

第五章是对私立中学办学的经费问题进行研究。对私立中学来说，经费是其发展的必要条件，教师的聘请、教学设备的购置、教学活动的展开等事务无不和经费问题密切联系，很多学校因经费问题，要么倒闭，要么转成公立，由政府接管。

一般私立中学的经费来源主要有学费、董事会捐助、学校的产息、社会捐助等，如果是教会中学，还有教会的拨款。学（杂）费是私立中学的最主要经费来源，为了防止某些私立中学滥收学费，政府不断加强监督管理。私立中学经费支出主要有教职员薪俸、设备购置费和办公杂费。总体

---

① 熊贤君：《1949年前中国私立学校的董事会组织管理体制》，载《教育研究与实践》1998年第3期，第45页。
② 由德国社会学家马克斯·韦伯提出。科层制的主要特征是：（1）内部分工，且每一成员的权力和责任都有明确规定。（2）职位分等，下级接受上级指挥。（3）组织成员都具备各专业技术资格而被选中。（4）管理人员是专职的公职人员，而不是该企业的所有者。（5）组织内部有严格的规定、纪律，并毫无例外地普遍适用。（6）组织内部排除私人感情，成员间关系只是工作关系。

来看，私立中学收入和开支基本平衡，大多数学校略有富余，结余一般转入下年的基金，用于学校的发展和建设，也有些私立中学会出现入不敷出的局面。私立中学的办学体现了"公益性"的原则，虽然存在以营利为目的的私立中学，但数量很少，并且很难有长远的发展。

该部分还对私立中学生源的家庭职业进行分析，事实表明，城乡社会的底层很难承担私立中学的学杂费数额。但大部分私立中学并非是"贵族学校"，私立中学主要是为中产阶级提供教育服务。

第六章是对私立中学的课程与教学进行讨论。与公立中学相比，私立中学的课程设置更为灵活，尽可能适应社会的需要和自身发展的需要，如在一二十年代，中国的资本主义有了较快发展，社会对专业化的人才需求进一步增强，许多私立中学纷纷加设商业科、法律科等应用课程，来满足社会的需要。因私立中学较少受国家行政机关直接干涉，现代教学思想和教学方法更容易在私立中学实验和推行，如近代道尔顿制的实验便是一例。

第七章讨论私立中学师生对社会的参与情况。作为社会的组成部分，私立中学不可避免地参与到社会中去。鸦片战争以降，社会转型的速度日益加快，而知识分子的忧国忧天下的传统依然延续下来，特别是进入20世纪，由于报刊媒体和革命志士的宣传，民主思想得到更广泛的传播，私立中学的师生群体社会参与意识越来越强。他们在社会政治、文化领域参与较多，主要形式有游行、演讲、演剧、办学校等。

因投资人、董事会和校长的政治旨趣或文化倾向的差别，不同的私立中学在对待社会参与的态度和方式上，会有很大的不同。政治态度较为激进的，或接受西方文化较多的学校往往会积极地参加社会活动，创造出适合自己的参与形式，而政治态度较为保守的私立中学往往禁止或限制师生参与社会活动。

对于学生社会参与的作用，应从积极和消极两个方面看。积极的一面，由于当时中学生（尤其是高级中学阶段）接近成年，已能较准确地表达自己的意识（在当时主要是爱国意识），这不得不迫使政府当局考虑他们的正当的要求，从而推动着社会的变革；参与社会，学生有更多机会接触民众，向社会民众宣传先进的、科学的思想和观念，这也是民主意识和科学意识普及的重要途径，从这个意义上看，中学是精英教育和大众教育的结合点。消极的一面，如果学生过多地参加社会运动，会滋生出不好的习惯，导致一些不好的结果，比如好高骛远、不切实际；耽误学业、虚度年华；还会让部分热衷于运动的学生产生投机社会的政客心理。①

全书结论认为，近代私立中学的出现和发展对于带动教育的普及，推动教育法治化进程以及开创学校管理新模式方面成就突出，为中国社会发展培养了大批人才。作为中国近代教育的重要组成部分的私立中学，是中国早期现代化发展的结果，同时又推动着社会的发展，构成了中国早期现代化的一个重要环节，并对当代民办教育具有重要的启示。

本书采用唯物史观指导下的实证方法对选题进行研究。"史学追求的目标是求实求是。"② 求实是史学研究的基础，史料是求实的必备条件。胡适有一句名言："有几分证据，说几分话，有七分证据，不能说八分话。"傅斯年也有一句名言："上穷碧落下黄泉，动手动脚找东西。"说明史料在历史研究中起至关重要的作用。为了使本书能更准确地反映真实的状况，笔者搜集了较多的回忆录等口述史材料，但是一般来说，后人的回忆往往会美化旧时的事物，这就要求在使用这些材料时要仔细鉴别，辩证使用，并尽量与当时的报刊材料互证，以减少材料运用的失误。在使用史料问题上，笔者借鉴了史学家严耕望提出的几个原则：（1）尽量少说否定话；（2）不要忽略反面证据；（3）引用史料要将上下文看清楚，不要断章取义；（4）尽可能引用原始或接近原始史料，少用后期改编过的史料；（5）后期史料须得早期史料作证；（6）转引史料必须检查原书；（7）不要轻易改字。③

---

① 五四时期的罗家伦也说学生运动的弱点有三：其一为认为自己万能，事事过问，结果一无所成。其二为形式主义，不切实际。其三为学术的停顿，学生领袖不吸收新知，不研究学术，均感知识空虚。苏云峰亦认为，五四运动对教育的影响，破坏大于建树；五四运动对高等教育尚有一些提升的作用，对中小学生而言，则发生严重的恶果。（苏云峰：《中国新教育的萌芽与成长（1860—1928）》，北京大学出版社2007年版，第102—103页）本书借鉴了其中的部分分析。

② 李学智：《民国史论稿》，天津社会科学院出版社2007年版，"自序"。

③ 严耕望：《治史三书》，辽宁教育出版社1998年版，第27—47页。

第一章

社会的转型与教育的转型

20世纪初,中国社会在经济结构、政治制度和文化观念等各方面都发生着前所未有的变化,其广度和深度堪称数千年来"未有之大变局",与社会变迁的同时还有教育领域的深刻变化和全面转型,社会变迁和教育变革构成了一种联动共振关系。

一 社会变迁与教育变革的联动共振关系

(一) 教育是社会结构的有机组成

在教育变革和社会变迁的关系研究方面,主要存在三种理论:功能理论、冲突理论和互动理论。[1] 根据不同的研究视角,教育与社会的关系大致有以下几种观点。

一类是反映说,即社会变革是教育变革的条件,教育现象是社会现象的反映,教育的产生、发展都是社会变迁的结果与反映。教育的发展历程的确可以清晰反映社会的发展变化,社会的变迁,必然会导致社会制度和思想观念的变化,教育也必然会出现适应性的变革。但这种观点往往过分重视了教育对社会的单方面的适应关系,如果"把教育看成是使新生一代'适应'社会的观点,那么教育工作确实堕落为'迎合主义的'、随波逐流的社会化工作的危险。……因为'适应'一词,无论怎么解释,都是意味着消极对现实存在的事物(社会)的一种消极的依从"[2]。

一类是动力说,或者是功能说,即教育不仅是社会变迁的重要条件,还是

---

[1] 马和民:《新编教育社会学》,华东师范大学出版社2003年版,第34页。
[2] [日] 大河内一男等:《教育学的理论问题》,曲程等译,教育科学出版社1984年版,第318页。

一种动力性因素。这种观点非常重视教育对社会环境所产生的影响和作用，教育既要发展个体适应社会所需要的价值观念，也要依据各级技术的需要培养个人所需的能力，从而促进社会的统合与和谐发展。① 这种观点认为，无论是农业社会，还是在工业社会，教育的职能在于培养精英和教化庶民，② 教育将价值观念和意识形态灌输给社会成员（社会精英和布衣庶民），通过社会成员的活动，以达到改变社会的目的。但是这种观念"很难应用于高度工业化社会，这类社会的变迁急剧，'一致性'及'统合'甚难把握。③"

由于反映说、动力说等有较明显的偏颇，近年来，互动说更多地被研究教育社会学的人员所接受，互动说介于自变量说和因变量说之间，采用折中的方式，认为社会变迁必然影响到教育的变革；教育变革也必然反作用于社会变迁，二者是互动的关系。如联合国教科文组织就认为，"教育对社会经济体系来说是从属关系，但这并不是说，教育就不可能起反作用了，即使它不在整个复杂的结构上起作用，它至少也可以在这个或那个特殊方面起作用"④。

以上三说都有明确的理由和充分的事实。但是它们的共同缺陷在于，把教育与社会之间视为单向的因果关系或条件关系，或者看成是一种简单的对立互动关系。笔者认为，就社会结构而言，教育与社会应存在一种整体与部分之间的联动关系。因为社会是一个结构复杂的系统，构成社会大系统的各个要素（子系统），都相互作用，相互制约，教育虽是具有相对独立性的社会现象，但教育毕竟是社会的重要子系统，与构成社会的其他子系统是相互联系、相互制约的。社会的变革必然联动（并不仅仅是涉及）教育的变革，教育发展势必会受政治结构、经济结构、意识观念和社会风俗等诸因素的影响。同时教育亦在社会系统中发挥着其"显在的"或"潜在的"⑤ 的功能。教育的内部也形成自己独立的各系统，在教育的整体

---

① 鲁洁：《教育社会学》，人民教育出版社1990年版，第616页。
② 吴康宁：《教育社会学》，人民教育出版社1998年版，第63页。
③ 鲁洁：《教育社会学》，人民教育出版社1990年版，第616页。
④ 联合国教科文组织：《学会生存——教育世界的今天和明天》，教育科学出版社1996年版，第89页。
⑤ 教育的"显在的"功能是指可以意识到和看到的，例如，教育的显在功能之一是使学生打下阅读、计算这样一些学科技术的坚实基础；潜在功能是教给学生诸如合作与组织这样一些重要的社会技术。见［美］戴维·波普诺《社会学》，李强等译，中国人民大学出版社1999年版，第18页。

结构中发挥着各自的功能。教育内部的功能还会通过其成员的活动传递并影响到社会其他系统的进一步变化。

不过，仅作结构和功能上的分析还无法完全认清社会和教育的关系。社会往往存在无数的矛盾和冲突，教育和社会之间、教育内部也是如此，因此我们还要从动态的社会变化中去考察教育和社会的关系。

（二）在社会动态发展中考察教育

从冲突论的视角看，人们因有限的资源、权力而发生的斗争是永恒的社会现象，[①] 社会具有流动的、不断变化的特征，秩序只是社会各部分之间不断进行冲突的一种结果。作为社会的子系统，教育制度、观念也必然会同时与社会发生或强或弱、或明或隐、或急或缓的变化，两者形成共振关系。在共振过程中，社会居主导地位。因为社会是整体，教育是局部。社会需求和教育供给往往并不一致，不断进行调整，平衡是暂时的。社会稳定时期，教育呈现更多的规范性和保守性，当社会处于变革或过渡时期，会呈现出更多的激进性和斗争性。中国近代正是过渡时期，人们往往希望通过教育变革去推动社会的变革，急功近利的色彩更浓，故显出较多的激进的特点。

在中国近代社会转型的过程中，传统与现代之间的冲突绵延不断，新事物层出不穷，蔚为大观，旧事物顽固坚守，伺机反击，新旧体制和观念同时存在，既相互冲突，又相互交融，社会在冲突与交融中寻找着自己的出路。

与社会的转型时期相对应，教育系统也处于变革时期。教育系统不仅在局部，而且在全方面都受到前所未有的挑战，传统教育的观念、体制等日趋受到来自多方面的冲击，最终被社会淘汰。新兴的教育观念此起彼伏，各种教育实验对于原有的教育状态有着或多或少的冲击，最终形成了有中国本土特点的新学制，并进而影响了中国社会的变化。

本书时段所讨论的近代中国先后经历了清政府、南京临时政府、北京政府和南京国民政府四个政权，政体形式从君主专制走向共和（尽管共和名义下更多的是独裁且间有复辟丑剧的发生，但民主意识毕竟初步形成），政治秩序在动荡中渐趋稳定；经济方面，中国的自然经济进一步受到冲

---

① ［美］戴维·波普诺：《社会学》，李强等译，中国人民大学出版社2007年版，第18页。

击,民族资本主义在清政府新政时期、辛亥革命后的十年以及南京国民政府前期,都有明显的发展,中国城市化进程加快;思想观念方面,伴随着中国和西方交往的深入,两种相反相成的思想很快在中国传播开来,一种是要求摆脱西方列强控制的民族主义的兴起,一种是向西方学习现代化旗帜下的反传统主义;社会方面,由于政治、经济的变化,导致了中国社会阶层的重新分化,新阶级兴起壮大,旧阶级衰落分化,风俗习惯也在中西文化的冲突中交融。总的来说,中国在这个时期呈现出的特征是:由被动应激到主动调适地进行现代化转型。

社会的转型直接联动着中国教育的发展。清末张之洞为代表的"中学为体,西学为用"观点一度成为中国近代教育的总原则,西学之"声、光、化、电"的引进成为近代教育现代化的重要一步。中国教育在模仿西学的过程中逐渐冲破了"中体"的藩篱。

民国初建,清政府在"中体西用"框架下设定的教育宗旨"忠君、尊孔、尚公、尚武、尚实"也被"军国民主义、实利主义、德育主义、世界观、美育"[①] 所取代,其中包含的体育教育、军事训练、实用主义教育、道德和哲学教育成为中国教育早期现代化的重要基石。陈独秀也结合自己对西洋教育的认识,总结了现代教育的若干特征:自动的而非被动的,启发的而非灌输的;世俗的而非神圣的;直观的而非幻想的;全身的而非单独脑部的。[②] 与蔡元培的新教育意见相比,陈氏更强调教育自身的发展规律,不过仍停留在模仿西方的阶段。

国民党统一全国之后,在孙中山三民主义思想的基础上阐发了三民主义的教育宗旨,即民族的、民众的、劳动的、科学的、辩证的。[③] 成为南京国民政府时期权威的教育思想,并指导着该时期中国教育现代化的发展,其中民族化的明确提出意味着中国教育从单一的模仿到本土化的转向。

中国近代教育在伴随着社会的变迁而进行着巨大变革的同时,其自身相对独立的运行进而又影响到诸如社会制度、思想观念的变革:现代化的教育思想推动了教育的进一步平民化,教育受众的激增加速了民主、平等、

---

① 蔡元培:《对于教育方针之意见》,载《东方杂志》第8卷第10号,1912年4月。
② 陈独秀:《独秀文存》,安徽人民出版社1987年版,第108—109页。
③ 任时先:《中国教育思想史》,收入《民国丛书》第四编第43卷,上海书店,出版日期不详,第368—370页。

法治等现代观念的传播；现代化课程培养了工业化社会所需要的翻译、工程师、会计等技术性的人才，适应了近代社会生产力的发展；近代学校师生对社会事务的参与，使中国传统的"经世"观发展到了一个新阶段。这些都是教育系统和社会系统共振关系下的典型表现。

二　20世纪初中国社会的现代化转型

（一）工业的发展与城市化进程

20世纪前半期的中国社会变迁，第一步是由传统农业经济走向现代工业经济。[①] 清末民初，农民占中国人口的多数。据陈翰笙调查，1934年广东的38个县152个村庄的家庭，农户占总户数的85%。在24776个家庭中，32.6%为自耕农，57.2%为佃农，10.2%为雇农。[②] 农民的主要收入来自土地，但在20世纪20—30年代，土地集中的情形愈来愈严重，关内农民由于没有足够的土地，饥荒经常发生。由于东北土地较多，在20年代就出现了"闯关东"现象。满铁人事课根据大连、营口、安东和辽宁四处入出境人数的统计，在1923年留居东北人数为100803人，1924年为184684人，1925年为235232人，1926年为243031人，1927年骤增至709229人，1929年上半年就已达436278人，[③] 其中1927—1929年的流亡难民人数平均每年在160000以上。[④] 进入30年代，农业情况略有好转，1931—1937年的平均年总值超出前一阶段20亿—30亿元，从人均总值的角度看，甚至比1957年的年人均总值还要高些。[⑤] 30年代前半期是民国历史上农业发展较好的时期，但随着日本全面侵华战争的爆发，又很快衰落下去。

在20世纪前半期，当农业在低水平徘徊的同时，工业得到了一定的发展。当时中国，政府与官僚为现代工业的先驱，据严中平统计，1897—1911年间在上海、天津、汉口三地所建的19家棉纺织厂当中，12家为官

[①] 张玉法：《20世纪前半期的中国社会变迁（1900—1949）》，载《史学月刊》2006年第3期。
[②] 陈翰笙：《广东农村生产关系与生产力》，中山文化教育馆出版物发行处1934年版，第71—72页。
[③] 陈翰笙等：《难民的东北流亡》，1930年印行，第4页。
[④] 同上书，第6页。
[⑤] 费正清：《剑桥中华民国史》（上），中国社会科学出版社1994年版，第76页表。

僚所办，3家为买办所办，2家为旧式商人或绅士所办，另2家不详。① 1912年以后，一般商人投资于新工业者渐多，工业总值基本是逐年上升，在抗战全面爆发前达到较高水平（见表1-1②）。

表1-1　　　　中国大陆工业生产指数（1912—1941年）
（15种产品，1933年=100）

	1912	1913	1914	1915	1916	1917	1918	1919	1920	1921
产品总值	11.9	15.6	20.1	22.5	24	26.9	27.8	34.1	40.2	42.4
净增值	15.7	19.2	24	26.1	27.7	32	32.2	36.9	42.9	42.4
	1922	1923	1924	1925	1926	1927	1928	1929	1930	1931
产品总值	34.7	41.6	46.9	55.7	59	66.6	72.1	76.9	81.6	88.1
净增值	39	45.6	50.5	60.1	61	66.3	70.5	75.2	80.1	86.5
	1932	1933	1934	1935	1936	1937	1938	1939	1940	1941
产品总值	91.6	100	103.6	109.7	122	96	76.2	88.2	94.1	109.2
净增值	90.3	100	106.8	119.5	135	112.3	104.1	120.7	137.6	161.2

资料来源：约翰·K. 张：《共产党统治前中国的工业发展：计量分析》，第60—61页。

我们还可以通过表1-2③了解民族资本在这一时期的地位。

表1-2　　　　　　中国产业资本概况估计

年代	中国本土资本（万元）	官营资本（万元）	官营资本占百分比	民营资本（万元）	民营资本占百分比
1894	3519	2796	79	722	21
1913	30386	14887	49	15499	51
1920	70079	27092	40	42987	60
1936	177600	44100	24	133500	76

注：本表统计不包括东北。

---

① 张玉法：《20世纪前半期的中国社会变迁（1900—1949）》，载《史学月刊》2006年第3期。
② [美] 费正清：《剑桥中华民国史》（上），中国社会科学出版社1994年版，第60—62页。
③ 董长芝等：《中国现代经济史》，东北师范大学出版社1988年版，第105页。

从表1-2中我们可以发现，1894—1936年在本国资本中，官营资本增加21倍，民营资本增加175.4倍；官营资本在本国资本中的比重越来越下降，由79%下降为24%，民营资本的比重越来越上升，由21%升为76%。1920—1936年间发展最快，16年间资本增加到133500万元，超过以前40多年积累的资本总和2倍多，在这16年中，"主要是南京政府初建时期的10年，发展最快。因此，说这10年是民族资本发展的'第二个黄金时代'，是一点不过分的"①。

经过30年的努力，中国的工业化有了相当发展。1910年，中国只有铁路4500英里，棉纺织厂26个，现代面粉厂31个。1929年的煤产量较1913年高出79%，铁路英里数高出76%。② 到1931年，中国有铁路9500英里，公路35000英里；现代煤矿41个，加上旧式煤矿，煤的年产量约2500万吨；有9家钢铁公司，年产共约100万吨生铁，11万吨钢。棉纺织厂增至127个，有400万纺锤。此外，中国当时约有500家电灯和电力公司，190—200家面粉厂，280—300家榨油厂，190家火柴厂，1500—2000家其他现代企业。③

自清末以后，工业的发展对中国社会产生很大的影响，工业化需要新的知识与技术，因此中国自1902年开始建立新学制，1905年废除科举制，此后新知识分子和技术人员取代了士绅的地位；工业化使许多人从农业生产部门转到工业生产部门，改善了人民的生活水准。而由于许多工业生产部门都集中在都市地区，工业化也带来了城市化的发展。

从19世纪中期以后，由于工业、商业、运输业及其他企业的发展，城市成为移民和离村农民的集居地，城市化进程加快。当时城市化最显著的地区是江苏。1919年江苏有10个10万以上人口的城市，7个5万以上人口的城市，16个2.5万以上人口的城市。到1932年，5万以上人口的城市和2.5万以上人口的城市各增至17个。上海是当时的最大城市，其人口在1911年是100万，到1936年达到了350万。长江中游的城市以湖北的汉口最重要，其人口在1906年是52万，1917年达到70万。在山东省，济南的人口，1906年10万，1917年27万；青岛的人口，1910年16

---

① 董长芝等：《中国现代经济史》，东北师范大学出版社1988年版，第106页。
② R. H. Tawney, *Land and Labor in China*, New York: Harcourtbuace & Company, 1932, pp. 122–123.
③ Ibid., pp. 16–17.

万，1927年32万。在直隶省，北京的人口在19世纪后期为50万，1919年增至93万；天津的人口，1903年32万，1910年增至75万。①据对全国的统计，1912年城镇人口约为3100万，1928年已达4100万，占全国总人口的8.9%，新增1000万左右，相当于晚清70年间增加的城镇人口总数，其中除部分为自然增长外，绝大部分来自农村。②

工业的发展，城市化进程加快，城市的经济职能日益增强，社会对金融、商业、法律等新式专业人才的需求扩大，旧式的教育制度和学校体制已不敷用，教育变革势在必行。

（二）新兴知识分子与工商业者

从1862年起，为适应洋务运动的需要，清政府设立了一些外国语言学校（如同文馆、广方言馆）、技术学校（如机器学堂、船政学堂）和军事学校（如武备学堂、水师学堂），新教育由此开始，不过教育领域的制度性变革则从1902年的壬寅学制的制定开始。

自新教育制度建立以后，学生的数目不断增加，以中学校和中学生数为例，③ 1907年，中学校有419所，学生31682人；1908年，中学校有440所，学生36364人；1909年，全国中学有460所，中学生40468人，与1907相较每年约增中学20所，中学生5000名。④ 1912年，普通中学校数500所，学生59971人；1913年，中学校数643所，学生72251人；1914年，有784所，学生82778人；1915年，有803所，学生87929人；⑤ 1923年，据中华教育改进社调查，中学校总数为547所，学生数达103385人，平均每校为189人。其中男生有100136人，女生有3249人，

---

① Mark Elvin, *Introduction. The Chinese City BetweenTwo Worlds*, Elvin and Skinner, eds, p. 6. 转引自张玉法《20世纪前半期的中国社会变迁（1900—1949）》，《史学月刊》2006年第3期。
② 张宪文：《中华民国史》（一），南京大学出版社2005年版，第477页。
③ 知识阶层，可以分成两个等级：一为下层知识分子和技术人才，包括小学教师、中等学校（包括师范学校和职业学校）的学生；二为上层知识分子和技术人才，包括大学教师、中等学校教师和大专学生。因此中学生数量的增长更能反映新知识阶层的发展和变化。
④ 陈翊林：《最近三十年中国教育史》，上海太平洋书店1930年版，第112—114页。
⑤ 教育部教育年鉴编纂委员会：《第二次中国教育年鉴》，商务印书馆1947年版，总第1428页。另据陈翊林《最近三十年中国教育史》的统计数据，1912年，普通中学校数是373所，学生数52100；1913年，校数406所，学生数57980；1914年，校数452所，学生数67254；1915年，校数444所，学生数69770。本书采用的是《第二次中国教育年鉴》的数据。

占中学生总数的 3.14%。① 1928 年国民政府完成统一之后，教育发展更加制度化和规范化，中学数量增长更快，1929 年，有普通中学校 1225 所，人数 248668 人，到 1930 年，就有 1874 所，人数 396948 人，1936 年，上升到有 1956 所，人数 482552 人。② 新式学校逐渐取代了传统私塾，新兴知识阶层逐渐将传统读书人边缘化，具有现代意识的知识分子正逐步取代传统士绅而成为掌握主流话语权的阶层，成为推动 20 世纪中国变革的精神核心。

随着经济的发展，新兴工商业者的数量不断增长，体现商人意志的社会组织——商会在 1902 年开始出现，到 1911 年，全国除西藏外，各省区都成立了商会，总数达到 793 个，其中有总商会 47 个，1912 年，全国加入商会的商号有 19.6 万，会员近 20 万人。③ 民国以后，商会数量及会员增速明显，1915 年有商会 1242 个，会员 25 万人；1919 年有商会 1447 个。④ 商人逐渐成为巨大的社会力量，并"在近代'士农工商'结构变动中居于中心地位"。⑤ 由于他们财力雄厚，享有特别的社会地位，并通过各种类型的新式社团组织相联结，故"具有很大的政治活动能量"。⑥ 在 1920 年前后，工商阶层相当活跃，他们对公共事务更加的关切，影响逐渐扩大。1921 年末，有人在上海的全国总商会中讲演，表明工商界人士了解国家的处境、了解国家的需要，可以把他们的经验与知识贡献给国家，并表示只有工商银行界及教育界人士有余暇和经验而关怀国家，并能受到人民的尊重。⑦ 商人力量的壮大也是近代私立中学发展的重要因素。

新兴知识分子和工商业者的出现和数量的增多，成为中国政治制度、文化观念转型的群众基础，同时也成为近代教育变革的重要条件。

---

① 陈翊林：《最近三十年中国教育史》，上海太平洋书店 1930 年版，第 266 页。
② 教育部教育年鉴编纂委员会：《第二次中国教育年鉴》，总第 1428 页。
③ 乔志强：《中国近代社会史》，人民出版社 1992 年版，第 196 页。
④ Shirley S. Garrett, *The Chambers of Commerce and YMCA. The Chinese City Between Two Worlds*, MarkElvin and G. William Skinner, eds, pp. 218, 220. 转引自张玉法《20 世纪前半期的中国社会变迁（1900—1949）》，载《史学月刊》2006 年第 3 期。
⑤ 乔志强：《中国近代社会史》，人民出版社 1992 年版，第 195 页。
⑥ 马敏：《官商之间：社会剧变中的近代绅商》，华中师范大学出版社 2003 年版，第 5—6 页。
⑦ Shirley S. Garrett, *The Chambers of Commerce and YMCA. The Chinese City Between Two Worlds*, MarkElvin and G. William Skinner, eds, p. 225. 转引自张玉法《20 世纪前半期的中国社会变迁（1900—1949）》，载《史学月刊》2006 年第 3 期。

(三) 政治制度的现代重构

1901年1月29日，在经历了庚子之败后，以慈禧太后为首的清政府决定推行新政，变法诏书云："晚近之学西法者，语言、文字、制造、器械而已，此西艺之皮毛，而非西学之本源也。……舍其本源而不学，学其皮毛而不精，天下安得富强耶？""著军机大臣、大学士、六部、九卿、出使各国大臣、各省督抚，各就现在情弊参酌中西政治，举凡朝章国政、吏治民生、学校科举、军制财政，当因当革，当省当并，如何而国势始兴，如何而人才始盛，如何而度支始裕，如何而武备始精，各举所见，各抒己见……斟酌尽善，切实施行。""倘再蹈因循敷衍之故辙，空言塞责，遇事偷安，宪典具在，决不宽贷。"① 谕旨的颁布，标志着由新政和预备立宪所构成的晚清10年变革的开始。②

新政开始之后，社会变革步伐加速，立宪呼声高涨。1905年，清政府派载泽等五大臣赴日欧美诸国考察立宪。载泽在出国考察归来之后，上《奏请宣布立宪密折》，认为立宪对清政府的统治有三个好处，"一曰皇位永固"、"一曰外患渐轻"、"一曰内乱可弭"，并谓"今改行宪政，则世界所称公平之正理，文明之极轨，彼虽欲造言，而无词可藉，欲倡乱，而人不肯从，无事缉捕搜拿，自然冰消瓦解"③。于是清廷于1906年9月颁布上谕，宣布"预备仿行立宪"。

清政府宣布预备立宪之后，受到了立宪派人士的支持。各立宪团体纷纷要求速开国会，湖南、河南、江苏、安徽、浙江、山东等省，相继派代表赴京请愿，同时，各地发起了请愿签名运动，于是在1907年至1908年间形成了第一次国会请愿运动的高潮。④ 清政府在各方要求政治改革的压力下，于1908年8月颁布《钦定宪法大纲》（以下简称《大纲》）。《大纲》虽然强调了一些法治的原则，并做了规定，但是，《大纲》所规定的"大清皇帝统治大清帝国，万世一系，永永尊戴"，"君上神圣尊严，不可侵犯"，⑤ 以及皇

---

① 朱寿朋：《光绪朝东华录》，中华书局1958年版，第4601—4602页。
② 张宪文：《中华民国史》（一），南京大学出版社2005年版，第42页。
③ 中国史学会：《近代史资料丛刊——辛亥革命》（四），上海人民出版社1957年版，第28—29页。
④ 张宪文：《中华民国史》（一），南京大学出版社2005年版，第46页。
⑤ 故宫博物院明清档案部编：《清末筹备立宪档案史料》，中华书局1979年版，第58页。

帝集行政、立法、司法大权于一身等内容使立宪派大为失望。1909年至1910年间，许多立宪派领袖人物，如张謇、谭延闿等人，在担任所在省咨议局议长期间，多次公开发动群众请愿，要求速开国会，组织责任内阁。迫于督抚和绅商的要求，1911年5月8日，清政府颁布内阁官制，裁撤军机处，设立责任内阁，新内阁成员13人，计汉人4名，满人8名，蒙古1名，满人中皇族又占5名，人称皇族内阁。① 总理大臣不能独立行使权力，一切须遵从皇帝旨意。在清末预备立宪的政治改革中，"满洲贵族集团囿于狭隘的自身利益，唯恐在这一改革中失去统治特权，故表面上大张旗鼓，实际上却在敷衍、拖延，并利用改革加强对最高统治权力尤其是军权的控制，最后竟改出一个'皇族内阁'。满洲贵族统治集团极端自私腐朽，冥顽不化，无力超越自身的狭隘利益，终导致这场政治改革的失败"②。

张宪文认为，20世纪的中国，经历了两次重要的社会转型期。第一次社会转型，是1911年的辛亥革命及相继成立的中华民国。它标志着中国由一个有两千多年封建专制历史的传统社会向现代社会的转变。辛亥革命，作为一次暴力革命，完成了历史赋予的任务，即：第一，推翻了清王朝的政治统治，结束了中国实行了两千多年的封建专制制度；第二，初步建立起民主共和制度，实现了由传统社会向现代社会的转变，把中国引向建设现代社会的发展道路。③

民国初年，民主宪政建设的主要内容，是将西方资本主义国家的议会、内阁、政党、宪法等民主政制引入中国。《临时约法》规定民国政府采取资产阶级三权分立的原则和实行共和制，将立法、行政、司法三权分立，体现了资产阶级的权力制约的思想，对于传统的君主专制制度来说，无疑是一个巨大的进步。

然而，由于共和制是从国外照搬引进的制度，难免会水土不服。中国近代社会的经济基础、政治结构和文化心理与现代政治制度还不能完全契合，传统社会积存下来的各种惰性力量，也成为民主进程的阻力，"淮南为橘，淮北为枳"现象的出现不可避免。以政党政治为例，李剑农曾将民

---

① 郭廷以：《近代中国史纲》（上），香港中文大学出版社1980年版，第393页。
② 李学智：《清末政治改革中的满汉民族因素》，载《天津师范大学学报（社会科学版）》2007年第5期。
③ 张宪文：《论20世纪中国的社会转型》，载《史学月刊》2003年第11期。文中提到的第二次社会转型，是1978年的改革开放。

初的政党与西方的政党做了对比，指出中国的政党有三个特异之点：(1) 党员的跨党；(2) 党义不过是空洞的招牌；(3) 一切党都没有民众作基础。[1]民国初年的中国政坛，表面上政党林立，实际上社会民众少有参与，众多的党、团、会、社，多半成为士绅、官僚和政客沽名钓誉的工具。北洋军阀蹂躏国会、践踏约法，以民主共和之名，行专制独裁之实，成为中国政治发展的障碍。孙中山在总结这段历史时指出："八年以来的中华民国，政治不良到这个地位，实因单破坏地面，没有掘起地底陈土的缘故。"这地底的陈土，就是官僚、武人、政客，"要建筑灿烂庄严的民国，须先搬去这三种陈土，才能立起坚固的基础来。这便是改造中国的第一步"[2]。

不过，尽管民初共和步履维艰，但毕竟建设现代中国的基本原则已树立起来，即"实行民主共和，反对封建专制"，"国家之本，在于人民"，"民族的统一"，"领土之统一"，这些原则体现了以人为本的精神，依法治国的精神，由人民治国的精神，对后世影响深远，直至当代。[3]

在经历了多年的军阀混战和国民革命的扫荡之后，旧军阀势力日渐消退，南京国民政府逐渐控制了国家政权，逐步实施政治体制的变革。1928年，国民党通过国民政府颁布《训政纲领》，宣布"军政时期"结束，"训政时期"开始。《训政纲领》把国家权力分为政权和治权两部分，政权是由选举、罢免、创制、复决组成，治权是由行政、立法、司法、考试、监察五院组成。《训政纲领》规定：在国民大会召开前"由中国国民党全国代表大会代表国民大会领导国民行使政权"，"国民党全国代表大会闭会时，以政权付托中国国民党中央执行委员会执行之"，"指导监督国民政府重大国务之施行，由中国国民党中央执行委员会政治会议行之"[4]。这就是说，《训政纲领》将国民党的全国代表大会及其中央执行委员会确定为国家最高权力的决策机构，而由国民党中央政治会议来指导全国实施训政，监督国家政务。应该说，南京国民政府在政治现代化方面向前迈出一大步。但是，从法制上确认国民党在中国实施一党专政，为蒋介石由实行一

---

[1] 李剑农：《中国近百年政治史》，复旦大学出版社2002年版，第325—328页。
[2] 孙中山：《改造中国之第一步只有革命》，见《孙中山选集》（上），人民出版社1956年版，第423—424页。
[3] 张宪文：《辛亥革命若干问题的再认识》，载《复旦学报（社会科学版）》2002年第2期。
[4] 《训政纲领》（1928年10月3日），见《中华民国法规大全》（一），商务印书馆1936年版，第9页。

党专政进而走向个人独裁,制造了法律依据,在很大程度上束缚了中国政治民主化的进程,限制了中国社会的发展。

(四) 文化观念的冲突与交融

近代以降,中国传统文化在西方文化的冲击下不断解构,却又不断重构;西方文化在国人不断的抵制中以其现代性的核心渐占上风,终在中国站稳了脚跟,中西文化不断冲突,又不断交融。在这一背景下,中国近代思想史上相继发生了晚清士人的"中体西用"思潮,20世纪一二十年代的激进的反传统主义,30年代的"全盘西化"论和"中国本位文化"的论战,三者之间存在着内在的逻辑联系。

自鸦片战争开始,西方列强凭借坚船利炮在多次侵华战争中取得胜利,中国文化首先在物质层面向西方文化退让。晚清士人为了寻找退让的思想理论支持,让西学内容合法化,就将文化以"体""用"两分的方式分离开来,进而寻求调和方案。在洋务运动伊始,与洋务接触较早的冯桂芬于1861年的《校邠庐抗议》中说:"以中国之伦常名教为原本,辅以诸国富强之术",[①] 这大概是"中体西用"意思的最早表达,之后,李鸿章、郭嵩焘、薛福成、郑观应等也先后表达过类似的见解,"……流行语,则有所谓'中学为体,西学为用'者;张之洞最乐道之,而举国以为至言"[②]。当时中国社会"自60年代至90年代,凡谈时务、讲西学者,无分朝野,皆不出'中体西用'一途"[③]。"中体西用"的提出,说明当时中国的社会精英还仅仅认为西方只是在"物"的层面上胜于中国,而在制度方面,西方则不如中国,从现在来看,其观念不免狭隘。但"中体西用"的提出和推行,使中国人逐步认识了另一个不同的世界,并将其文化引进中国,成为中西文化初步交融的重要形式。中国近代工业的萌发和成长,以翻译、出版、科技、学堂、留学生为内容的近代文化事业的出现和发展都是"中体西用"结合所产生的有益结果。"这些东西是封建文化和封建制度的对立物,虽然力量有限,但终究打开了缺口,促进了近代中国社会的新陈代谢。"[④]

---

① 冯桂芬:《采西学议》,《校邠庐抗议》,上海书店2002年版,第57页。
② 梁启超:《清代学术概论》,商务印书馆1921年版,第161页。
③ 陈旭麓:《近代中国社会的新陈代谢》,上海人民出版社1992年版,第115页。
④ 同上书,第116页。

"中体西用"观对近代中国文化教育的改革影响巨大，特别是在废科举、兴学校、传播西方文化方面，对知识界起了启蒙教育作用。孙家鼐在接受光绪诏命筹备京师大学堂时，即提出"中学为主，西学为辅；中学为体，西学为用"的办学方针。① 在"中体西用"宗旨下，在各式各类学堂中，西学课程及课时逐年增加，动摇了传统文化教育的正统地位。极力鼓吹"中体西用"的张之洞还主持制定了我国第一个正式推行的新学制——癸卯学制，表明了"中体西用"在文化教育近代化上所起的积极作用。

然而，"中体西用"论者企图只以西学为"用"，而不改变中国的"体"的主张显然是一厢情愿的。洋务运动的惨淡结局也使得"中体西用"观点逐渐边缘化。甲午之后，维新派人士提出了更全面的变革思想及主张，他们要求中国无论是物质层面，还是制度层面都需要进行变革，即要求中国在物质、制度层面上西化。但辛亥革命后一系列的复辟闹剧使一些知识分子深切地感到传统文化的最核心部分对现代化起着阻碍作用，从而使他们从意识观念层面对中国传统文化进行批判，他们不再对中国传统文化抱有信心，因而要求对中国文化进行全面改造，于是激烈的反传统②的新文化运动应运而生。下面以陈独秀为例稍作阐述。

陈独秀的反传统主义思想内容十分广泛，涉及伦理道德、政治制度、文化教育、文学艺术等诸多方面。陈独秀最先把批判的矛头指向"三纲五常"的封建伦理道德。他在给友人的一封信中明确指出："以此种道德，支配今日之社会，维系今日之人心，欲其不浇漓堕落也，是扬汤止沸耳，岂但南辕北辙而已哉！"③ 陈独秀之所以坚决反对封建旧道德，是因为他认为封建道德已经不适应时代发展的需要。他曾经指出："盖道德之为物，应随社会为变迁，随时代为新旧，乃进化而非一成不变的，此古代之道德所以不适于今之世也。"④ "孔子生长封建时代，所提倡之道德，封建时代之道德也；所垂示之礼教，即生活状态，封建时代之礼教，封建时代之生活状态也……于多数国民之幸福无与焉。"⑤ 所以随着社会的进化和时代的

---

① 孙家鼐：《议复开办京师大学堂折》（光绪二十二年七月），见北京大学校史研究室《北京大学史料》（一），北京大学出版社1993年版，第24页。
② "激烈的反传统"一词借用了林毓生的提法。见林毓生《中国意识的危机——"五四"时期激烈的反传统主义》，贵州人民出版社1986年版。
③ 《陈独秀书信选》，新华出版社1987年版，第105页。
④ 同上书，第110页。
⑤ 任建树编：《陈独秀著作选》（第1卷），上海人民出版社1984年版，第235页。

发展，它必然被淘汰掉。在政治上，陈独秀认为，由专制政治趋于自由政治，由个人政治趋于国民政治，由官僚政治趋于自治政治，是世界政治发展的大势，所以"吾国欲图世界的生存，必弃数千年相传之官僚的专制的个人政治，而易以自由的自治的国民政治也"①。陈独秀不仅主张彻底废除君主专制，而且也反对君主立宪论，他认为"立宪政治而不出于多数国民之自觉，多数国民之自动，惟日仰望善良政府，贤人政治，其卑屈陋劣，与奴隶之希冀主恩，小民之希冀圣君贤相施行仁政，无以异也。古之人希冀圣君贤相施行仁政，今之人希冀伟人大老建设共和宪政，其卑屈陋劣，亦无以异也"②。在文化教育方面，陈独秀认为封建时代的教育，不仅摧残了读书人，而且使整个国家变得贫弱落后，挨打受欺，难以富强，"余每见吾国曾受教育之青年，手无缚鸡之力，心无一夫之雄；白面纤腰，妩媚若处子；畏寒怯热，柔弱若病夫；以如此心身薄弱之国民，将何以任重而致远乎？……纨绔子弟，遍于国中；朴茂青年，等诸麟凤；欲以此角胜世界文明之猛兽，岂有济乎？③"在文学方面，陈独秀曾发表《文学革命论》一文，明确反对雕琢阿谀的贵族文学、陈腐铺张的古典文学和迂晦艰涩的山林文学。之所以要反对这三种文学，是因为它们助长了阿谀、夸张、虚伪、迂阔的国民劣根性，使人们不能放眼观世界文学的发展趋势和时代精神，日夜埋头于故纸堆中，严重束缚了文学改新和社会改革的进行。陈独秀还明确表示，渴望中国文学界能出现一批像卢梭、左拉、康德、达尔文这样的反传统勇士，那么他愿意"拖四十二生的大炮，为之前驱"④，表现了他坚决反传统的勇气和决心。全面反传统更多的是破坏旧文化，而如何建设新文化，陈独秀只是笼统地提到"若是决计革新，一切都应该采用西洋的新法子"。⑤ 不过，如何采用西洋的新法子，陈独秀并未作更多的阐述。自然下阶段的"全盘西化"和"中国本位"的论战就是要继续讨论这个问题。

对中国传统文化的逐步否定和对现代化的逐步认识导致了"全盘西化"论的出现。真正提出"全盘西化"的口号是20世纪20年代末30年

---

① 任建树编：《陈独秀著作选》（第1卷），上海人民出版社1984年版，第178页。
② 同上。
③ 同上书，第146页。
④ 同上书，第263页。
⑤ 同上书，第386页。

代初的事情。1929年,胡适最先提出"全盘西化"的口号,陈序经则于1934年在《中国文化之出路》里对"全盘西化"的理由作了详尽的阐述:

> 从文化发展上看来,西洋近代的文化的确比我们的进步得多,它的思想,也的确比中国的思想为高。西洋文化无论在思想上,艺术上,科学上,政治上,教育上,宗教上,哲学上,文学上,都比中国的好。从理论方面说来,西洋文化,是现代的一种趋势。在西洋文化里面,也可以找到中国的好处;反之,在中国的文化里未必能找出西洋的好处。从比较上看来,中国的道德,不及西洋;为的是中国的道德家本身不好。中国人无论公德私德都不好。教育亦的确落后。法律的观念薄弱。一国之本的宪法,素来也不很讲究。哲学也不及西洋的思想如柏拉图哲学之有系统。物质方面,更不用说。①

"全盘西化"论很快被传统文化的主张者所攻击。1934年2月,蒋介石倡导在全国开展"新生活运动",要人们以"礼义廉耻"作为生活准则。11月,国民党中常会又通过了"尊孔祀圣"的决议。这期间,国民党政要戴季陶、陈立夫相继发表谈话和文章,鼓吹"复古"的合理性。陈立夫赞誉传统文化"光芒万丈,无与伦比"。② 与此同时,各地军阀也极尽"复古"之能事,甚者如广东早在1933年,陈济棠就令各学校恢复读经,同时宣扬"孔子为百世之师,关岳为忠义之表;以道德格民者,宜祀孔子,以忠义率民者,宜礼关岳"③。1935年1月10日,王新命等十教授发表《中国本位文化建设宣言》,这篇文章强调"中国在文化的领域中是消失了;中国政治的形态、社会的组织和思想的内容与形式,已经失去了它的特征","要使中国能在文化的领域中抬头,要使中国的政治、社会和思想都具有中国的特征,必须从事于中国本位的文化建设"④。十教授的观点也遭到了西化论者的激烈反对。胡适在当时就指出,十教授提出"中国本

---

① 陈序经:《中国文化之出路》,见罗荣渠主编《从"西化"到现代化》,北京大学出版社1990年版,第370—375页。
② 陈立夫《中国文化建设论》,载《文化建设月刊》1934年第1卷第1期,第3页。
③ 天贶:《文化论战中的广州》,载《华年》1934年第3卷第12期,第233页。
④ 王新命等十教授:《中国本位文化建设宣言》,见罗荣渠主编《从"西化"到现代化》,第399—403页。

位","其实还是他们的保守心理在那里作怪。他们的宣言也正是今日一般反动空气的一种最时髦的表现"①。陈序经称这篇宣言在骨子里"是一个复古与守旧的宣言","十教授在宣言里的态度是偏于复古的。就是我们承认了他们的'存其所当存,吸收其所当吸收'的标语,他们也跳不出折衷派的圈子"②。张佛泉则提出"根本西化"的主张,"近几十年的教训是我们最聪明的办法,便惟有诚意地,老实地,爽快地,不忸忸怩怩地从根上西化"③。在论战过程中,也有人对"现代化"即"西化"的观点进行反思,如张熙若认为:"我认为我们今日大部分的事物都应该'西化',一切都应该'现代化'。"他明确指出:"现代化可以包括西化,西化却不能包括现代化。"他还阐述了中国现代化的途径:第一,发展自然科学;第二,促进现代工业;第三,提倡各种现代学术;第四,思想方面科学化。④ 这种对科学精神的强调,表明中国的现代化理论已经在试图摆脱"中""西"之类空间因素的纠结。而这种理论成果正是自"师夷长技以制夷"的观念形成以来,各种思潮相互论辩的结果,也是西化思潮合理发展的结果。⑤

从中国现代化意识演变历程来看,中西之辨根本上就是传统与现代之辨,只有通过这种不断地辩论和思考,才能有效地解决传统与现代化的相反相成的辩证关系。在中国,不能为保存传统而拒绝现代化,也不能因为现代化而完全否定传统。对"西化"与"中国本位"、"传统"与"现代"关系的思考辩论不仅在中国思想界影响巨大,同时也影响着中国教育理论与实践的发展。

三 中国近代教育的现代化转型

在中国近代社会转型的同时,教育领域也发生着深刻的变化,出现了

---

① 胡适:《试评所谓"中国本位文化建设"》,见罗荣渠主编《从"西化"到现代化》,第425—429页。
② 陈序经:《读十教授〈我们的总答复〉后》,《大公报》1935年5月20日、21日。
③ 张佛泉:《西化问题之批评》,见罗荣渠主编《从"西化"到现代化》,北京大学出版社1990年版,第430—439页。
④ 张熙若:《全盘西化与中国本位》,见罗荣渠主编《从"西化"到现代化》,北京大学出版社1990年版,第447—460页。
⑤ 周积明等:《震荡与冲突——中国早期现代化进程中的思潮和社会》,商务印书馆2003年版,第330页。

与工业化社会相适应的教育的普及化程度的提高、建立规范的教育管理体制、贴近社会实际的课程设置、民间教育力量的崛起等特点，除此之外，还出现了要求摆脱西方教育模式的教育本土化要求，中国早期教育现代化转型在悄悄地却又是影响深远地进行着。

（一）教育普及程度的提高

教育现代化的一个重要标志就是教育普及程度的提高。1905年2月，学部《奏请宣示教育宗旨折》中明确指明教育"不在造就少数人才，而在造就多数之国民……令全国之民众无人不学"①。晚清学制所规定的学校教育宗旨、教育任务、教育内容以及从形式上对科举制的废除，反映出近代中国学校教育正在由仕途教育转向国民教育，这种改变与资本主义在中国的发展需求相吻合，也使教育从上流社会走向下层民众成为一种社会必然，正所谓"教育非徒为上等社会而设者，必使负贩之夫，贾竖之子皆系学堂卒业之学生，而后教育可谓普及"②。科举废除后，学校和学生数量的迅速增多明显体现了普及教育发展的趋势。

女子教育的发展亦是普及教育的重要体现。鸦片战争之后，教会女子学校在中国出现，1902年，蔡元培等亦在上海创办爱国女学。1907年，清政府正式颁行《奏定女学堂章程》，它是中国近代第一个关于女子教育的法规性文件，包括《女子师范学堂章程》39条和《女子小学堂章程》26条，成为晚清学制的重要组成部分。章程规定，女子教育的宗旨是：启发知识和保存礼教两不相妨。女学课程的设置既有传统的经史、女红，也有体育、图画、音乐及自然科学等西学课程。③《奏定女学堂章程》表明官方承认了女子学校教育的合法性，有利于近代女学教育的发展。1917年10月，全国教育会联合会第三届会议，向教育部提出推广女子教育的议案，要求增设女子高等小学和女子中学等，1918年教育部通知各地酌量办理。但由于受各种条件制约，公立学校方面在设立女中和男女同校的改革方面收效甚微，而各地的私立中学则利用现有条件扩招女生，许多地方的男女同校都是首先在私立中学实现的。湖南岳云中学于1921年正式招收

---

① 《文牍》，载《教育世界》1906年第3期。
② 《强迫义务教育》，载《直隶教育杂志》1905年第8期。
③ 《奏定女学堂章程》，学部总务司：《学部奏咨辑要》，见沈云龙《近代中国史料丛刊三编第十辑》，文海出版社2010年影印，第221—256页。

女生，为普通中学男女同校之始。① 1924 年保定私立同仁中学校，在与培基女中合并后，成为保定男女合校最早的一所中等学校；私立春晖中学亦是浙江男女同校的第一所学校。

与普及教育密切相关的是如何让民众较快地接受教育的内容，这就涉及教育语言的选择问题，我国传统文言文学起来耗时耗力，不利于教育的普及，特别是当受教育权成了人们普遍追求的时候，与近代生活脱节的文言文就必然要被改造。早在 1887 年，黄遵宪就认为"语言与文字离则通文者少，语言与文字合则通文者多"②，倡导言文合一。随着新教育的发展，白话文逐渐跳出社会教育的局限，转而成为新派知识分子所关注的焦点。据陈万雄研究统计，清末最后 10 年时间，出现过约 140 份白话报和杂志。③ 清末的白话文运动"是五四白话文运动的前驱，有了这前驱的白话文运动，五四时期的白话文运动才有根据"④。五四新文化运动的一个重要内容即是提倡白话文，提倡新文学。在鲁迅等知识分子的带动下，白话文运动在 20 世纪 20 年代渐入高潮。与白话文运动相伴的是以注音字母统一国语运动的进行。1913 年，吴敬恒、王照等成立读音统一会，⑤ 制定国语的统一注音，在他们的推动下，教育部于 1920 年 12 月公布《国音字典》。⑥ 白话文运动和国语运动，使文言文和方言逐渐被语体文和统一的国语所取代，这些都促进了教育的普及。在此运动中，私立中学成为推动白话文运动的有生力量，如在 20 年代的南开自编的国文教材中，白话文的比例能占到六成以上，冰心、胡适、鲁迅、俞平伯等人的多篇文章被选进教材。⑦ 春晖的国文教材则大多从《新青年》、《新潮》、《向导》、《创造季刊》等现代期刊上采编，鲁迅、郭沫若、茅盾、郁达夫、冰心等现代诸大家的文章成为广大学生喜爱的课外读物。⑧

---

① 《湖南省志·教育志》，湖南教育出版社 1995 年版，第 288 页。
② 黄遵宪：《日本国志》（下），天津人民出版社 2005 年版，第 810 页。
③ 陈万雄：《五四新文化的源流》，生活·读书·新知三联书店 1997 年版，第 134 页。
④ 谭彼岸：《晚清的白话文运动》，湖北人民出版社 1956 年版，第 3 页。
⑤ 《读音统一会事项》，舒新城：《近代中国教育史料》，见沈云龙《近代中国史料丛刊续编第六十六辑》，文海出版社影印，第 49 页。
⑥ 《民国九年十二月教育部颁布国音字典字音校勘记》，见舒新城《近代中国教育史料》，文海出版社 2010 年影印，第 52—75 页。
⑦ 《天津南开学校中学部一览》，1929 年印行，第 61—63 页。
⑧ 经遵义：《上虞春晖中学》，见《浙江文史资料·浙江近代著名学校和教育家》（第 45 辑），第 207 页。

（二）现代教育制度的确立

制度化是教育早期现代化的重要指标，因为制度因素更具有权威性，更能决定现代教育前进的步伐与属性。这是因为"无论多么先进的教育思想，如果离开了制度这一转化机制，永远也不可能把潜在的教育力转化为现实的教育力"[①]。

尽管近代新式教育早在洋务运动时期就已经产生，但直到30多年之后的戊戌变法时期，中国旧的教育系统及行政管理体制才出现改革的动向。光绪皇帝接受维新派的教育改革建议，先后下达了一批诏书谕旨，其核心是兴办新学、改革科举，如实行包括设立京师大学堂、改试策论、改书院为学校、奖励绅民兴学、开办各类实业学堂等在内的一系列教育改革措施。庚子之败，迫使教育改革再一次成为时代的主题。1901年8月清政府颁布《兴学诏书》，从而拉开了晚清十年间教育制度构建的序幕。从1902年"壬寅学制"的仓促出台，到1904年"癸卯学制"正式颁布实施，标志着中国近代新式教育制度化的开始。此后清政府陆续制定并颁行了涉及教育行政、学校教育、留学教育等方面的一系列教育规章制度，从而建立起中国近代最初的教育制度体系。

中国在外力压迫下被迫走上现代化改革之路，清末的现代教育制度是在缺乏实践的情况下从国外引入的，这意味着要有一个较长的调整改革和适应期。从清末制定"癸卯学制"，到1922年"壬戌学制"颁布，各种学校制度一直处在调整和改革的过程中。我国早期现代教育制度的产生相当一部分是模仿和照搬的结果，在外部不同现代化模式的吸引下常导致选择的非理性和实践上的急功近利。与官方早期对国外学制的生搬硬套相比，私立中学从开始就注意在课程的设置方面尽量贴近现实，满足学生求学的不同需要，本书后面有所论述。

教育制度化的进程还体现在教育行政管理体制的变迁上。教育行政管理体制是国家为实现特定目标，对教育事业进行组织、管理和协调的机构设置及职能划分。中国历代虽设有教育管理部门，但中央与地方各级之间始终没有形成具有明确隶属关系的教育行政体制。进入近代，传统的教育

---

① 邬志辉：《中国教育现代化与制度创新》，载《华东师范大学学报（教科版）》1998年第4期。

行政管理体制已与近代新式学堂（校）的发展不相适应，因此，在中国教育现代化进程中，教育行政管理体制变革成为重要一环。特别是1901年"新政"实施以后，各级各类学堂纷纷涌现，建立管理机构以加强对新建学堂的统一管理成为必要，湖北、直隶成为当时少数建立新式教育行政的省份。1902年，张之洞首先于湖北成立学务处，开省级教育行政机构改革之先河。① 同年，袁世凯在保定设立学校司，"为通省学务总汇之所"。② 1904年，直隶省正式颁行《新设学校司章程》，"专司通省学校事务"，由总督统辖。③ 在首任督办严修的倡议下，直隶首创劝学所制度，衍生为县乡一级的教育行政管理机构，从而构建了较为完整的省与府（厅、州、县）两级教育管理体系。1905年科举制废除后，学部创立，学部是中国教育行政史上第一个中央级全国教育管理的专门机构。学部之设，是中国教育行政现代化起步的重要标志。④ 1906年4月，各省裁撤学政，改设提学使司，归督抚节制。⑤ 全国性的从中央到省级的新式教育行政制度从此确立，中国教育行政管理体制发生了根本性变革。此后，经过北京政府、南京国民政府统治时期的发展，中国教育行政管理制度日臻完善。现代学制的制定和现代教育行政管理制度的确立，对于私立中学的规范化发展起了重要作用。

（三）近代"七科之学"的形成

学校或教育机构内部课程的"科学化"可以视为衡量教育现代化的基本尺度。课程设置的"科学化"即以基础科学、技术科学及部分社会科学正式进入学校课程设置作为衡量教育现代性的指标。

中国传统学术按经、史、子、集四部分类，但其中无论诸子思想、还是政治经济，都没有构建起完整的学科体系。洋务运动时期，虽然传统儒学仍占统治地位，但"中体西用"的教育宗旨包含了"择西学之可以补吾

---

① 国立编译馆编：《教育大辞书》（4），文景书局2000年版，第657页。
② 袁世凯：《省城设立学校司片》，见《袁世凯奏议》，天津古籍出版社1987年版，第598页。
③ 朱有瓛等：《中国近代教育史资料汇编·教育行政机构及教育团体》，上海教育出版社1993年版，第32页。
④ 熊贤君：《中国教育行政史》，华中理工大学出版社1996年版，第326页。
⑤ 《上谕（准各省改设提学使司）》，见朱有瓛等《中国近代教育史资料汇编·教育行政机构及教育团体》，上海教育出版社1993年版，第42页。

阙者用之"的观念，① 西学亦拓展到了西政、西艺和西史等方面。② 随着洋务学堂的兴办，现代学科从无到有、由少到多，逐步在中国的土地上生根发芽，以其实用性而逐渐夺取传统学科的阵地，从而使传统教育开始向现代教育转化。③ 例如，李鸿章于1881年创建的天津水师学堂，根据不同科类，课程设英文、几何、代数、平弧三角八线、级数重学、天文、推步、地舆、测量等。④从以上课程设置来看，基础科学和专业技术内容已占较大比例。

1902年张百熙制定的《钦定京师大学堂章程》即"壬寅学制"，将大学堂分为七科，没有专设经学科，仅在文学科中设经学目；1904年，《奏定学堂章程》规定大学堂分八科，将经学单设且列为群学之首，是一种妥协变通，但毕竟打破了由经学、史学、诸子学、词章学构成的"四部之学"的传统学术格局，奠定了近代学术的分科基础。民国成立之后，大学分科确定为文、理、法、商、医、农、工七科，从而完成了从传统的"四部之学"到现代"七科之学"的转变。⑤

近代私立中学的课程设置在原则上都是以国家颁行的法令、章程为标准，但私立中学为了能争取到更多的生源，往往会增设部分社会发展急需的学科门类，诸如早期增设师范科，资本主义发展较快时增设商科簿记、法律科等，这样更有利于学生的就业。因此，与公立中学相比，私立中学的课程设置具有更多的灵活性和实用性。

（四）民间教育团体及报刊的兴起

民间教育团体和教育报刊的兴起，既有利于打破官方对教育的垄断，同时也是教育专业化的表现，是衡量教育现代化的重要标准之一。

教育会是教育领域的同业组织。1902年由蔡元培、蒋智由等发起于上海成立了中国教育会，该组织虽曰教育会，而其本意并不在于从事教育活

---

① 张之洞：《劝学篇上·循序第七》，见沈云龙《近代中国史料丛刊第九辑》，文海出版社影印，第58页。
② 张之洞：《劝学篇下·设学第三》，见沈云龙《近代中国史料丛刊第九辑》，文海出版社2010年影印，第96页。
③ 本书第一章"文化观念的冲突与交融"部分曾对"中体西用"在教育领域所起促进作用做过简要分析。
④ 舒新城：《中国近代教育史资料》（上），人民教育出版社1961年版，第132—133页。
⑤ 杨东平：《艰难的日出——中国现代教育的20世纪》，文汇出版社2003年版，第13页。

动,它是趁清政府力行兴学之机而兴起的一个政治团体,"教育"实际上扮演了为政治革命做掩护的角色。① 而一些地方教育团体如1903年浙江省的绍兴教育会、杭州教育会、奉化教育研究会等,则以普及和改良本地教育为宗旨,"不得置议教育以外诸事"②。1906年学部鉴于"自科举停止以来,各省地方绅士,热心教育,开会研究者,不乏其人,章程不一,窒碍实多,有完善周密毫无流弊者,亦有权限义务尚欠分明者"的现象,于7月28日公布《奏定各省教育会章程》,明定权限,以"期于补助教育行政,图教育之普及"③。因清政府明令各县创设教育会,公开的教育团体纷纷涌现。1909年,清政府颁布结社集会律,承认结社集会的合法性,终于为包括教育团体在内的各种社会团体提供了明确的法律保障。④

1915年至1935年是近代中国教育团体发展的黄金时期。⑤ 在这一时期,民间教育团体不仅有合法的地位,还具有了部分行政机构的性质,如"教育会得处理教育官厅委任事务",会员资格审查制度也更严格,"教育会于每届选举前两个月,应组织会员资格审查会。在省,由省教育会通知中等以上学校校长及省视学员组织之。在县区,由县区教育会通知高等小学以上学校校长及县视学组织之。"⑥

在中国,教育现代化因缺乏强有力的国家行政及财政的支持而显得步履维艰,在此情境下,教育团体所负的推进教育发展的责任也更为重大。以全国教育会联合会为例,从1915年召开第一次会议并制定出联合会章程到1925年会议后解散,它一共召开了十一次会议,每年会议都有重大议案议决,特别是1922年会议上确定的壬戌学制对后世具有重大影响。"以教育会为代表的近代中国教育团体对我国现代教育制度、实际事业、理论研究等均起到了组织动员、示范促进的作用,在我国教育现代化进程

---

① 朱有瓛等:《中国近代教育史资料汇编·教育行政机构及教育团体》,上海教育出版社1993年版,第405页。

② 李国祁:《中国现代化的区域研究 闽浙台地区(1860—1916)》,中研院近代史研究所专刊,第504页表。

③ 《奏定各省教育会章程》,见朱有瓛等《中国近代教育史资料汇编·教育行政机构及教育团体》,上海教育出版社1993年版,第247页。

④ 金顺明:《近代中国教育团体的发展历程》,载《华东师范大学学报(教育科学版)》第20卷第1期,2002年3月。

⑤ 同上。

⑥ 《教育部修订教育会规程》,见朱有瓛等《中国近代教育史资料汇编·教育行政机构及教育团体》,上海教育出版社1993年版,第254页。

中所扮演的角色是举足轻重的。"①

中国近代教育能在专业化的道路上渐行渐远,近代民间教育刊物的创办也起着重要的推动作用。在诸多教育刊物中有代表性的为《新教育》、《教育杂志》和《中华教育界》。

《新教育》以提倡"新教育"、推进教育改革为主旨,汇聚教育界名流,传播杜威、孟禄等教育家的教育思想。同时,发表教育改革言论,鼓吹平民教育,主张国语统一、白话文和文字改革,发起"教育独立"运动,推动"六三三"学制的形成和确定,对20世纪初期的教育改革产生了积极影响。②胡适说:"在输入学理一方面,我们可以指出《新青年》的'易卜生号','马克思号',《民铎》的'现代思潮号',《新教育》的'杜威号'……"③可见《新教育》在传播新文化过程中是起了重要作用的。

《教育杂志》创刊时简章如下:

1. 本杂志以研究教育、改良学务为宗旨。
2. 一本杂志分20门如下:图画、主张、社说、学术、教授管理、教授资料、史传、教育人物、教育法令、章程文牍、纪事、调查、评论、文艺、谈话、杂纂、质疑答问、绍介批评、名家著述、附录。……④

《中华教育界》章程如下:

1. 本志以研究教育,促进文化为宗旨。
2. 本志内容视材料性质或篇幅之限制,按期分配。除法令、记事、名著、小说、附录等特设专类外,余皆不列专门。遇有关于教育之学理、事实足以助人研究,发人深省者,或撰或译随时择要刊

---

① 金顺明:《近代中国教育团体的发展历程》,载《华东师范大学学报(教育科学版)》第20卷第1期,2002年3月。
② 周晔:《〈新教育〉杂志与20世纪初的教育改革》,载《教育评论》2004年第4期。
③ 胡适:《新思潮的意义》,见《胡适文集》(2),北京大学出版社1998年版,第553页。
④《简章》,载《教育杂志》1909年第1卷第1号。

登。……①

两者相比，它们本旨都包含"研究教育"之本旨，只不过《中华教育界》将研究教育进一步提升到"促进文化"的高度，以区别于《教育杂志》的"改良学务"的宗旨。笔者认为这是与两者创刊时的社会背景有关，一个创立在清末改良之风盛行之时，一个创立在辛亥革命之后，对文化核心的反思呼之欲出。除此之外，《中华教育界》与《教育杂志》的栏目是大致相同的，不外是记载法令、讨论学理、纪事杂谈等。

《新教育》、《教育杂志》和《中华教育界》在教育界的影响在于它们为当时的教育界提供了一个研究问题的专业平台。它们关注的问题大都具有现实意义和前瞻性，并用开放的眼光审视国内外的教育动态，提出的许多问题就是在今天仍具研究的意义。

（五）从模仿西方到中国本土化

清末民初，中国的新教育长期处于模仿时期。"自清末至民国四年，日本式之教育制度当权，教育者及社会上一般人士亦均感其弊害，并思设法改正之，然而未闻有人提及从旧制度中求医方，而转思直接采用德国制以补救之——此为民国四年袁世凯公布预备学校令时之一种思潮——欧战终了，德国的军国主义教育随之而去，美国民治教育说大盛，于是转仿美国。此三十年之新式学校制度就模仿的对象言，可分为日本式、德国式、美国式三时期，而以日本式与美国式的影响为最大。"② 这种因挑战——应战而建立起来模仿式教育，其目的是为了富国兴邦，挽救危亡，不可避免要带有急功近利的色彩，凡移植的事物发展到一定阶段，便会与实际产生矛盾，其弊端也会逐渐显现出来。进入20年代后，对这种移植教育模式的批评逐渐增多。

1924年，《中华教育界》在《本志的新希望》中就表示："我们相信一个国家的教育应有特创独立的精神才能真有造于国家。决不是东涂西抹，依样葫芦的抄袭外国教育所能奏效。所以我们希望教育界从今后应多

---

① 《〈中华教育界〉章程》，载《中华教育界》1914年第4卷第1期。
② 舒新城：《中国教育建设方针》，中华书局1937年版，第100页。

多依据本国的历史与实况，建立本国的教育。"① 1925 年中华教育改进社制定了一个进行方针，方针明确规定："本社今后对于教育之努力，应向适合本国国情及生活需要之方向进行。"②《新教育评论》在创刊缘起中写道："我们深信一个国家的教育，无论在制度上、内容上、方法上不应当靠着稗贩和因袭，而应该准照那国家的需要和精神，去谋适合，谋创造。"③ 舒新城在对教学方法缘何失败的反思中，已经认识到"此时我们所当急于预备者，不在专读外国书籍，多取外国材料，而在用科学的方法，切实研究中国的情形，以求出适当之教育方法……使中国的教育中国化"④。这说明，当时的教育界已意识到生长在外国土壤里的东西未必适合中国的国情，已经认识到教育的"中国化"问题。

1927 年，庄泽宣在《如何使新教育中国化》一文中明确地提出了"新教育中国化"问题，并进行了理论阐述，"现在中国的新教育不是中国固有的，是从西洋日本贩来的，所以不免有不合于中国的国情与需要的地方。如何能使新教育中国化，这是一件很大的问题，很复杂的问题，而且非经专家长期的研究与实验不可。……要把新教育中国化，至少要合于下列四个条件：一、合于中国的国民经济力；二、合于中国的社会状况；三、能发扬中国民族的优点；四、能改良中国人的劣根性。⑤" 庄泽宣的这篇文章，标志着中国现代教育本土化运动的真正开始。自此以后，舒新城、庄泽宣、邱椿、姜琦、罗廷光等学者开始以一种现实主义的态度探索中国化的新教育的发展道路。正如当时刘天予所说："现在中国教育界还有一些的觉悟，觉悟的是：中国的教育必须是中国的，必须是中国教育者自己研究出来的，深闭固拒固然是不可能的，东抄西袭也是徒劳而无功。所以现在国内研究教育的人，尤其是在欧美日本习过教育的留学生，他们研究教育的工作渐渐踏实了，他们高瞻远瞩的眼光也渐渐回顾到本国民族性的优点和劣点，以及本国社会一般民众的实况和需要了。"⑥ 舒新城还向教育界发出呼吁："望教育者对于本国之历史往迹，社会现状多多留意，

---

① 陈启天：《本志的新希望》，载《中华教育界》1924 年第 14 卷第 1 期。
② 华中师范学院教科所：《陶行知全集》（第 2 卷），湖南教育出版社 1985 年版，第 277 页。
③ 华中师范学院教科所：《陶行知全集》（第 1 卷），湖南教育出版社 1984 年版，第 568 页。
④ 舒新城：《论道尔顿制精神答余家菊》，《中华教育界》1924 年第 13 卷第 8 期。
⑤ 庄泽宣：《如何使新教育中国化》，民智书局 1929 年版，第 23 页。
⑥ 刘天予：《我们应当自反的一个主要问题》，载《现代教育》1929 年第 1 期。

将随便仿袭之精力移向于独立创造之上。"①

到了30年代,教育界人士还在继续反思盲目照搬的恶果,舒新城总结中国实施新教育的历史之后,得出结论:"此种不择土宜的移植政策,为我国新教育失败的总因,三十年来教育上的种种败征与恶果,几皆可以由此推衍出来。"② 正是由于时人对新教育的不断反思,"新教育中国化"运动终于得以在二三十年代逐渐开展起来。在私立中学发展过程中,南开校长张伯苓提出的"土货化"及20年代的"收回教育权运动"实际就是"教育中国化"思潮的反映。

---

① 舒新城:《民国十五年中国教育指南》,中华书局1928年版,"序"第5页。
② 舒新城:《中国教育建设方针》,中华书局1937年版,第116页。

第二章

私立中学发展的几个阶段

清末同光以来,中国遭遇"数千年未有之大变局",许多有志之士,认为传统式私塾或学院教育,已不符合时代的需要,于是模仿欧美,提倡新学,北京的同文馆等新式学校应运而生,此为中国新教育的肇始。1895年盛宣怀创办的天津中西学堂二等学堂是中国近代中等教育的雏形。1898年,御史张承缨奏请于京城设立中学堂,杭州知府林启设立杭州中学堂,是中国近代新式独立中学堂的发轫。[①] 1902年,张百熙上呈《钦定学堂章程》以后,学校制度中就正式有了"中学"的名称,私立中学也开始有了法律上的地位,制度化发展由此起步,这也是本书研究的起点。

一 私立中学的兴起(1902—1911)

(一) 新学制设立和科举制废除

在清末,教育领域有两个制度性变革对私立中学的影响颇大,一个是近代学制[②]的颁布,一个是科举制的废除。

1902年8月15日,张百熙主持拟定的《钦定学堂章程》由清政府颁布,《钦定学堂章程》是中国近代第一个规定学制系统的文件,即"壬寅学制"。《钦定学堂章程》包括《钦定蒙养学堂章程》、《钦定小学堂章程》、《钦定中学堂章程》、《钦定高等学堂章程》、《钦定京师大学堂章程》及《考选入学章程》等6件,分别规定了各级各类学堂的目标、性质、年限、入学条件、课程设置及相互衔接关系。其中,中等教育设中学堂一

[①] 李华兴主编:《民国教育史》,上海教育出版社1997年版,第618页。
[②] 学制,是学校教育制度的简称,指各级各类学校系统。学制规定各级各类学校的性质、任务、入学条件、学习年限及其相互之间的纵横关系。学制是教育制度的一个重要组成部分,学校的组织编制、课程设置和规章制度的拟定,都要以学制为准。

级,旨在使高小毕业生加深程度,增添科目,"俾肆力于普通学之高深者,为高等专门之始基"①。中学开设修身、读经、算学、词章、中外史学、中外舆地、外国文、图画、博物、物理、化学、体操12门课程。关于私立中学,也做了规定,"地方绅富招集款项,得依《中学堂章程》而设立中学堂,谓之民立中学堂,卒业出身应与官立者一律办理。平时并由官力代为保护,并得借用地方公所、寺观等处,以省经费"。②《钦定学堂章程》尽管没能推行,但它是中国教育史上第一部由政府明令颁布的独立的和较为完备的学制系统,有开历史先河之功,《奏定学堂章程》就是在此基础上修改完善而成的。

《奏定学堂章程》是1904年1月13日由张之洞、张百熙、荣庆拟定,清政府颁布并实施的中国教育史上第一个完整的学制系统文件,又称"癸卯学制"。它的颁行真正把中国教育推上了近代化轨道,对中国近代教育体系的产生和发展具有奠基的作用。它包括纲要、通则、章程等22个文件,③甚为详备。其中《中学堂章程》规定,招收高等小学堂毕业生,同等学力者也可报考,"以施较深之普通教育,俾毕业后不仕者从事于各项实业、进取者升入各高等专门学堂均有根柢为宗旨。以实业日多,国力增长,即不习专门者亦不至暗陋偏谬为成效。"④ 学习年限5年,学习科目有:修身、读经讲经、中国文学、外国语、历史、地理、算术、博物、物理及化学、法制及理财、图画、体操等。中学堂分官、公、私立三种类型,"地方绅富捐集款项,得按照《中学堂章程》自设中学。集自公款,名为公立中学,一人出资,名为私立中学"。其中的公立中学多为私人集资设立,实际亦为私立中学的一种形式。为鼓励民间办学,若公立中学与私立中学"均遵照官章办理,考其程度与官立中学相等者,毕业出身应与官立者一律办理,平时并由地方官严加监督,妥为保护,并准借用地方公

---

① 舒新城:《中国近代教育史资料》(中),人民教育出版社1961年版,第497页。
② 同上书,第497—498页。
③ 这22个部分是《学务纲要》、《大学堂章程》、《通儒院章程》、《高等学堂章程》、《中学堂章程》、《初等小学堂章程》、《蒙养院家庭教育法章程》、《优级师范学堂章程》、《初级师范学堂章程》、《实习教员讲习所章程》、《高等农工商实业学堂章程》、《中等农工商实业学堂章程》、《初等农工商实业学堂章程》、《实业补习普通学堂章程》、《艺徒学堂章程》、《译学馆章程》、《进士馆章程》、《各学堂管理通则》、《实业学堂通则》、《任用教员章程》、《各学堂考试章程》、《各学堂奖励章程》。
④ 朱有瓛等:《中国近代学制史料》(二·上),华东师大出版社1987年版,第382页。

所、寺观等处。"① 这些规定对推动民间力量办学起了很大作用。癸卯学制是 1862 年京师同文馆创办以来新式学堂发展的必然结果，它的颁布实施，规划了中国近代教育发展的框架和方向，是中国教育走上近代化轨道的里程碑，具有划时代的意义。

新学制虽然推行，然而科举制的存在，制约着新学堂的建立和发展，因"学校之课程有定，必累年而后成材；科举之诡弊相仍，可侥幸而期获售"，所以多数读书人"不肯身入学堂，备历艰苦"。即使已入学堂的学生，也"持有科举一途为退步，既不肯专心向学，且不肯倍守学规"②。在此局面下，新式学堂的发展困难重重。"科举一日不停，士人皆有侥幸得第之心，以分其砥砺实修之志。民间更相率观望，私立学堂者绝少，又断非公家财力所能普及，学堂决无大兴之望。"③ 要发展新式学堂，就必须停废科举制度。

张之洞、袁世凯等是废除科举制的主要推动者。1904 年，袁世凯、张之洞奏请递减科举，认为"科举为害，关系尤重，今纵不能骤废，亦当酌量变通，为分科递减之一法……将各项考试取中之额，预计均分，按年递减，学政岁、科试分两场减尽，乡、会试分三科减尽。即以科场递减之额，酌量移作学堂取中之额"④。同年 11 月，张百熙、荣庆、张之洞联合上奏，请求"自下届丙午科起，每科递减中额三分之一，俟未一科中额减尽以后，即停止乡会试"⑤。得到朝廷首肯，并准照此执行。1905 年 8 月 30 日，袁世凯、赵尔巽、张之洞、周馥、岑春煊、端方等会衔奏请立停科举，他们认为，"科举不停，学校不广，士心既莫能坚定，民智复无由大开，求其进化日新也难矣"。因此，"欲补救时艰、必自推广学校始；而欲推广学校，必自先停科举始"⑥。清政府接受了他们的建议，于 9 月 2 日颁布上谕："著即自丙午科为始，所有乡会试一律停止，各省岁科考试亦即停止。"⑦ 自此，在中国盛行了 1300 年之久的科举制正式寿终正寝。

废科举之后，各省兴学之风大盛。江苏、安徽、广东、四川、江西、

---

① 朱有瓛等：《中国近代学制史料》（二·上），华东师大出版社 1987 年版，第 383 页。
② 朱寿朋：《光绪朝东华录》（5），中华书局 1958 年版，第 4998 页。
③ 舒新诚：《中国近代教育史资料》（上），人民教育出版社 1961 年版，第 63 页。
④ 陈学恂：《中国近代教育史教学参考资料》（上），人民教育出版社 1986 年版，第 571—572 页。
⑤ 同上书，第 575 页。
⑥ 沈桐生：《光绪政要》第 31 卷，第 57 页，文海出版社影印，总第 2154 页。
⑦ 同上书，第 59 页，文海出版社影印，总第 2158 页。

直隶、山东等省各州县纷纷奏请兴学。各地士绅"咸知登进之路舍学堂未由",或捐资兴学,或送子弟入学,一时间新学发展,渐起高潮。[①] 而在当时清政府经费有限的情况下,鼓励民间以公立(此处的公立大多是私人联合办学,本质也属私立)、私立等形式办学,也是必然的了。废科举前后新学堂相比较,明显看出新教育的巨大变化,特别是公立、私立学校发展尤其迅猛,见表 2-1[②]。

表 2-1　　　　　　　废科举前后新学堂发展变化

类别 年份	总堂数	学堂分类					
^	^	官		公		私	
^	^	堂数	%	堂数	%	堂数	%
1904	4222	3605	85	393	9	224	6
1905	8277	2770	33	4829	58	678	9
1906	19830	5224	26	12310	62	2296	12
1907	35913	11546	32	20321	56	4046	12
1908	43083	12883	29	25688	59	4512	12
1909	52348	14301	27	32254	61	5793	12

(二) 官方对兴学的褒奖

清末民间兴学热潮的兴起,与政府的大力提倡和鼓励有关。清政府于 1901 年宣布实行"新政",将兴办学堂视为"新政"之大端。然而鸦片战争以降,内忧外患使国家财政濒于绝境,经费的匮乏成了各地办学的重大障碍,政府也不得不采取相应的奖励措施借助民间的力量。1903 年,清政府颁布章程,鼓励地方士绅设立学堂,规定士绅凡成立蒙学 10 处、教育学生 500 名以上者,派为士绅长,得享一切士绅权益;成立 20 处以上者,请旨奖给"乐善好施"匾。[③]

在兴办新教育过程中,张之洞、袁世凯等较早地认识到单纯依赖政府的

---

① 李国钧:《中国教育制度通史》(第 6 卷),山东教育出版社 2000 年版,第 355 页。
② 《宣统元年份教育统计图表》,转引自桑兵《晚清学堂学生与社会变迁》,广西师范大学出版社 2009 年版,第 137 页。
③ 《议定强迫教育办法十款》,《中国日报》1907 年 4 月 3 日。转引自桑兵《晚清学堂学生与社会变迁》,广西师范大学出版社 2009 年版,第 136 页。

财力难以振兴教育："学校者,虽由国家提倡之,实由士民乐成之也。东西各国公私大小学堂,多者不下数万区,如皆由公家筹款建立,安得如许经费。大抵高等教育之责,国家任之。普通教育之责,士民任之。唯其众擎,是以事举。"① 主张普通教育的发展要靠百姓的资助。袁世凯率先个人捐款2万金作为办学资金,以表率群僚士绅,受到清廷嘉奖。1907年4月,天津私立第一中学(即后来的南开中学)起建礼堂时,袁世凯又捐银5千两,以示对中学教育的支持。由于朝廷大员的带动,当时出现了"官绅协办,风气潜移……捐资设学者不绝,公立、私立,月有所闻"的局面。②"

清末并无捐资兴学的章程,对捐资兴学人员的奖励往往需要由当地官员报请中央,由皇帝降旨恩准奖励。兹举《教育杂志》第三期的对兴学人员奖励的实例,现照录如下:

> 直隶总督袁奏称河南尉氏县人员外郎职衔刘鼎元呈遵父遗命及母命捐助京师豫学堂经费三万两,请恩赏给该员三代正一品封典,以示优异。奉旨允准,光绪三十年十一月。
>
> 直隶总督袁奏称天津县绅士附贡林兆翰、廪膳生卞禹昌,襄办学务,始终勤奋,请照章将林兆翰赏给内阁中书衔,卞禹昌赏给国子监学正衔,以昭激劝。奉旨允准,光绪三十年十二月。
>
> 河南巡抚陈奏称陈州府扶沟县知县田载厚,捐助学堂经费银三千余两,请饬部照章核给奖叙,以昭激劝。奉旨允准,光绪三十年十一月。
>
> 浙江巡抚聂奏松阳县民妇已故监生周廷瑞之妻林氏,独力捐助田一百十三亩零,为合邑文武童生县试卷资,余息续置田三十二亩余,现其孙周大勋声称愿改设初等小学堂,将前项田亩拨充经费。请恩准建坊旌表,给予乐善好施字样,以昭激劝。奉旨允准,光绪三十年十一月。
>
> 浙江巡抚聂奏称余姚县绅士江苏补用知府何恭寿等倡设诚意学堂,试办已著成效,捐募经费,款逾巨万。恳恩立案。奉旨允准,光绪三十年十一月。③

---

① 袁世凯:《请递减科举中额专注学校折》(1903年4月9日),见《袁世凯奏议》,第737页。该折是张之洞、张百熙、荣庆、袁世凯等共同上递的。
② 袁世凯:《缕陈直隶历年学务情形嗣后责成提学司续加推广折》(1906年6月29日),见《袁世凯奏议》,第1338页。
③ 《时闻·奖励兴学》,载《教育杂志》1905年第3期。

从以上实例看，清末的助学人员涉及面还是很广的，有官员、士绅、平民等各阶层人士，针对身份的不同，奖励的类别也不同，有奖励功名、设立牌坊等不同的方式。1906年清政府对"毁家兴学"的浦东中学创设人杨斯盛拟予褒奖，被杨拒绝，他表示"办学乃以博青紫耶"，并请黄炎培代为推辞。据黄炎培回忆，在学校落成以后，官府不止一次提出上奏请奖，杨始终不同意。在杨斯盛去世之后，清政府对其倾产兴学的评价为"慨罄巨金，广建学校情事，与山东义丐武训略同，而捐款且逾十倍，成绩更远过之"[①]。

（三）"学优则仕"观的驱动

"学而优则仕"出自《论语·子张》："子夏曰：'仕而优则学，学而优则仕'"，但"仕而优则学"逐渐被人忘记，"学而优则仕"则影响至今。[②] 尤其是隋唐科举制度形成以后，学（教育）、仕（利禄）和社会政治（统治者的要求）三者贯通，为学与求官联系在一起，影响中国千年之久。在现实社会的普遍层面上，学子求学的目的不可能都符合孔子的道德要求，对他们直接有吸引力的目标难免是功利的。[③] 为学和求官的紧密结合有力地调动了求学者的学习积极性，特别是科举制产生之后，学与禄紧密结合成为完整的有机体。由此"仕"便成为整个社会各阶层人士的"主攻堡垒"，"学优"求仕成为全民性的社会价值取向。"学而优则仕"的人生道路成为万人争夺的"独木桥"。[④]

蒋梦麟少年时的心路历程很典型地反映了当时一般国人对"学而优则仕"的普遍向往：

> 我当时对学问的意义并不十分了解；我只觉得那是向上层社会爬

[①] 《浦东中学简史》，载《20世纪上海文史资料文库》（第8辑），上海书店出版社1999年版，第216—217页。

[②] 杨伯峻：《论语译注》，中华书局1980年版，第202页。对"仕而优则学，学而优则仕"的解释大致有六种观点：读书做官论，任人唯贤论，学有余力论，学事兼顾论，知行结合说和教学两论等，笔者认为这种思想在其提出的春秋时期对于打破贵族在出仕方面的垄断起着重要的作用，然而随着时间的推移，"学而优则仕"的功利思想逐渐占据了主流位置。其实，当前民众的内心深处，也是将"出仕"看得非常功利化的。

[③] 陈超群：《中国教育哲学史》（第1卷），山东教育出版社2001年版，第32页。

[④] 同上书，第33页。

的阶梯。在我们村子里，农、工、商三类人都不稀罕。……至于读书的人，那可不同了。凡是族人之中有功名的，家庙中都有一面金碧辉煌的匾额，举人以上的家庙前面还有高高的旗杆，悬挂他们的旗帜。我还记得有一天县太爷到邻村查办命案，他乘坐的一顶四人抬杠的绿呢暖轿，红樱帽上缀着一颗金顶，胸前挂着一串朝珠。四名轿夫每人戴着一顶尖锥形的黑帽，帽顶插着一根鹅毛。暖轿前面有一对铜锣开道，县太爷所经之处，老百姓就得肃静回避。他是本县的父母官，我们老百姓的生命财产都得听他发落。他的权势怎么来的？读书呀！

于是我知道了读书人的地位，也知道做一名读书人的好处。他可以一级一级地往上爬，甚至有一天当了大官，还可以在北京皇宫里饮御赐香茗呢！像我这样的一位乡下孩子，足布向未逾越邻近的村镇，他希望读书做官应是很自然的事。我幼稚的心灵里，幻想着自己一天比一天神气，功名步步高升，中了秀才再中了举人，中了举人再中了进士，终于有一天当了很大很大的官，比那位县知事要大得好多好多，身穿蟒袍，腰悬玉带，红樱帽上缀着大红顶子，胸前挂着长长的朝珠，显显赫赫地回到故乡，使村子里的人看得目瞪口呆。这些美丽的憧憬，在我眼前一幕一幕展开，我的前程多么光明呀！只要我能用心熟读经书就行了。

我的童年教育虽然枯燥乏味，却也在我的思想里模模糊糊地留下学问重于一切的印象。政府官吏都是经过科举选拔的。但是只有有学问的人才有希望金榜题名。官吏受人敬重，是因为学问本身在中国普遍受人敬重的关系。[①]

癸卯学制颁布时，为了鼓励人们进新学堂读书，清政府还制定了学堂奖励章程，将新学堂的毕业生奖励对应的出身，作为选拔官员之参考：通儒院毕业予以翰林升阶，根据情形，立时任用；大学堂分科大学毕业考试最优等者，作为进士出身，用翰林院编修检讨，考列优等者，作为进士出身，用翰林院庶吉士，考列中等者，作为进士出身，以各部主事分部尽先补用，此三等均可升入通儒院，如不愿入通儒院者，由学务大臣查核该员才具，酌量分别委以京外要差；中学堂毕业考列最优等、优等、中等者，均准保送升入高等学堂、优级师范学堂、高等实业学堂肄业，听候督抚学政会同考选分别去留，最优等作为拔贡，优等作为优贡，中等作为岁贡；高等小学堂毕业最优

[①] 蒋梦麟：《西潮》，辽宁教育出版社1997年版，第33—34页。

等作为廪生，优等作为增生，中等作为附生，分别收入所升学堂肄业。① 这也说明，中国的科举制尽管取消了，但"学而优则仕"的观念在人们心中仍然挥之不去，进学堂读书便成了读书人踏入仕途的新追求。②

（四）私立中学的兴起

关于该时期私立中学的数量，并无一个确切的统计数字，笔者从多种资料中对相关内容做了整合，形成清末几个重要省份私立中学的分布对比（见表2-2）。

表2-2　　　　　　　　清末部分省份私立中学的分布对比

	湖北③	河南④	直隶⑤	江苏⑥	湖南⑦	江西⑧	福建⑨	甘肃⑩	贵州⑪
中学总数	20	21	31	31	35	35	24	10	8
公立中学	5	2	4	3	8	8			
私立中学	1		3	7	13	9	10		
私立中学比例	30%	10%	23%	32%	60%	49%	42%	0	0

注：1. 本表未含教会中学。

2. 湖北是1910年统计数据；河南是1906年统计数据；直隶、江苏是1909年统计数据；湖南、贵州是1911年统计数据；江西、福建、甘肃统计时间未详。

---

① 《各学堂奖励章程》（1904年1月13日），《中国近代学制史料》（二·上），华东师范大学出版社1987年版，第117—127页。原章程分通儒院毕业、大学堂分科大学毕业、分科大学之选科毕业、大学堂分科内之实科毕业、大学堂预备科、各省高等学堂毕业、高等实业学堂毕业、中学堂毕业、中等实业学堂毕业、高等小学堂毕业、优级师范学堂毕业、初级师范学堂毕业、优级师范选科及初级师范简易科毕业、京师译学馆、外省方言学堂毕业、京师进士馆毕业、京师仕学馆毕业等类别，每类别有分最优等、优等、中等、下等、最下五个级别，本书只是择其要者列举少部分。

② 这种以学堂对应出身的做法也曾遭到教育法令研究会和各省教育会的反对，但直至民国元年才废止。其实直到今天，这种"学而优则仕"的观念又何尝没有呢。

③ 《湖北全省学堂统计图表》，见《中国近代学制史料》（二·上），华东师范大学出版社1987年版，第525—527页。

④ 《学部官报·京外学务报告》，见《中国近代学制史料》（二·上），华东师范大学出版社1987年版，第528—530页。

⑤ 同上。

⑥ 《江苏省志 第77卷 教育志》（上册），江苏古籍出版社2000年版，第228页。

⑦ 《湖南省志·教育志》，湖南教育出版社1995年版，第283—284页。

⑧ 《江西省教育志》，方志出版社1996年版，第164—166页。

⑨ 《福建省志·教育志》，方志出版社1998年版，第193页。

⑩ 《甘肃省志 第59卷 教育志》，甘肃人民出版社1991年版，第202页。

⑪ 《贵州省志 教育志》，贵州人民出版社1990年版，第162—163页。

从表 2-2 我们可大致了解清末私立中学兴起的情况，各省私立中学的数量是不均衡的，这与该地区的政治、经济、文化状况密切相关，表中几个私立中学所占比例较高的地区有湖南、江西、江苏、福建、湖北、直隶等地。归纳起来，这一阶段办学的主要力量有下列几种：

1. 社会的变化使部分开明士绅成为兴办私立中学的主要力量。他们关心国家前途，认识到教育对国家发展的重要性，希望通过兴办新式学校实现"教育救国"和培养人才之目的，并且很多士绅还都有功名或官职在身，在当地威信较高，这也成为其办学的有利条件。据张朋园对湖南教育的考察，得出的结论是，"私立学堂的创立，大半成于开明士绅或有热诚的知识分子"，如湖南长沙明德学堂即由开明绅士候选道江苏泰安知县龙璋（在籍侍即龙湛霖之子）与另一候选道黄忠浩，邀约第一批留日归国学生胡元倓（拔贡出身）、刘佐楫于 1903 年共同创立的，龙璋特请其父龙湛霖担任总理（校董），又请大绅谭延闿至学校参观，以壮声势。[①] 其他地方如天津严修与王益孙联办南开中学、南昌熊育锡办心远中学等皆属此类，这种由官绅结合办学模式可以得到官方政策和经济方面的大力支持，因此在早期发展时就积累了雄厚的实力，它们大多成为以后的名校。

2. 商人办学。近代商人在商业活动中，接受了更多的外来事物，更能直接感受中国所发生的变革，他们往往成为中国早期现代教育的开创者。商人办学有多种形式，一类是在家乡本土办学，在江浙地区该类学校较多，如上海杨斯盛办浦东中学、叶澄衷办澄衷学堂即属此类，无锡县实业家匡仲谋亦于 1907 年投资创办私立匡村中学（见图 2-1）[②]；一类是旅外商人在外地办学，如北京中等学校之由外省旅京人士创办者，有顺直学堂、畿辅学堂、愿学堂、东三省公立学堂、江苏学堂、浙江学堂、安徽学堂、山东学堂、河南学堂、福建学堂、江西学堂、湖北学堂、广西学堂、广东学堂及求知学堂等，其成立时期多在 1901 年至 1906 年间；[③] 还有一类是华侨工商业者在家乡办学，如陈嘉庚、胡文虎等人即为代表，华侨办学在福建、广东等地较为突出。

[①] 张朋园：《湖南现代化的早期进展》，岳麓书社 2002 年版，第 191 页。
[②] 《江苏省志·教育志》（上），江苏古籍出版社 2000 年版，第 228 页。
[③] 吴廷燮等：《北京市志稿 5 文教志中》，北京燕山出版社 1998 年版，第 3 页。

图 2-1　匡村中学

3. 西人在华办学。西人在华办学最重要的是教会学校，上述几个私立中学较发达的省份，如福建、江西、直隶、江苏等省，是基督教的重要传播地区，为了培养教会人才，教会很早就办学校。清末，随着新学制的颁布，其中一部分教会教育机构为了适应中国的新学制，将其所办部分书院、小学等相继改组或扩充为中学，[①] 教会中学与国外教育部门联系密切，很多先进的教育理念和教育方法多是通过教会中学传入中国，带动了中国中学教育的发展，如南昌的葆灵女中、直隶天津的新学书院都是著名的教会中学。还有西人在华为了适应殖民机构或工商业需要而办的学校，1903年，嘉道理（EllisKadoorie）在上海开设私校，专攻中、英文两科，为英国人开办的洋行、工厂、公司以及工部局各个部门服务，这就是上海育才中学的前身。[②] 西人所办学校由于主要为教会或殖民机构服务，故非常重

[①] 吴廷燮等：《北京市志稿 5 文教志中》，北京燕山出版社 1998 年版，第 3 页。
[②] 段力佩：《育才中学的历程》，载《20 世纪上海文史资料文库》（第 8 辑），第 209 页。

视英文，往往"以英文为第一语言，汉语为第二语言"①，一方面体现了其殖民色彩，一方面因西人所办学校的外文教学（主要是英文）遥遥领先于国人所办学校，成为其办学的优势。

4. 和革命者培养革命人才有关。清末革命激荡，革命者也注意到中学校学生知识水平较高，年龄正处于容易发动的阶段，而官方对私立中学的控制相对较松，因此革命者往往借办学宣传革命，如湖南长沙的明德中学、唯一中学等皆与革命者关系密切，当时长沙的"数十公私立学校皆为革命党所居，一时……诸君子四方来集，人材称盛，数千学子精神焕发，皆有任大难、肩大事之慨"②。保定育德中学校长郝仲青是中国同盟会河北支部主盟人，他"居中策划、昼夜不息"，发起参与多起反清活动，在辛亥革命前，使育德成为"北方革命的总机关"③。同盟会河南分部机关设于开封中州公学，校长杨源懋、教务长暴式彬均为同盟会员，后来"学生几全部加入"④。

5. 与地方官员的重视有关。比较典型的如湖北，清末张之洞、端方的教育革新使湖北教育一度步入全国先列，然而进入民国之后，由于政局不稳，执政者多不重视教育，使教育事业反走下坡，⑤私立中学也伴随着教育的震荡而起伏不定。湖南由于自清到民国，各届府督大多对教育比较重视，为湖南的私立教育能提供一个宽松的环境，因此湖南的私立中学发展势头一直较好，其中明德、周南、楚怡、修业、广益及三公学（即兑泽、岳云、妙高峰）为湖南私立中学的佼佼者。⑥

二 私立中学的快速发展（1912—1927）

（一）壬子·癸丑学制和壬戌学制

民国建立之后，1912年7月举行的全国临时教育会议讨论制定了新的

---

① 陶永铭：《承天中学简史》，见《绍兴文史资料》（第2辑），浙江省绍兴县文史资料研究委员会1984年印行，第158页。
② 张继：《明德学校略史·序》，见《明德中学略史》，约1922年印行。
③ 胡永波：《育德中学简史》，见《保定文史资料选辑》（第12辑），河北省保定市文史资料委员会1994年印行，第2页。
④ 邹鲁：《河南举义》，见《中国近代史资料丛刊——辛亥革命》（七），上海人民出版社1957年版，第355页。
⑤ 苏云峰：《中国新教育的萌芽与成长》，北京大学出版社2007年版，第161页。
⑥ 《湖南省志·教育志》，湖南教育出版社1995年版，第294页。

学制——壬子学制，9月3日公布。从壬子学制公布到1913年间，教育部亦陆续公布了各种学校令，如《小学校令》、《中学校令》、《中学校令施行细则》、《专门学校令》等。这些法令与壬子学制综合起来又成一系统，被称为壬子·癸丑学制。

该学制规定中学校的修业年限为4年，以"完足普通教育、造成健全国民"为宗旨。中学校以省立为原则，各县于法令所定应设学校外尚有余力时，得一县或联合数县设立中学校，为县立中学校，私人或私法人依法可设立私立中学校。中学校的设立、变更与废止，均须经过教育总长认可。中学校的教学科目为修身、国文、外国语、历史、地理、数学、博物、物理、化学、法制经济、图画、手工、乐歌、体操。女子中学校加课家事、园艺、缝纫。外国语以英语为主，但遇地方特别情形，得任择法、德、俄语1种。中学校教员以经检定委员会认为合格者充任。省立中学校校长由省行政长官任用，教员由校长任用，但须呈报省行政长官。县立中学校校长由县知事呈请省行政长官任用，教员由校长任用，但须呈县行政长官转报省行政长官。私立中学校校长由设立人任用，但须呈报省行政长官。①

从形式上看，壬子·癸丑学制下的中学制度与清末学制相比，修业年限缩短1年，取消了读经讲经，改算学为数学，改法制及理财为法制经济，分物理化学为两科教授，加强了自然学科的教学。壬子·癸丑学制反映了资产阶级改革教育的一些主张，但由于制定仓促，不够完备，因而在实践中逐渐暴露出一些问题。教育专家廖世承在《关于新学制一个紧急的问题》中，主张中学应以三三制为原则，初中应采用选科制和分科制，并参照其他各种意见详细地说明了其主张的理由。② 此外，如李石岑、黄炎培、舒新城、吴研因、周予同等人通过发表文章或开会议讨论新学制，都认为旧制问题太多，渴望制定一个既符合国情又适应儿童发展的新学制。③

在这种情况下，北京政府也希望通过一个新的学制来重新统一和控制全国的教育。于是，1922年9月，教育部在北京举行全国学制会议。会议

---

① 《教育部公布学校系统表令》（第七号）、《教育部公布中学校令》（第十三号），见《中华民国教育新法令》（一），商务印书馆1912年版，第8—10、32—34页。
② 廖世承：《关于新学制一个紧急的问题》，见《廖世承教育论著选》，人民教育出版社1992年版，第32—39页。
③ 以上李石岑等人的文章后被收录进《新学制的讨论》，商务印书馆1925年结集出版。

在对学制系统草案稍作修改后，交同年 10 月在济南召开的全国教育联合会第 8 届年会讨论通过，并于 11 月 1 日公布《学校系统改革案》，这就是 1922 年新学制，即"壬戌学制"。

中学是壬戌学制改革的重点。该学制将中学校修业年限定为 6 年，分初高两级，各为 3 年。① 旧制中学由于年限较短，导致教育程度太低，学生毕业后既不能为就业提供必要的条件，也不能为升学做好必要的准备。它的"三三"分段，将中学分为初级和高级两个部分，并在高级中学阶段加强了师范与职业教育的分量，使旧制的上述缺点在一定程度上得到了克服。同时，该学制还规定，根据实际情况，也可定为初级 2 年，高级 4 年或初级 4 年，高级 2 年，初级中学可单独设立，高级中学应与初级中学一并设立，但视具体情况也可单独设立。② 这些规定增加了学制的弹性，使它既适应了我国各地政治、经济、文化发展不平衡的实际情况，也为学习者依据自己的实际有所选择地接受教育提供了方便。此外，普通教育的"六三三"分段（即小学 6 年、初中 3 年、高中 3 年），与心理学上的儿童期、少年期、青年初期的划分基本吻合，适应了青少年身心发育的实际。壬戌学制的制定，不仅是教育制度结构的变化，也体现了教育思想和价值观念的转变。该学制的实用化趋向和弹性较大的特点，恰恰符合了私立中学以实用性和灵活性见长的办学特征。壬戌学制的颁布和推行，成为 20 年代中国私立中学出现办学高潮的重要因素之一。

（二）私立中学的快速发展

1912 年至 1927 年，鉴于国家财政困难，政府积极鼓励私人或私法人在遵守有关教育法令的情况下，设立学校。在私立学校制度方面，主要是初步确立了各级教育行政机构对于各级各类学校的管理、监督之权。但从总体上看，这个时期政府对私立学校的制度化管理还比较粗疏，加之国内政局动荡，有关制度也难以有效实施。该阶段的办学主体除了上节所提到的商绅、教会等力量外，军阀、知识分子等力量也越来越多投资兴办私立中学，特别是从 20 年代后，私立中学又兴起了一个办学的高潮，"国人设

---

① 《学校系统改革案》（1922 年 11 月 1 日），见李桂林编《中国现代教育史教学参考资料》，人民教育出版社 1987 年版，第 286 页。

② 同上。

立之私中则以民国十年迄最近为尤盛"①。

近代军阀给我们的印象往往与战争和搜刮联系在一起,似乎和教育无关,但实际很多军阀为了自己统治区域的长远发展,往往很重视发展教育,他们有较雄厚的经济实力,有能力投资兴办各类学校,也包括私立中学。该时期军阀兴学比较有代表性的有张作霖、阎锡山、徐树铮等人。

张作霖虽未受过良好教育,但他在发迹过程中,逐渐认识到了知识分子的作用,也逐渐认识到了教育的重要性。②张作霖于1918年任东三省巡阅使后,为了整顿和训练军队,第二年成立东三省陆军讲武堂,这是奉军自办的培养陆军军官的军事学校,后成为中国四大军官学校之一。1922年,根据张作霖的意见,奉天省公署成立了东北大学筹备委员会,次年秋开学,成为当时东北唯一的大学。张作霖还于1927年用北京交通部名义,顶着日本方面的不满,在锦州建立了"东北交通大学"。③1928年,张学良创办了"同泽女子中学",成为东三省"独以吾校为最"的女子中学;同年又向奉天省教育会捐款500万元作为"中小学教育永久基金"。④由于张作霖父子重视教育事业,也带动不少机关和个人投资兴办教育,一时间,东北兴学之风蔚然而起,特别是辽宁发展更为迅速。据统计,1929年的小学生数,辽宁(奉天)是601199人,较1923年的320531人增加280668人,增长数目居全国之首。⑤辽宁的初级中学90所,仅次于广东,占全国1013所的8.9%,高级中学16所,占全国166所的9.6%,居全国前列。⑥很显然,这些成绩的取得和张氏父子的重教是分不开的。

阎锡山也是地方大员中比较重视教育的人物,他认为"当兵、纳税、受教育,为国民之三大义务","欲决胜于疆场,必先决胜于学校"。他办学的目的就是让治民"做好人有饭吃"。⑦阎锡山普及国民教育的措施和步骤是:(1)扩充师范学校,培养师资队伍;(2)调查学龄儿童,筹款设学;(3)劝导入学,实行强迫教育;(4)分期普及义务教育。据统计,到1921年,省内共有普通高等小学校近500所,在校学生约近5万人;男女

---

① 吴廷燮等:《北京市志稿5 文教志中》,北京燕山出版社1998年版,第3页。
② 刘志超:《张作霖也知道重视教育》,《辽宁大学学报》1995年第2期。
③ 同上。
④ 陆雅尧:《张学良档案史料一组》,《兰台世界》1992年第5期。
⑤ 庄俞:《最近三十五年之中国教育》,商务印书馆1931年版,第29页。
⑥ 同上书,第48页。
⑦ 王卓然:《中国教育一瞥录》,商务印书馆1923年版,第87页。

国民学校 19463 处，学生人数 722156（其中男校 16297 处，学生 627571 人；女校 3166 处，学生 94585 人）。当时山西人口逾千万，在学龄者应不下百万。若按此推算，阎锡山的国民教育普及率当在 70% 以上。① 为了造福乡里，1915 年 9 月，阎锡山私人出资，在河边创立了两等小学校，1919 年，阎锡山又出资兴办"川至中学校"，取"百川归至"之意。阎锡山除花钱修建校舍外，还出资 10 万元，存入德生厚银号，以其利息为该校经费。1923 年夏，为复兴山西商业，造就人才，又为该校集资 10 万元，增设商业速成科，为初中生设立科学奖。② 川至中学的校训是"公毅敏洁"，在校门入口处有"经文纬武"、"崇实黜华"的匾额，另有"苦学救国"巨匾悬挂在礼堂。校歌内有"苦学救国嘱吾曹，切莫负主人之设学意。"的句子，表明阎锡山要通过办学灌输自己思想，培养亲信的目的。校内总共盖有 7 排砖瓦房，每排 20 间，用作教室和宿舍。另外还建有大礼堂、会议室、生化研究室、标本陈列室等。学校后面是占地数亩的体育场，设有足球、网球、篮球等场地，并有秋千、浪桥等。1922 年 10 月，颜惠庆曾来校参观，称赞川至学校"规模宏大，建筑宏壮"，题赠"菁莪乐佩"的牌匾，挂在大礼堂前。③

由于山西在教育方面成绩明显，全国教育联合会第五届年会于 1919 年 10 月在太原举行。1920 年 3 月 19 日，北京政府通令各省参酌山西办法，推行义务教育。美国教育家孟禄博士同阎锡山谈话中也称："贵省教育发达，久已声闻海外，今日得亲至贵省观光，实为荣幸之至！"④ 对阎锡山的办学成就给予了很高的评价。

徐树铮在被免去了陆军次长之职后，在北京办了一个正志中学。正志中学与一般中学不同，"一、特别注重国文，请的有林纾、姚永朴、姚永概等，都是当时一流的国学大师；二、这个学校，也可以说是一种军官预备学校，头一年就下军操，第三、四年就用步枪操练，寝室饭厅的规则，和日本士官学校的一样；三、这里不学英文，而学法文德文。教员一律是外国人。"⑤ 从

---

① 雒春普：《阎锡山传》，山西人民出版社 2004 年版，第 140 页。
② 《创办"公益事业"》，载《山西文史资料全编》（第 6 卷），山西文史资料编辑部 1999 年印行，第 687—688 页。
③ 同上。
④ 王卓然：《中国教育一瞥录》，商务印书馆 1923 年版，第 87 页。
⑤ 徐道邻：《徐又铮先生树铮年谱》，台湾商务印书馆 1981 年版，第 30 页。

这些办学内容可以看出徐树铮想将中国的传统文化与日德的军事文化相结合，以日本士官学校为楷模，培养自己未来事业的传人。徐树铮作为校长，经常置身师生之间，了解教学情况，还时常到教室里，屏息危坐，和学生一起听课。军事操练时，常有个别学生怕吃苦，不能坚持到底，徐发现后，就严加训导，并作示范，不管何人，决不迁就。在遵守校规校纪方面，即使自己的儿子也不能例外。① 由于管理严格，师资较强，正志中学兴盛一时。受徐树铮办学的影响，陕督陈树藩在西安也办了一个成德中学，体例仿正志中学，在西安很有名气。②

20年代中期以后，四川军阀进入相对稳定阶段。各防区的军政首脑为了表示他们的进步，竞相以改善社会福利和兴办学校教育事业为时尚，在各地以他们的名义相继开办了一些私立中学，③ 促进了四川中等教育的发展。

以上军阀割据地区多为边远或落后地区，不同于沿海。沿海地区与西方接触较早，西方文化渗透较多，人们的受教育意识较强；新产业的出现，需要大批受教育的人才，故自官方到民间都能意识到教育的重要，官办、民办学校都较发达；即便会出现搜刮民脂民膏的军阀或官吏，但总是无法遏制这些地区教育发展的趋势。相对落后的内地就不同了，由于消息闭塞，经济落后，人们受教育的意识不强，民间办学力量弱小，故而统治者对教育的态度往往就起了决定性的作用，上文的事实表明，很多地区的军阀并非一味勒索，特别是较长期在某地有较大势力的军阀，如东北的奉系、山西的晋系、广西的桂系、云贵的滇系、四川的川系等等，他们为了能保证自己统治的稳定，也必须要考虑到民间的教化问题，故此教育也必然要纳入他们的考虑范围，尽管对教育的投入与对军事的投入不成比例，但毕竟为这些地区教育的发展作了铺垫。

20年代，受五四新文化运动的影响，私人办学之风日盛，1923年为鼓励私立中学的发展，湖南省政府拨款补助私立中学9所，县款补助私立中学2所，当年私立中学由1921年的15所发展到54所，全省中学由民国11年的47

---

① 王彦民：《徐树铮传》，黄山书社1993年版，第25页。
② 田克恭：《西安教育史的重要篇章》，见《西安文史资料》（第4辑），西安市文史资料研究委员会1983年印行，第124—142页。
③ 王长钧：《民国时期江津私立中学简况》，见《江津文史资料选辑》（第14辑），四川省江津市文史资料委员会1993年印行，第96页。

所发展到83所，学生13799人。① 涌现了一批乐于为发展地方教育事业毁家输产的办学中坚，如1925年湘乡蒋孝原为办春元中学，变卖祖产田400多亩。② 一些私立中学如岳云、明德等，不仅办学人员志行高远，思想开放，而且学校校风严谨，管理严格，教育质量优良，在湖南教育界的地位很高。

　　五四运动的自由民主之风使一些有志于办新教育的人不愿受专制主义教育机构的管辖，希望通过办理私立学校实现自己的教育主张。1919年，担任浙江省立第一师范学校校长的经亨颐积极主张教育必须适应新的潮流，为了摆脱军阀势力对教育的控制与干涉，以实现"与时俱进"的办学主张，返回故乡上虞，同一向热心桑梓教育的开明人士陈春澜磋商，获得陈氏赞助，筹建春晖中学。陈春澜慨捐20万元，以10万元建造校舍，置办设备；10万元购买上海闸北水电公司股票，作为学校固定基金。1920年1月，春晖中学校董会委任经亨颐为校长。③ 春晖中学在经亨颐的管理之下，很快成为浙江一所名校。

　　中国大学毕业生的增多，也为私立中学提供了较为充分的师资，这是私立中学在20世纪20年代后得以快速发展的重要条件。1922年之前，太原仅有四所中学，1922年，由北京大学及北京师范大学的六十多位山西籍大学生在京召开返晋办学发起人大会，组成董事会，学校定名为私立太原平民中学，由北京大学校长蔡元培题书校牌，同年9月开学，太原平民中学是太原最先成立的一所私立中学。1924年，又由一些北京大学与北京师范大学的晋籍大学生及两校已毕业任职于太原的校友发起成立成成中学。20年代，太原新成立私立中学将近三十所，有山西大学毕业生办的新民中学、有留日归国学生办的山西大学附中、有山西大学教授办的三晋高中，有山西法政学校教师与司法界人士办的云山高中，有以上海沪江大学山西籍学生为主返晋开办的山西公学等。④ 上述学校中的平民中学、成成中学与阎锡山办的进山中学、孔祥熙办的铭贤中学后被称为山西中学的"四大名校"。

　　在20世纪20年代的开封，北京大学校友创办了黎明中学，武昌高师的

---

① 《湖南省志·教育志》，湖南教育出版社1995年版，第295页。
② 同上书，第294页。
③ 经遵义：《上虞春晖中学》，见《浙江文史资料》（第45辑），浙江人民出版社1991年版，第206页。
④ 王立远：《廿年代太原私立中学兴衰谈》，见《大同市新荣区文史资料》（第3辑），大同市新荣区文史委员会1996年印行，第142—143页。

校友创办了明诚中学和两河中学，河南大学校友主办了现代中学和中山中学，还有受到上述学派门户排挤的其他大学毕业生，为了解决自身的失业问题，于是自办学校，创办了中州中学、太华中学、明伦中学等。① 各校之间为了扩大影响，争夺生源非常激烈，不过正是有了激烈的竞争，才使得这些私立中学的水平不断提高，以后大多成为开封有名的中学。

民国成立后，家族为了适应新的社会形式，将族学逐渐由原来的私塾式学校向新式学校转变，这也是私立中学数量增长的因素之一。河北临榆《田氏家谱》记有田氏族学的办学情况，其中族办中学有初级班和高级班，其学制均随着政府的调整而变化，课程亦与《中学校令施行规则》的要求基本一致，并且从1928年起，还增设了田氏私立中学女子初级中学部。田氏私立学校的教学设施非常齐备，体育器材、藏书等都较丰富。其他如湖南新化长塘李氏、长沙长薮李氏、江苏丹徒倪氏等都办有类似的族学，② 这些族学以义务办学为主，本族学生几乎不用缴纳学杂费，族人适龄子弟均可上得起学，故这些族学都有相当规模，对于推行普及教育、提高族人素质起到了很重要的作用。

关于这一阶段私立中学的发展概况，见表2－3的统计③。

表2－3　　　　　　　　民国后私立中学的发展概况

	私立中学校数	公私立总校数	私立所占比例（％）	私立中学学生数	公私立学生总数	私立所占比例（％）	备注
民国元年	54	373	14.5	6672	52100	12.8	未向政府备案者不在内
民国二年	46	406	11.3	6313	57980	10.8	
民国三年	64	452	14.1	8373	67254	12.4	
民国四年	59	444	13.3	8622	69770	12.3	
民国五年	51	350	14.6	7647	60924	12.5	
民国十四年	283	687	41.2	51285	129978	39.5	
民国十七年	363	954	38.1	68149	188700	36.1	

---

① 吴筼盎：《解放前开封市私立中学的发展及概况》，见《开封文史资料》（第6辑），第72页。
② 吴潮时：《民国时期家谱中所见私立教育资料》，载《文献》季刊2003年10月第4期。
③ 《第二次中国教育年鉴·教育行政·私立学校之设立》，商务印书馆1948年版，第122—124页（总第150—152页）。

从表2-3看出，自1912年至1916年私立中学校数在全部中学中的比例为14%左右，以1913年为最低，仅11.3%，学生数保持在12%左右，亦以1913年为最低，仅10.8%，笔者考虑，民初五年间的私立中学没有太大增长主要是政局动荡，影响了人们投资办学的热情，使投资办学的情况反不如清末；① 其次是当时政府尚未强行要求私立中学立案，而私立中学为了能在发展中少受束缚，往往不会主动立案，而教育行政机关在统计时也未将未立案的学校统计入内，就出现了私立中学长期无增长的现象。上表显示到1925年，私立中学校数及学生数陡然上升到41.2%和39.5%，一是由于五四新文化运动后，自由民主的潮流推动了民主教育的发展，激励了更多的知识分子通过创办学校来实现自己的人生价值和理想；二是中国的新教育体制运行了二十年之后，大学毕业生增多，办学成为他们的重要就业途径；三是自20世纪20年代起，政府部门为了加强对私立教育的监管，要求其向政府立案备案的压力不断加强，也会使统计数字出现增长。

总的来说，1912—1927年，投（捐）资兴学的主体较第一阶段更加多元化，私立中学的学校数量及学生数量在20世纪20年代有了较迅速的发展，在部分大城市，私立中学已占据了明显的优势地位，见表2-4②。

表2-4　　　　　　　京师中学校状况表（1923年）

类别	校数	教职员数（人） 男	女	总	学生数（人） 男	女	总	女生占%	师生比
国立	2	74	19	93	323	344	667	50.1	1∶7.2
公立	6	136	16	152	1040	141	1181	11.9	1∶7
私立	14	261	8	269	2167	76	2243	3.2	1∶8.3
教会立	12	140	78	218	2059	585	2644	22.1	1∶12.1

资料来源：中华教育改进社：《京师教育概况》，1923年。

由于私立中学的数量出现了急剧增长，如何对其管理的问题显得日益迫切，20世纪20年代之前，对私立中学的管理法规多是整合在其他法令法规里面，如《中学校令》、《中学校令施行规则》等，进入20年代，一

---

① 详见《第一次中国教育年鉴·捐资兴学一览》，"戊编"第292页。
② 王炳照：《中国私学·私立学校·民办教育研究》，山东教育出版社2002年版，第239页。

系列的单列条例纷纷出台，如1926年，广东国民政府行政委员会公布《私立学校规程》十七条、《学校立案规程》八条、《私立学校校董会设立规程》十四条，[①] 对私立中学的立案、备案、校董会等重要事项都做了规定，除此之外，伴随着中国反基督教运动的开展，收回教育权的呼声渐高，对教会学校办学的多个命令也先后发布，这些都为下阶段私立中学的规范化发展做了铺垫。

三　私立中学的稳定发展(1928—1936)

(一)私立中学的稳定发展

1928年至1936年是民国经济发展状况最好的时期，工农业生产特别是工业生产有了较快发展，政府财政收入大幅度增加，从而能为政府加强对教育的管理提供较多的经费支持，而这是保障教育发展的必不可少的物质基础。民族工商业的复兴，使民族资本有了剩余，一些民族资本家就在"教育救国"思潮的影响下，或投资于已经建成的私立学校，或投资兴建新校，推动了这一时期私立教育的发展。1927—1937年，是华侨回国投资的高潮时期，在投资过程中，很多爱国工商业华侨积极参与祖国教育事业的建设，有相当一部分私立中学校的建立和发展是受到海外华侨资助的，华侨资金的回流是东南地区私立中学教育发展的重要因素；政府重视发展教育，使这一时期的教育发展到了新的阶段，但政府教育经费的不足又使政府不得不鼓励和褒奖发展私立教育，为私立中学的发展创造了条件；再者，政府鼓励职业教育而压缩公立普通中学，资源的限制使公立中学的规模不能进一步扩大，这无疑为私立中学的发展提供了时机。私立中学自身的发展更加制度化、规范化，并且很多学校都办出了自己的特色，一些私立中学脱颖而出，成为教学质量优良的学校，不乏名闻全国的佼佼者，成为学生择校的首选，这种状况又进一步促进了私立中学的发展，从而使私立中学的发展步入良性循环。总之，南京国民政府统治前期（1928—1936），教育有了较好的发展条件，私立中学教育进入稳定发展时期。

以下是1929年、1933年、1936年三年的私立中学发展概况统计（见表2-5至表2-7）。

[①] 舒新城：《民国十五年教育指南》，1928年印行，第275—281页。

表 2-5　　　　　　　1929 年全国中学教育的统计①

设立别	校数	学生数	教职员数	经费数
国立	5	1933	175	435451
省市立	121	44718	3873	7012140
县市立	20	6289	458	625945
私立	161	53961	4281	5507907
总计	307	106901	8787	13851443
私立所占比例	52.4%	50.5%	48.7%	39.8%

表 2-6　　　　　　　1933 年全国中学教育的统计②

	学校数	学生数	教员数	职员数
国立	14	6917	643	231
省市立	291	95510	6431	2962
县市立	720	124065	8632	3420
已备案私立	522	129832	9913	3655
未备案私立	373	59624	5585	2014
总计	1920	415948	31204	12282
私立所占比例	46.60%	45.50%	49.70%	46.20%

表 2-7　　　　　　　1936 年全国中学教育的统计③

	学校数	学生数	教职员数
国立	16	4335	529
省市立	291	108957	9702
县市立	668	123197	9481
私立	981	246033	21468
总计	1956	482522	41180
私立所占比例	50.20%	50.10%	52.10%

---

① 古楳：《现代中国及其教育》（下），中华书局 1936 年版，第 347—348 页。
② 教育部统计室编纂：《中华民国二十二年度全国中等教育统计》，1936 年印行，第 3 页。
③ 《第二次中国教育年鉴》，"教育统计"部分第 33—41 页，总第 1429—1437 页。

上面三个统计数据表明，1928年至1936年私立中学的总体发展比较稳定，学校数大致保持在整个中学46%—52%的比例，学生数大致保持在45%—50%的比例，其中1933年的数据较低，主要是当时中国经济受1929年国际经济危机波及的结果，其他年份基本保持了50%的水平，意味着该阶段私立中学已据中等教育的半壁江山。

不过，私立中学在各省份的分布并不均衡，在部分经济发达的大城市，私立中学所占的比例很高，表2-8是1933年上海普通中学概览①。

表2-8　　　　　　　　　1933年上海中学数量　　　　　　　单位：个

	国立中学	省立中学	市立中学	公共租界工部局立	法租界公董局立	私立（立案）	私立（未立案）	总计
数量（所）	3	1	4	5	1	49	49	112
学级（级）	13	19	26	35	10	326	不明	429
学生人数（人）	539	928	1153	859	508	14127	5642	23756
教职员数（人）	47	77	137	59	23	1299	610	2252

统计显示，上海在1933年共有中学112校，其中私立中学就有98校，占87.5%；私立中学的学生有19769人，占全体中学生23756的83.2%，其比例可谓高矣。但是在一些偏远省份，私立中学却很少，见全国中学校1932年统计概览②。

表2-9　　　　　　　　　1932年全国中学校统计　　　　　　　单位：个

	校数合计	省（国）立	县（市）立	已备案私立	未备案私立	学生数合计	省立	县立	已备案私立	未备案私立
江苏省	121	14	46	39	22	30700	8485	9646	6877	5692
浙江省	82	13	23	37	9	18289	5470	4385	7423	1011
安徽省	62	15	26	19	2	10241	3509	3781	2632	319
江西省	50	16	8	26	不详	10415	4563	1115	4737	不详

---

① 根据《1933年之上海教育》（上海新闻社1934年印行）数据整理，第C18页。
② 《各省市中等教育概况统计分表》，见《中华民国二十一年度全国中等教育统计》，第52—212页。

续表

	校数合计	省（国）立	县（市）立	已备案私立	未备案私立	学生数合计	省立	县立	已备案私立	未备案私立
湖北省	62	18	5	24	15	14386	5601	784	6217	1784
湖南省	88	6	33	46	3	24908	1979	6655	15797	477
四川省	224	7	151	6	60	47540	3568	31065	784	11799
西康省	仅有中等师范，无普通中学									
青海省	3	3				291	291			
福建省	96	11	24	31	30	12869	2320	1591	4744	4214
广东省	243	17	116	20	90	55992	8149	23003	6608	18232
广西省	73	20	43	1	9	17344	6519	9203	240	1382
贵州省	28	10	14	不详	4	6770	3576	2034	不详	1160
云南省	45	12	31	1	1	6858	3173	3423	225	37
河南省	85	20	29	14	22	17592	4913	4160	4634	3885
河北省	70	22	8	39	1	19363	6535	1593	10972	263
山东省	69	15	27	15	12	15905	6057	3524	5160	1164
山西省	51	11	23	16	1	10797	2830	3004	4843	120
陕西省	23	9	8		6	4905	3239	823		843
热河省	5	1	3		1	323	110	193		20
察哈尔	3	2		1		731	627		104	
绥远省	3	2		1		519	428		91	
宁夏省	2	2				244	244			
甘肃省	20	11	8	1	不详	2401	1974	409	18	不详
辽宁省	130	8	89	2	31	20621	3327	12363	627	4304
吉林省	29	7	15	3	4	4345	2052	1537	328	428
黑龙江	10	2	8			1183	434	749		
新疆省	1	1				218	218			
南京市	25	1	1	14	9	6982	258	433	5433	858
上海市	120	3	4	46	67	22761	693	877	12978	8213
北平市	70	3	6	58	3	19980	1278	1822	16293	587
青岛市	8	1	3	3	1	2103	465	698	796	144
东省特别区	9	9				1670	1670			

续表

	校数合计	省（国）立	县（市）立	已备案私立	未备案私立	学生数合计	省立	县立	已备案私立	未备案私立
威海卫	4	2		1	1	419	268		110	41

注：1. 本表根据各省统计数据整合而成。
2. 本表仅是普通中学的统计，不含中等师范学校和中等职业学校。

表2-9显示，私立中学的分布是不平衡的，在东南沿海省份和内地的湖南、湖北等省份，私立中学所占的比例明显较高，南京市、北平市的私立中学甚至占中学数量的90%左右，超过上海市私立中学所占的比例。但在一些偏远省份，如新疆、宁夏、黑龙江等省份，则无私立中学的创办，两者对比，反差巨大。这也说明私立中学的发展和该省的经济发展水平、文化传统、开放程度以及对教育的重视程度密切相关。同理，在一省内部，私立中学的分布也不均衡，以私立教育较为发达的江西省为例，江西省的私立中学所占比例自20世纪20年代45%左右，上升到30年代的近60%，[1] 略高于全国平均水平，不过这些学校主要分布在南昌、九江、赣县等地，边远偏僻县份，数县之间都没有一所中学。[2]

（二）私立中学发展中的政府因素

南京国民政府成立之后，对教育比较重视。国民政府的很多高官都有关于教育的论著或讲话，或在教育界直接兼职，1930年12月至次年6月，蒋介石就既身为国民政府行政院院长，又暂时兼任教育部部长。蒋介石利用其特殊身份、特殊影响寻找机会广联教育界人士，千方百计将教育权牢牢控制在手中。他的活动很多涉及教育，他在许多场合的讲话与训词也时常论及教育的重要性。1931年，蒋介石在国民政府教育部纪念周的讲话就谈道："教育的事业，乃是国家百年大计的基础。……教育失败，其结果不仅要亡国，而且将灭种！"[3] 1932年蒋介石在长沙各界代表会上作讲演谈教育的重要性，"现在救国与复兴民族的途径，惟有第一注重教育，第

---

[1] 《江西省教育志》，方志出版社1996年版，第172页。
[2] 同上书，第168页。
[3] 蒋介石：《中国教育的思想问题》，转引自董葆良等《中国教育思想通史》（7），湖南教育出版社1994年版，第10—11页。

二注重经济,如果经济不能够恢复,教育不能够发达进步的时候,那末,无论我们国家多少军队,物质无论怎样丰富,国家也一定会要灭亡的,不能存在"①。他还有一个《惟有教育与经济方可救国家与民族》的演讲,强调中国要摆脱重重困厄,一要靠经济,二要靠教育,号召"充实经济与教育的两个立国要素"②。由此可见蒋介石对教育重要性的认识。为了鼓励办学,蒋还经常为学校题词,以示鼓励,即使是很普通的中学,也会索取到蒋介石的手迹,图2-2③即为蒋介石为私立弘达中学十周年纪念专刊的题词。

陈果夫负责国民党的宣传工作,教育也是他管理的对象,他著有《中国教育改革之途径》和《教育和国家建设的配合》等书;1932年陈果夫还向国民党中央政治会议提出了"改革教育初步方案",此案经国民党中央修正通过,交教育部执行,对当时的教育改革、系科设置以及院校结构等方面,产生了较大影响。

尽管国民政府主要领导者很重视教育的发展,但是现实中,由于教育事业发展速度过快而超过国家财力所提供的可能以及教育行政经费所占比

图2-2 蒋介石为弘达中学十周年纪念专刊题词

---

① 《蒋介石在长沙各界代表会上作关于教育重要性的讲演》,见中国第二历史档案馆编《中华民国史档案资料汇编 第5辑第1编 教育》,江苏古籍出版社1994年版,139页。
② 蒋介石:《中国教育的思想问题》,转引自董葆良等《中国教育思想通史》(7),第10—11页。
③ 《弘达中学十周年纪念专刊》,1933年印行,第17页。

例过大等原因,① 使教育经费出现了严重短缺。关于这一时期政府教育经费的投入,见表2-10②。

表2-10　　　　教育经费占国家总预算的比例（1929—1936年）

年份	1929	1930	1931	1932	1933	1934	1935	1936
教育经费在总预算中的比例	2.30%	1.46%	3.77%	3.20%	不详	不详	4.80%	4.48%

从表2-10中可以看出,1929年至1936年教育经费占国家总预算比例平均为3.33%,最高才到4.80%,与《五五宪草》规定的15%相去甚远。当时,国民政府也承认:"迭年以来,政府方面因种种窒碍,致学款常有延稽。"③

当时教育经费不足的解决办法,一是当局通过经费独立案,力求经费不被挪用;二是通过行政法令保证教育经费的专款专用;三是加强教育经费的立法,从制度方面保障经费的来源;④再者就是吸纳民间资金,鼓励褒奖民间办学或助学。

1929年1月29日国民政府公布《捐资兴学褒奖条例》（以下简称《条例》）10条。《条例》规定:凡以私有财产创立或捐助学校、图书馆、美术馆及其他教育机关者,得按照其捐资多寡分别授予一、二、三、四、五等奖状。⑤据统计,从1929年至1937年,仅教育部授予奖励的人数为316人,捐款总数为32317735元,这还不包括各省市的捐资数目。在1936年因捐资助学而受教育部表彰的有18人,2个团体,他们捐资数目均在三万元以上。⑥

---

① 熊贤君:《论民国时期教育经费的困扰与对策》,载《湖北大学学报（哲社）》1996年第3期。
② 《民国元年至二十五年教育经费预算数额表》,见《第二次中国教育年鉴·教育行政·教育经费》,第52页。
③ 《整顿教育令》,《教育法令汇编》（一）,商务印书馆1936年版,第30页。
④ 熊贤君:《论民国时期教育经费的困扰与对策》,载《湖北大学学报（哲社）》1996年第3期。
⑤ 《捐资兴学褒奖条例》,《河南教育特刊》,1929年印行,第21页。
⑥ 中国第二历史档案馆:《中华民国史档案资料汇编 第5辑第1编 教育》,江苏古籍出版社1994年版,第101页。

1936 公布的《中华民国宪法草案》亦写入"国家对于左列事业及人民予以奖励或补助：(1) 国内私人经营之教育事业成绩优良者；(2) 侨居国外国民之教育事业；(3) 于学术技术有发明者；(4) 从事教育成绩优良久于其职者；(5) 学生学行俱优无力升学者"等条款。当时国民政府确实对一些办学质量较好的私立学校进行奖励和补助。如河南彰德斌英中学教学质量受到教育厅的好评，1934 年拨款 500 元，1935 年拨款 1000 元，以资鼓励；河南开封的豫中中学为当地教育做出贡献，自 1933 年起，当地政府每年为它拨款 2000 元，以资鼓励。[①]

由于政府奖励私人助学或办学，故从 1929 年以后，私立中学出现了较快的发展势头，无论从学校数量还是学生、教师的数量，都逐渐赶上甚至超出公立教育，在大城市，由于私人资本较多，这种情况尤为明显，以北京为例，截至 1931 年暑假为止，有市立中学 9 所，私立中学 42 所；[②] 到 1937 年，有市立中学 7 所，私立中学 56 所，[③] 这些都是立案在册的学校，如果带上没有立案的，私立学校数目会更多。

该阶段私立中学发展还有个原因，出于社会发展的需要，国民政府鼓励发展职业学校，限制公立普通中学，结果为私立中学的发展提供了空间。1931 年 4 月 2 日国民政府教育部发出通令：自本学年度起，限制设立普通中学，扩充职业学校。各职业学校应增加经费，扩充设备，各县中学应逐渐改组为职业学校，自本年度起停招普通中学生，改招职业学生，各县市及私人呈请设立普通中学者，应分别督促或劝令改办农工等科职业学校。普通中学内一律添设职业科。[④] 1933 年 9 月 21 日国民政府教育部颁布《各省市中等学校设置及经费支配标准办法》7 条，通令各省市自 1934 年起至 1937 年止，职业学校经费不得低于 35%、师范约占 25%、中学约占 40%。自 1934 年度起，各省市对于中等教育经费之新增经费，应尽先充作职业及师范学校经费，未能增加者，应就原有经费，逐年缩减中学经费

---

① 杨大春：《南京国民政府的教会学校政策述论》，载《苏州大学学报（哲学社会科学版）》1999 年第 2 期。
② 《民国教育备忘录》，载《21 世纪》1998 年第 1 期，第 47 页。
③ 根据《北京市志稿 5 文教志》（中）的"私立中学"部分有关数据统计。
④ 中央教育科学研究所：《中国现代教育大事记 1919—1949》，教育科学出版社 1988 年版，第 221 页。

之相当数额，以扩充职业教育及师范教育之用。① 由于政府的政策导向，全国的职业教育迅速发展，以上海为例，在 1934 年，上海各类公私正规学校数是 1076 所，而社会职业学校则达到了 1173 所，超过公私立总和，社会职业学校的学生数达 164566 人，比公私立学校的 215929 人仅少 5 万人左右。② 由于教育部通令限制普通中学，导致了公立普通中学资源的减少，③ 而当时较为富裕的家庭，则希望为孩子设计一条小学—中学—大学—就业的道路，普通中学资源的紧张现实和政府鼓励私人和团体捐资办学或助学的政策，使私人资本在这一时期大量进入私立中学领域就是自然的事情了。

由于私立学校的数量在这一时期稳定增长，且所占比例已近半数，国民党及国民政府通过制定一系列的法规、章程和条例促使私立中学向规范化方面发展。从 1928 年至 1936 年，国民政府及教育部多次颁布相关法律法令，将教育宗旨、教育方针、实施办法和教育管理等各方面以法律的形式强制推行，在 1936 年的"五五宪草"中，就教育专列一章，做了 8 条规定，其中就强调了教育的宗旨和人民受教育权利，"中华民国之教育宗旨，在发扬民族精神，培养国民道德，训练自治能力，增进社会知能，以造成健全国民"。"中华民国人民受教育之机会，一律平等。""六岁至十二岁之学龄儿童，一律受基本教育，免纳学费。""已逾学龄未受基本教育之人民，一律受补习教育，免纳学费。"④ 除《宪草》外，国民政府还颁布了诸如《中华民国教育宗旨及其实施方针》、《专科学校组织法》、《大学组织法》、《师范学校法》、《职业学校法》、《私立学校条例》、《中学法》、《私立学校规程》、《中学规程》等律令，宪法、法律和条例的颁布有力地改善了原来非常散乱的教育状况，保障了教育的顺利发展，到这一阶段，民国教育才真正进入制度化建设时期。

南京国民政府对私立学校的管理与控制主要是通过立法的形式来实现的。从 1928 年起，陆续颁布了多部与私立学校有关的条例、规程和法令，

---

① 《各省市中等学校设置及经费支配标准办法》，见《教育法令汇编》（一），商务印书馆 1936 年版，第 175 页。
② 《民国教育备忘录》，载《21 世纪》1998 年第 1 期，第 47 页。
③ 由于开办职业学校所需设备较普通中学为多，意味着对职业学校的投资要大于普通中学，这是私人资本不愿投资私立职业学校的重要原因。故当时职业中等教育基本是由政府投资开办的。
④ 中央教科所教育史研究室：《中华民国教育法规选编》，江苏教育出版社 1990 年版，第 64 页。

1928 年颁布《私立学校条例》11 条和《私立学校校董会条例》13 条，同时废除 1926 年广东国民政府教育行政委员会公布的有关规程，1929 年 4 月教育部布告《取缔宗教团体私立各学校办法》4 条，1929 年 8 月，教育部公布《私立学校规程》29 条，1933 年 10 月修正为《修正私立学校规程》38 条，1930 年教育部公布《处置已停办或封闭之私立学校办法》4 条，1934 年教育部公布《限制宗教团体设立学校训令》等全国性的条例或规程。很多地方政府根据本地实际也公布过与私立学校有关的文件，如 1928 年江苏省公布《江苏省私立学校规程》15 条，上海政府也在 1928 发布过《补助私立学校条例》等。上述条例或规程规定了私立中学的设立、变更及停办都需经主管部门同意和批准；私立中学须组织校董会，负责学校的经营；私立中学须到主管行政机关立案。"学校须遵照现行教育法令办理。如办理不善或违背法令时，政府得解散之。"[①]

需要指出的是，国家对于私立学校的立法，一方面，在于使私立学校教育教学规范化，从而达到保证和提高教育质量的目的，这是应该肯定的。另一方面，国民政府通过立法过多地干涉学校内部事务，如向私立学校指派军事教官，阻止有关学校设立特色课程，强制学校当局干涉学生的民主活动等，大大压缩了私立中学自由发展的空间，使其发展出现了同质化趋势。

---

① 《私立学校条例》（1928 年 2 月 6 日大学院公布），载《大学院公报》第 1 年第 3 期，第 9 页。

第三章

关于私立中学教育的立法

　　法治是国家实施管理职能的主要手段，法治取代人治是社会趋向现代的重要特征。在中国不同阶段的法治进程中，与私立中学相关的立法也经历了从无到有、从依附其他法令到拥有专门规程、从不完善到完善的过程。伴随着私立中学法规的逐渐完善，国家对私立的控制也越来越严格，对办学宗旨、学制年限、教学课程、董事会构成和职责、教师的选聘等都逐渐作了规定，尤其值得一提的是，教会中学从20年代中后期起在非宗教运动中，被强制要求在教育行政部门立案，并须遵守相关教育法规，否则视为非法办学，从而以法治手段将教会中学纳入世俗教育的体系中，这在中国教育法制史上具有重要意义。

一　近代教育立法的发展概况

（一）从清末到国民政府前期的教育立法概况

　　清末，人们的法治意识逐渐形成，教育立法开始模仿日本制定颁布教育法规，改变了过去以习惯为主，一事一诏的传统做法，加强了教育法规的普遍约束力。清末教育立法可称之为我国近代教育立法的开端。清末教育立法确立了系统的学校教育制度，《钦定学堂章程》首次以专门法规形式系统规定了学校体系及各级各类学校的培养目标。在颁布的教育法规中，《奏定学务纲要》具有总则地位，它规定了国家教育的基本性质、任务，基本法律准则，规定了各类学校的办学原则，包括培养目标、课程设置、管理等各方面，具有教育基本法的特征。清政府还通过立法确立了从中央到地方的教育行政系统。《学部官制》与《各省学务官制》及《劝学所章程》的颁行，使各级教育行政机构与学校实体实现了分离，开始了教育管理向制度化、规范化的转机。①

民国初年，社会上"形成了一股颇有声势的法治思潮"②，这股思潮既有力地推动了民初国会的立法活动，又对人们的思想和社会生活产生了积极的影响。③ 北京政府及教育部共颁布了约 340 件重要的教育法规，④ 涉及规范各级各类教育、教育设施条件及教育管理的各方面。然而政局的动荡使民国初期教育立法没有统一和较严密的整体规划，这给此时期教育立法的全局性带来很大影响。不过政坛的不稳定，正好给民间人士参与政治事务提供了机会。民国初期，全国教育联合会屡屡对教育立法施以很大影响，给立法添注了更多民主平等的色彩和更合理的内容。⑤

南京国民政府成立后，颁布了一系列有关政权组织、行政管理等方面的法律，积极完成清末和北洋军阀以来的按照西方资产阶级法律模式建立中国法律制度的工作，进一步削减了传统的封建主义的法律成分，⑥ 我国的教育立法从清末开始，经过近 30 年的探索与实践，到南京国民政府初期终于达到比较成熟、规范化的时期。这个阶段颁布实施了 11 部教育法律，结束了以往只有教育法规、规章、法令而没有教育法律的历史。南京国民政府前期形成的教育法律体系，是以"三民主义"为指导思想，对教育发展的不同层次和不同方面进行规定的一套教育法律制度。这一时期的教育法律体系可分为五个层次：最高层次是宪法；第二层次是教育基本法，1929 年 4 月公布的《中华民国教育宗旨及其实施方针》在整个教育法律体系中起着类似于"教育基本法"的作用；第三层次是部门教育单行法；第四层次是教育行政法规和规章；第五层次是地方性教育法规。这样形成了五个层次的教育法律体系纵向结构，且各层之间相互贯通，彼此支持。⑦ 使我国教育发展真正进入了有法可依的阶段。

（二）清末民国时期教育宗旨的演变

在学制体系确定之前，尽管有"中学为体，西学为用"作为发展教育

---

① 李露：《中国近代教育立法研究》，广西师范大学出版社 2001 年版，第 26 页。
② 李学智：《民国初年的法治思潮与法制建设》，中国社会科学出版社 2004 年版，第 4 页。
③ 同上书，第 223 页。
④ 李露：《中国近代教育立法研究》，广西师范大学出版社 2001 年版，第 26 页。
⑤ 同上书，第 40 页。
⑥ 范明辛：《中国近代法制史》，陕西人民出版社 1988 年版，第 196 页。
⑦ 李露：《中国近代教育立法研究》，广西师范大学出版社 2001 年版，第 52 页。

的指导方针，但只是一些时人的提倡和某些封疆大吏的倡导，清政府并没有明确提出全国统一的教育宗旨以指导各级各类学校的人才培养。因此，1902年梁启超发表《论教育当定宗旨》强调当时中国办理新教育"第一当知宗旨"，"第二当择宗旨"，"第三当定宗旨"，这样才能以"自主之思想，自主之能力，定其所向之鹄而求达之"①。1904年的《奏定学堂章程》明确提出"至于立学宗旨，无论何等学堂，均以忠孝为本，以中国经史之学为基。俾学生心术壹归于纯正，而后以西学瀹其智识，练其艺能，务期他日成才，各适实用"②。这是中国近代教育史上首次由官方提出的教育宗旨，其中的"忠孝为本"和"练其艺能"，充分体现了"中学为体，西学为用"的精神。这个方针的核心是封建传统的忠孝思想，它成为清末制定教育政策，修订学校规章制度的依据和准则。《学务纲要》明确指出："此次遵旨修改各学堂章程，以忠孝为敷教之本，以礼法为训俗之方，以练习艺能为致用治生之具。"③

1906年3月25日，学部奏请宣示教育宗旨，认为今日中国欲"据兴国务"，"尤以明定宗旨宣示天下为据要之图"。奏折指出："中国政教之所固有，而亟宜发明以拒异说者有二：曰忠君，曰尊孔。中国民质之所最缺，而亟宜箴砭以图振起者有三：曰尚公，曰尚武，曰尚实。"④ 4月25日，清政府颁布上谕，指出："朝廷锐意兴学，特设专部以董理之，自应明示宗旨，俾定趋向，期于一道同风。兹据该部所陈忠君、尊孔、与尚公、尚武、尚实五端，尚为扼要。"⑤ 忠君、尊孔、尚公、尚武、尚实成为中国近代第一个以政府法令形式明定的教育宗旨。这一宗旨的颁行，对全国各级各类学堂的兴办具有导向作用，有助于对全国各级各类学堂统一管理。

1912年，蔡元培发表了《关于教育方针的意见》一文。文章在对清末教育宗旨进行批判检讨的同时，提出了以公民道德教育为核心，包括军国民教育、实利主义教育、世界观教育和美感教育在内的五育并举的教育方

---

① 梁启超：《饮冰室合集》（第10卷），中华书局1936年版，第54—61页。
② 舒新城：《中国近代教育史资料》（上），人民教育出版社1961年版，第197页。
③ 同上书，第200页。
④ 同上书，第220页。
⑤ 同上书，第225页。

针。① 这种论述虽然比较粗略，但它为确立适合民国需要的教育宗旨和教育方针奠定了基础。

1912年7月10日，全国临时教育会议在北京召开。经过讨论形成了"注重道德教育，以实利主义、军国民教育辅之，更以美感教育完成其道德"的新教育宗旨。② 从总体上看，这一方针与清末教育宗旨有着本质的不同。它以养成共和国民的健全人格为目标，通过德、智、体、美四育，造就既有资产阶级思想又有近代科学技术知识的人，突破了"中体西用"的旧模式，是与民国建立后的社会发展需要相吻合的。它为促进近代教育由封闭专制走向开放民主、由缺少科学性走向科学化，奠定了基石，对革除清末教育痼疾、推动民初教育改革、促进中国教育的近代化建设，都发挥了巨大作用，应该说，民初教育宗旨是我国教育方针史上继清末教育宗旨以后的第二块里程碑。③

辛亥革命后，"在几千年孔学浸润下凝结而成的顽固的社会心理，比二百年清王朝留下的'深仁厚泽'更能感染人心"④。而以袁世凯为代表的专制复辟势力，也希望"利用传统儒家意识形态作为自己政权的价值基础和合法性象征⑤"。1913年6月，袁世凯发布了《注重德育整饬学风令》指责各学校"大都敷衍荒嬉，日趋放任，甚至托于自由平等之说，侮慢师长，蔑视学规"，提出要"整齐严肃"学风。⑥ 1915年1月和2月，北京政府先后颁布了《特定教育纲要》和《颁定教育要旨》，公开恢复尊孔读经和儒学的正统地位。《特定教育纲要》在"教育要言"一节中规定："各学校均应崇奉古圣贤以为师法，宜尊孔以端其基，尚孟以致其用。""中小学教员宜研究性理，崇习陆王之学，导生徒以实践。教科书宜采辑学案，以明尊孔尚孟之渊源。"⑦《颁定教育要旨》具体规定了"爱国、尚

---

① 蔡元培：《对于教育方针之意见》，载《东方杂志》第8卷第10号，1912年4月。
② 《教育部公布教育宗旨令》（1912年9月2日），见《中华民国教育新法令》（一），商务印书馆1912年版，第1页。
③ 参见杨天平《20世纪中国教育方针的百年之旅》，载《学术研究》2002年第12期。
④ 陈旭麓：《中国近代社会的新陈代谢》，上海人民出版社1992年版，第364—371页。
⑤ 许纪霖等：《中国现代化史》（第1卷），学林出版社2006年版，第251页。
⑥ 《注重德育整饬学风令》，见陈学恂《中国近代教育史教学参考资料》（中），人民教育出版社1987年版，第203页。
⑦ 《特定教育刚要》，见陈学恂《中国近代教育史教学参考资料》（中），人民教育出版社1987年版，第225页。

武、崇实、法孔孟、重自治、戒贪争、戒躁进"的教育宗旨。① 这实际上是清末教育宗旨的翻版,其所谓"戒贪争"、"戒躁进",则主要是针对当时资产阶级革命派对于袁世凯专制政权的离心力而提出来的,目的在于消除资产阶级民主思想对于青年学生的影响。

陈独秀等人以《新青年》为主要理论阵地,汇集起一批先进的知识分子,向尊孔复古逆流宣战,在对旧道德、旧文化进行尖锐批判的同时,把人们引向对科学与民主的追求。当时各种进步的教育思潮所倡导教育民主化,以及教育应与社会生活相联系等思想也成为新文化运动的有机组成部分。在这些思潮的影响下,教育界从发展资产阶级民主主义和促进资本主义经济出发,在坚持民国初年教育宗旨的民主精神的同时,提出了革新教育宗旨的要求。1919年4月,在教育调查会第一次会议上,沈恩孚、蒋梦麟2人提出了名为《教育宗旨研究案》的议案,主张以"养成健全人格,发展共和精神"为教育宗旨,② 通过会议讨论后,提请教育部予以公布。

五四时期,由于受实用主义的影响,我国教育界曾提出"废止教育宗旨"、"宣布教育本义"的主张。1919年10月,在全国教育联合会第5届大会上,讨论通过了《全国教育联合会呈教育部请废止教育宗旨宣布教育本义案》,1922年学制吸取了该案意见,故新学制颁布时,没有列出教育宗旨。③ 随着中国的民族主义思想的抬头和实用主义教育思想影响的消退,确立适应新的形势需要的新的、统一的教育宗旨,又成为人们关注的热点问题。1924年12月,高卓在《今后中国教育应取的方针》中指出:民国以来,西洋的新教育思想、制度和方法曾大量涌入中国,但它们不久又烟消云散。这其中固然有从事教育的人缺乏研究的因素,但不先定教育方针也不能不说是一个重要原因。④ 当时也有人认为,新学制实施以来的教育界过分地关注于具体的教育制度方法等枝节性问题,而忽视了教育宗旨问题,以至于新思潮虽然迭出不穷,但教育很难形成一股合力,以配合教育救国的需要。⑤

---

① 《颁定教育要旨》,见陈学恂《中国近代教育史教学参考资料》(中),第233—242页。
② 朱有瓛:《中国近代学制史料》(三·上),华东师大出版社1990年版,第106—107页。
③ 同上书,第107页。
④ 高卓:《今后中国教育所应取的方针》,载《教育杂志》第16卷第12号,1924年。
⑤ 沈仲九:《我的理想教育观》,载《教育杂志》第17卷第5号,1925年;另有陈启天:《中国教育宗旨问题》,载《教育杂志》第17卷第7期,1925年。

1927年8月，南京国民政府教育行政委员会制定了《学校施行党化教育办法草案》，强调："我们所谓党化教育就是在国民党指导下，把教育改变成为革命化和民主化，换句话说，我们的教育方针要建筑在国民党的根本政策之上。国民党的根本政策是三民主义、建国方略、建国大纲和历次全国代表大会的宣言和决议案，我们的教育方针应该根据这种材料而定，这是党化教育的具体意义。"① 为推行党化教育，国民党相应制定各项教育法令，重新改组学校课程，"检定"党义教师，要求用训练党员的方法管理学生，以国民党的党纪作为学校的纪律，极力使学校教育国民党化。②

　　"党化教育"的目的在于建立国民党专制统治，与教育民主化的时代潮流相背离，引起社会进步人士的极力反对。1928年5月，在大学院召开的第一次全国教育会议上，提出以"三民主义教育"代替"党化教育"议案，28日，中华民国大学院发表全国教育会议宣言。宣言提出："此后中华民国的教育宗旨，就是三民主义的教育"，"我们全部的教育，应当发扬民族精神，提倡国民道德，锻炼国民体格，以达到民族的自由平等；应该养成服从法律的习惯，训练团体协作和使用政权的能力，以导入民权的正规；应该提倡劳动，运用科学方法，增进生产的技能，采取艺术的陶融，丰富生活的意义，以企图民生的实现。总之，我们全部的教育，应当准照着三民主义的宗旨，贯彻三民主义的精神"③。

　　1929年4月26日，国民政府公布《中华民国教育宗旨及其实施方针》8条。教育宗旨为："中华民国之教育，根据三民主义，以充实人民生活，扶植社会生存，发展国民生计，延续民族生命为目的；务期民族独立，民权普遍，民生发展，以促进世界大同。"④ 为了落实和强化"三民主义"教育，1931年6月，在南京国民政府公布的《中华民国训政时期约法》中，以根本法的形式规定了民国教育的宗旨及其方针政策。9月，国民党中央执行委员会第157次常务会议通过《三民主义教育实施原则》，11月，国民党第四次全国代表大会对1929年颁布的实施方针进行修订，并再次公布。

---

① 《教育界信息》，《教育杂志》第19卷第8期，1927年。
② 孙成城：《中国教育行政简史》，地质出版社1999年版，第107页。
③ 中央教育科学研究所：《中国现代教育大事记（1919—1949）》，教育科学出版社1988年版，第155页。
④ 教育部：《中学教育法令汇编》，商务印书馆1935年版，第2页。

至此，"三民主义"教育宗旨及其实施原则与方针基本形成，成为国民政府实施教育的法定依据，成为民国中后期教育发展的总纲领。该教育宗旨一方面承续了晚清至民初通过颁行教育宗旨统一教育目标要求和规定教育内容的传统模式，从而结束了五四前后教育无宗旨的离散混乱现象；另一方面又致力于给教育以服务于三民主义的社会定位，从而在近代中国教育宗旨史上发挥了承先启后的作用。①

为了加强"三民主义"的影响，国民政府将"三民主义"渗透进中学课堂和学生组织。在1929年的《暂行课程标准》中，初、高级中学都必须开始党义课程，1932年的中学课程标准则改为公民课程，均为必修课，这两者都是灌输以"三民主义"为核心的国民党的政治理论和伦理道德的课程。如河南开封豫中中学本是教会学校，但根据南京政府的规定，于1930年取消了《圣经》课和宗教仪式，开设政治课，由省教育厅派人每周上一堂政治课。② 还有很多学校的学生组织明确以三民主义为宗旨，如浙江弘道女中的学生自治会就以"本三民主义之精神作成同学在学校以内之自治生活并促进智育德育体育群育之发展"为宗旨。③ 南开在1929年时就明确了办学的目的："既在'救国'，则实行三民主义之教育，使三民主义之精神，融化于一切教科及活动之中，当为本校今后实施之标的。"④

二　与私立中学相关的法规

（一）私立中学的定位

清政府《钦定中学堂章程》（1902年颁布）中规定："地方绅富捐集款项，得依《中学堂章程》而设立中学堂，谓之民立中学堂。"⑤ 这是私立中学最早的名称及定位。《奏定中学堂章程》（1904年颁布）进一步细化了条款："地方绅富捐集款项，得按照《中学堂章程》自设中学；集自公款名为公立中学，一人出资名为私立中学。"⑥ 这是第一次在法规中明确使用

---

① 杨天平：《民国中后期三民主义教育宗旨述评》，载《理论界》2004年第1期，第112页。
② 宋家珩：《加拿大传教士在中国》，东方出版社1995年版，第202页。
③ 潘秀慧：《从弘道女中看民国浙江的女子教育》，载《浙江档案》2003年第2期，第39页。
④ 《天津南开学校中学部一览·南开教育之要旨及实验之趋向》，1929年印行，第30页。
⑤ 《钦定学堂章程》，见朱有瓛《中国近代学制史料》（二·上），第375页。
⑥ 《奏定学堂章程》，见朱有瓛《中国近代学制史料》（二·上），第383页。

私立中学。应注意的是该章程中出现的公立中学与民国及当代的公立中学是不同的概念：民国时期和当代的公立中学相当于本书所提到的官立中学，是由地方政府投资筹办的，而该章程中的公立中学只是因捐资人为多人（或团体）而称之为"公立"，其学校的产权非官方所有，故在本书中仍属私立中学的性质。中华民国《教育部公布中学校令》（1912年颁布）规定了："私人或私法人得依本令之规定设立中学校，为私立中学校。"[1] 此处的变化一是将中学堂改为中学校，二是用"私人或私法人"代替"地方绅富"，既说明了民国时法制意识更强，法律用语更加规范，也体现了捐资办学主体的变化。1928年2月6日，大学院公布《私立学校条例》，第一条规定"凡私人或团体设立之学校为私立学校"，[2] 其中值得注意的是在该条加上了"外国人及教会设立之学校均属之"的内容，由此推定，外国人在华所办中学校（包括教会中学）均属私立中学，这是第一次在法律中将外国人所办中学（包括教会中学）纳入私立中学的范围。1932年12月24日由南京国民政府公布的《中学法》基本沿用了这个定义："由私人或团体设立者，为私立中学。"[3] 总的来说，"私立"根本上是从经费来源上与"官立"相区别的，凡是经费来自非官方，不管是个人独资、群体集资、家族、教会或某团体等出资设立的中学均可归属私立中学。

在私立中学的名称上，在南京国民政府统治之前，没有特别的要求，学校名称有的反映办学主旨的如明德中学、心远中学等，有的是标示学校所在地方的如南开中学、武汉中学等，后者容易与当地的公立中学相混淆，于是在1929年的《私立学校规程》（以下简称《规程》）中第一次明确对私立中学的校名做了规定，"应标示学校之种类并须冠以私立二字"，1933年经修订后的《规程》进一步强调，"应明确标示学校之种类，不得以省市县等地名为校名，并须冠以私立二字"。后来教育部解释说，"不得以地名为校名，系指学校所在地之地名而言"，用意是使私立中学不致与公立学校名称混淆，如果使用外埠地名，或国名等是不受限制的。[4] 例如当

---

[1]《教育部公布中学校令》，见《中华民国教育新法令》（一），商务印书馆1912年版，第33页。

[2]《私立学校条例》，载《大学院公报》1928年第3期，第8页。

[3]《中学法》，见《中学教育法令汇编》，第27页。

[4]《私立学校不得以地名为校名系指学校所在地之地名而言》（教育部第3235号指令，1934年3月26日），见教育部参事处编《教育法令汇编》（一），商务印书馆1936年版，第377页。

时上海就有一个私立中国女中,就将"中国"嵌入校名内,对部分办学历史较久的学校,教育部门也没有强制它们改名,如南开中学,由于已经形成传统的称呼,改名后反倒不利于发展,也就没让强制改回。不准以地名为校名的规定使私立中学在起校名时,不得不为自己的学校起个能反映办学主旨和办学特点名字,因此我们在看私立中学时,往往从它们的校名看出此校办学的某些风格和特点。

(二) 私立中学的立案与取缔

最能体现私立中学与政府间关系的是学校向教育行政机关的立案与备案。政府通过强制私立中学立案来对其实行管理和监督,并且作为发放经费补助的依据。自清末到民国,政府要求私立中学立案的措施越来越细密,体现了国家在此过程中对私立中学的控制力度不断加强。

在清末,政府对私立中学的立案并无强制性的法律规定,只是把立案作为申领奖励的一个依据,为了减少财政支出,甚至拒绝本想立案的教会中学的申请要求,由于清政府对外国人设立学堂的宽松政策,导致了两个结果,一是外人在中国设学的数量迅速上升;二是使中国的"教育权"被侵蚀,后来随着国人对各种利权的收回,"教育权"在二三十年代才逐渐被收回。

民国成立,国体发生重大变化,但新学制尚在筹议之中,由于当时私立中学数量较少,教育部没有制定专门针对私立中学立法的相关法规,只是在1912年9月颁布的《中学校令》做了"中学校之设立变更废止。须经教育总长认可",以及"私立中学校征收学费额。由设立人定之。报告于省行政长官"[①] 等简略的规定,在12月颁布的《中学校令实施规则》列举了在办理立案时需要呈报的材料,"设立中学校,依中学校令第七条呈请教育总长时,须开具事项如下:一、名称。二、位置。(应加具图说)三、学则。四、学生定额。五、学生纳费额。六、开校年月。七、经费及维持之方法。八、校长、教员之姓名及履历。"[②] 由于处于新旧交替的阶段,新的办学标准一时无法全面推行,办学情况也比较混乱,当时学务基

[①] 《教育新法令》(一),第33—34页。
[②] 《中学校令实施规则》(1912年12月2日),见中央教科所教育史研究室《中华民国教育法规选编》,第345—346页。

本是维持清末现状,"公私立各学校属于他项专门到部呈请立案者,尚属无多","或者校名已定,而开课尚无定期;或者学生已招,而经费正待筹集"等现象比比皆是,教育部于是在1913年1月15日发布《教育部公私立各学校报部立案办法布告》,初步拟定的立案办法规定"所有京外筹设公私立各学校。均应遵照历次颁发部令。切实设备。俟办理就绪。将所有学校章程开学年月及教职员学生详细履历报部。以凭派员确切考查"。如果与部令相符,即予认可立案。如果学校尚在筹备之中,还没开学,则"无庸先行呈报",以"简省文牍之中。寓实事求是之意"。①

然而由于民国初年社会动荡,地方割据势力强大,国家对法律法规的执行能力大打折扣,很多教育方面的法律法规只是停留在纸面上,立法者对教育类的法规相对轻视,因此关于私立中学的立案之规定没有进一步细化,这种情况到了20世纪20年代有所好转,特别是在北伐之后,南京国民政府完成国家的统一,国家力量渐强,对越来越多的私立学校的管理通过立法的形式逐渐规范,政府对私立中学的立案问题更加重视,"如地方教育行政机关对于催促私立中学立案奉行不力者,上级机关应该酌予惩戒"。② 1926年,广东国民政府行政委员会公布《私立学校规程》十七条、《学校立案规程》八条、《私立学校校董会设立规程》十四条。③ 在此基础上,南京国民政府于1927年至1929年,先后制定了《私立中等学校及小学立案条例》(以下简称《条例》)、《私立学校条例》、《私立学校规程》等一系列法规条例。

1927年12月20日,国民政府大学院公布《私立中等学校及小学立案条例》(以下简称《条例》),较为详细规定了与私立中学相关的内容。首先,是规定了私立中学"须经省区教育行政机关立案",如经核准立案,"须经省区教育行政机关转呈中华民国大学院备案",私立中学立案时,"应由该校校董会备具呈文及附属书类",呈交市县教育行政机关转呈省区教育行政机关,并须开具意见,以备审核。这种由市县到省区立案再到大学院备案,与民国初年中学校向教育部直接立案的规定有所区别,既体现了过程的规范,同时也意味着国家权威在办理过程中被不断放大和强调。

---

① 商务印书馆编译所:《中华民国教育新法令》(四),商务印书馆1913年版,第93—94页。
② 《改进中等教育计划》(教育部1929年颁布),见《中华民国法规大全·教育》,商务印书馆1936年版,总第3680页。
③ 舒新城:《民国十五年教育指南》,1928年印行,第275—281页。

其次,《条例》设定了私立中学的立案资格,从经费、设备、教职员等几个方面进行了限制,不过限制条件只是用了较为模糊的文字做了说明,如经费规定资产或资金的"租息足以维持学校之当年经费者",甚至即使没有确定的资产资金,如有其他收入,能"维持学校之常年经费"亦可,这样的规定实际是很难在实际中操作的,因为学校大小不一,大学校年花费须万元以上,小规模学校年开销低的数百元亦能"维持"。还有对必要设备有"须有相当之校地、校舍、运动场、校具、教具"的规定,多大、多少算是"相当",如果不从一定量上进一步说明,很容易被某些打教育之名而行牟利之实的人钻空子。最后,私立中学呈请立案时,须将下列各事项连同全校平面图及说明书,送呈备查:(1)学校名称(如有外国文名称者亦应列入);(2)学校种类;(3)校址校地及校舍情形;(4)开办经过;(5)经费来源,及经常临时预算表;(6)组织编制课程及各项规则;(7)图书、仪器、标本、校具及关于运动、卫生、各种设备;(8)教职员履历表;(9)学生一览表(附历年毕业生一览表)等。将以上材料呈请省教育行政机关,经省区教育行政机关派员就地调查,认为与《条例》规定相符,"方准立案"。[①]尽管1927年的《私立中等学校及小学校立案条例》尚有简陋之嫌,不过较民初的规定已是详备甚多,将私立中学立案的必备条件大致构筑了一个框架,也为日后进一步完善做了准备。

1928年2月6日大学院公布《私立学校条例》十条,次年8月,教育部颁布《私立学校规程》(以下简称《规程》)五章二十九条[②],对《条例》的执行进行说明,并于1933年10月进行修订,修订后的《规程》共五章三十八条,分总纲、校董会、私立专科以上学校、私立中等学校及小学暨其同等学校五部分,对设立校董、学校立案等内容做了详细规定,使政府对私立中学的管理有了真正意义上的具有可操作性的法律依据。

在总纲中,规定了私立中学的主管机关为省级教育行政机关,"受主管教育行政机关之监督及指导";外国人设立的学校也属于私立学校,并

[①] 《私立中等学校及小学立案条例》(1927年12月20日大学院公布),见河南省教育厅《河南教育特刊》,1929年印行,"重要规程"部分第47页。

[②] 《私立学校规程》(1929年8月教育部公布),见《北平市教育法规汇编》,1933年印行,第133—161页。

且"外国人不得在中国境内设立教育中国儿童之小学"①,该条对私立中学的发展也是影响很大的,因为在中国有很多教会设立的小学,如果该条强行实施,这些小学是不合法的,因此迫使教会对这些小学进行改造,其中相当一部分教会小学升级为教会中学,这也成为在20世纪30年代中国私立中学数量上升较快的因素之一。总纲内还规定了"外国人设立之私立中等以上学校,须以中国人充任校长或院长","私立学校,不得以宗教科目为必修科,及在课内作宗教宣传","如有宗教仪式,不得强迫或劝诱学生参加"等,② 这些规定加速了教会中学的本土化和世俗化的转换过程,对中国的教育发展产生了重要影响。

《规程》的第三十条至第三十五条对私立中学的立案做了详细要求,程序较之于《私立中等学校及小学立案条例》和《私立学校条例》有了部分改变,内容也进一步细化,有了更强的操作性,便利了教育行政机关的考察。《规程》强调,私立中学的开办应在"校董会立案之后行之",如果没有经过教育行政机关的核准,"不得遽行招生",校董会呈请学校开办时,须提交:(1)学校名称(如有外国文名称者,亦应列入)及其种类;(2)学校所在地;(3)校地及校舍情形;(4)经费来源及经常开办各费预算表;(5)组织编制及课程;(6)教科书及参考书目录;(7)图书、仪器、标本、校具及关于运动卫生各种设备及其价值;(8)校长及教职员履历表。③ 在学校开办一年之后,由校董会再向教育行政机关呈请:(1)开办后经过情形;(2)前项第四款至第八款各事项;(3)各项章程规则;(4)学生一览表;(5)训育实施情形等材料,"呈由该管县市教育行政机关转呈教育厅或(径)呈该管市行政院直辖市(教育行政机关)核办",经核实后方准立案。④ 已核准立案之私立中等学校,应由省市(行政院直辖市)教育行政机关转随教育部备案,核准备案后,其立案手续方为完成。在办学过程中,教育行政机关还要不定时地组织人员对私立中学进行考察和考核,如与《规程》不符,还会饬令整顿,甚至取缔。

---

① 《修正私立学校规程》(1933年10月19日教育部公布),见《中学教育法令汇编》,商务印书馆1935年版,第74—75页。

② 同上书,第75页。

③ 《修正私立学校规程》(1933年10月19日教育部公布),见《中学教育法令汇编》,商务印书馆1935年版,第82页。

④ 同上。

在立案过程中，很多条件都做了具体的量化要求，如在经费方面，私立中学的开办费如表3-1①所示。

表3-1　　　　　　　　　私立中学开办经费

校别	开办费		经常费
高级中学	建筑费3万元	设备费2万元	3万元
初级中学	建筑费2万元	设备费1万5千元	2万元

表3-1所列高级中学开办费和经常费相加须8万元，初级中学须5.5万元，这是一个不小的数目，在实际实施过程中，部分私立中学很难达到这个要求，创办者往往会用其他的方法和手段应付这个规定，一般都是借几张房地文契，向银行办抵押借款，由银行开给存款折，呈送教育厅验过准予立案后，再办理还款手续，抽回文契，注销存折。② 所以很多私立中学虽能立案，但在后面的运行中常常出现资金缺乏的情况。

根据规程，开办私立中学须先成立校董会，校董会在教育行政机关立案后，再申请学校立案。有些私立中学在《条例》和《规程》颁布之前就已经存在，并且运行正常，该如何立案呢？教育部对此专门布告，"凡私立学校成立在民国十七年前，且已设有校董会"，请求立案时，"将校董会应呈报之事项，与学校应呈报之事项，一并呈报，听候查核；……以归简易"③。说明当时的教育部还是考虑到了各种立案情形的。

私立中学良莠不齐，大多数私立中学经过审批后是可以被核准立案的，但毕竟有一少部分达不到立案之要求，不能立案，如果未依照《规程》完成立案手续的私立中学，其肄业生及毕业生，是"不得与已完成立案手续之私立学校学生受同等待遇"的。④ 甚至在毕业证书的样式上也要做出区别，"凡公立或已立案之私立学校，发给毕业或修业证书时，务须

---

① 《修正私立学校规程》（1933年10月19日教育部公布），见《中学教育法令汇编》，商务印书馆1935年版，第83页。

② 吴筠盘：《解放前开封市私立中学的发展及概况》，见《开封文史资料》（第6辑），第86页。

③ 《规定十七年前成立之私立学校立案办法》（国民政府教育部布告三号），见《江西省教育厅现行教育法规续编》，第89页。

④ 《修正私立学校规程》，见《中学教育法令汇编》，第83页。还有《私立中等学校及小学立案条例》（1927年12月20日大学院公布）亦同样做了规定。

依照所颁之式样办理，其未立案之私立学校，则不得采用，以示区别而免混淆"①。

对于学校尚未在国民政府教育行政机关立案而已经毕业之学生，教育部先后颁发两个文件做了补充，第一，凡私立中学校立案前就已经有毕业生的学校，须将：(1) 历年学生一览表；(2) 历届毕业生学年成绩表及毕业成绩表；(3) 在校肄业生学年成绩表及入学前毕业证书，并附贴各该生最近半身二寸照片，呈缴所在地之省市教育行政机关查核；其经审查核准者，毕业生得依学校毕业修业证书规程第四条之规定，呈缴毕业证书，补请验印，嗣后即与私立学校立案后之毕业生，受同等待遇；肄业生则准其继续修业，凡省市教育行政机关核准追认之中等学校毕业生及肄业生，应转呈本部备案。② 第二，凡私立中学校，在国民政府统治之前，曾经前北京教育部或各省教育行政机关核准立案者，其毕业生资格可与遵照现《条例》和《规程》呈请立案的私立中学校的毕业生，享受同等待遇。③

在办学过程中，难免有因管理不善而致无法维继的私立中学校，《私立中等学校及小学立案条例》第六条规定："凡已立案之私立中等学校及小学，如措施失当，或成绩不良时，该省区教育行政机关得撤销其立案。"④ 具体就是由教育行政机关定期或不定期考查以下各项：甲、经费是否敷用；乙、课程是否与规定的标准相合暂以教育部颁布暂行课程标准为准；丙、设备是否达到相当的标准在设备标准未公布以前得由各地方教育行政机关参酌现成的设备标准和成立较久规模较大的中学的设备分别制定呈准教育部试用；丁、教师的资格是否相合教学的成绩如何；戊、教育行政机关应该调阅学生学期学年试卷及平时成绩。⑤ 如果以上几项不符合法令要求或办学成绩不良，都会被勒令整顿，甚者撤销其立案，解散学校。

---

① 《禁止未立案之私立学校采用本院所颁毕业证书式样》（1927 年 12 月 9 日），见《江西省教育厅现行教育法规续编》，第 88 页。
② 《私立学校在立案以前毕业生及肄业生资格追认办法》（教育部第八号布告，1930 年 6 月 14 日），见教育部参事处编《教育法令汇编》（一），第 378 页。
③ 《私立学校在国府统治后未遵章重行呈请立案者其毕业生资格之承认办法》（教育部第九号布告，1930 年 6 月 14 日），见教育部参事处编《教育法令汇编》（一），第 379 页。
④ 《私立中等学校及小学立案条例》（1927 年 12 月 20 日大学院公布），见河南省教育厅《河南教育特刊》，1929 年印行，"重要规程"部分第 47 页。
⑤ 《改进中等教育计划》（教育部颁布，1929 年），见《中华民国法规大全·教育》，第 3680 页。

1933年的上海私立中学被勒令关停的就有劝业女中、博文女中、中国女中、公时女中等校。① 南京国民政府在中等学校推行会考制度，作为对全国中学校比较考查的依据，私立中学"凡会考成绩过低经过视察认为成绩低弱者，应限制其招生额数或停止招生，限期责令改善。其有成绩恶劣难期改进者，应勒令停闭"②。如果是校董会自行呈请停办，须经主管教育行政机关批准，方能办理结束事宜，被停办的私立中学"应由各该学校负责结束人将学生名册及相片呈送各该所在地地方教育行政机关，听候举行甄别，按其成绩，发给修业证明书"③。当然，教育行政机关不可能将未立案学校的毕业生拒之于受教育大门之外，凡是在未立案私立高级中学的毕业生，想继续参加升学考试的，须先参加由省级教育行政机关组织的预试，考试科目以公立高级中学或同等学校课程为准，考试及格者给予升学证明书，不及格者按其程度分别降低年级，给予转学证明书。④ 这些说明当时的教育行政机关的考虑还是人性化的。

被停办的私立中学如果想重新呈请立案，该如何办理？教育部也有相关规定，（1）凡经饬令停办或封闭之学校，非经过一学期，不得就原有基础，改易名称或变更组织，重请设立同类之学校；（2）凡经饬令停办或封闭之学校，经过相当时期，如就原有基础，改易名称或变更组织，重请设立同类之学校，概以设立新开办之学校论；（3）凡新开办之学校，只准招收一年级生。⑤

保障私立中学正常运行的最重要因素是经费，大多数学校的经费来源依赖于学费，即能否招收到足够的学生直接关系到学校的生存与否。于是教育行政机关就从生源方面对不立案的私立中学进行制约，迫使这些学校不得不立案。教育部门不断警告学生，"凡未经本部准予设立及立案之学

---

① 《1933年之上海教育》，上海新闻社1934年印行，第C19页。
② 《经会考及视察之公私立中学成绩恶劣之处置办法》（教育部第8891号电，1934年7月23日），见教育部参事处编《教育法令汇编》（一），第183页。
③ 《处置已停办或封闭之私立学校办法》（1930年2月28日教育部颁布），见《中华民国法规大全·教育》，第3798页。
④ 《未立案私立高级中学毕业生升学预试章程原则》，见《中华民国法规大全·教育》，第3671—3672页。
⑤ 《处置已停办或封闭之私立学校办法》，见《中华民国法规大全·教育》，第3798页。

校，切勿贸然而往"，"即幸而毕业，亦不能与合法学校之学生，受同等待遇"，① 此事为学生自身利害所关，因此大多数学生会在升学时考虑选择已经立案的中学，未立案之私立中学的学生也会不断向学校施加压力，迫使学校向教育主管部门立案，这是20年代学潮频发的一个因素，在迫使教会中学立案、收回教育权的运动中表现尤为突出。

除中央教育行政机关颁布的与立案相关的法规法令外，地方教育部门也根据中央教育部门的法规框架内，根据本地的实际情况进一步完善，如江苏省教育厅于1932年10月就颁布《江苏省各县私立中学取缔办法》八条：（1）严密注意新设私立中学未经核准设立者应禁止招生；（2）注意已立案私立中学擅自添办高中或改科者应禁止招生；（3）严密考查各私立中学新生入学资格及试验成绩如有不合应禁止录取；（4）已立案私立中学每学期应由县督学切实视察考查并将视察报告呈报教育厅备核；（5）未立案之私立中学应由各县教育局详细查明督促限期遵章呈请立案；（6）新设立之私立中学呈请设立时应由各县教育局详细调查其基金经费校舍设备等项如不确实应即勒令停办以免贻误；（7）已立案及新设之私立中学如有添办或筹办师范者概应禁止；（8）凡不遵章立案之私立中学经纠正不服者勒令停闭。② 其他省份或直辖市如江西省、北平市也制定有类似的地方教育条例，来规范当地私立中学的发展。

（三）关于校董会的规定

在清末民初的时候，私立中学的管理体制并不明确，就是本着谁出资，谁聘请监督（民国时改称校长）管理，管理结构也比较简单，往往是一个人充当多重角色。在1912年9月28日教育部公布的《中学校令》中，对中学的管理体制尚无规定。自20年代起，私立中学逐渐依照外国私立中学组织管理办法，建立了比较完善的组织管理系统。如清明中学形成了董事会、校务会、事务会、教务会、训育会及全体教职员大会的完整系统。1926年，广东国民政府行政委员会公布《私立学校规程》十七条、《学校立案规程》八条、《私立学校校董会设立规程》十四

---

① 《布告学生勿投考未经教育部核准设立及立案之私立学校》（教育部第九号布告，1929年5月3日），见教育部参事处编《教育法令汇编》（一），第383页。

② 江苏省教育厅秘书室：《江苏省现行教育法令汇编》，1932年12月印行，第64页。

条，明确要求私立中学要成立校董会，1928年2月6日，大学院公布《私立学校条例》，第三条规定"私立学校须由设立者推举校董组织校董会，负经营学校之全责"①。这是第一次在全国性的法规中明确规定私立学校须设校董会，作为学校的最高权力机关，同年3月10日大学院公布的《私立学校校董会条例》和次年的《私立学校规程》对私立中学校校董会做了更详细的规定，此后设立私立中学须先成立校董会并在教育行政机关立案，然后才能开办学校招生。1932年12月24日，南京国民政府公布的《中学法》中规定私立中学组织管理体制为董事会，"私立中学校长，由校董会遴选合格人员聘任之，并应呈请主管教育行政机关备案"，1934年7月，北平市教育当局对于私立中学进行严厉整顿，其整顿办法第一条就是"凡私中应有能切实负责之董事会"。② 现代私立中学的董事会组织管理系统得到完善，从而使得私立中学的组织管理井然有序，社会声誉大大提高。③ 校董会管理体制的形成，是中国社会、经济、文化向西方学习的结果，对于推动私立中学的规范化和制度化建设起到了非常积极的作用。

《私立学校校董会条例》（以下简称《校董会条例》）和《修正私立学校规程》两部法规集中体现了国家教育行政机关对私立中学校董会的要求和规定。

第一，关于校董会的地位。《校董会条例》第一条规定：私立学校，以校董会为其设立者之代表，负经营学校之全责；《规程》也以校董会为私立学校设立者之代表。

第二，关于校董会的立案。上文已经提到，私立中学开办之前，先要设立校董会。《校董会条例》规定，私立中学校董会的设立，须呈省区主管教育行政机关核准以下事项：（1）名称；（2）目的；（3）事务所所在地；（4）校董会之组织及其职权之规定；（5）设立者全体大会及校董会会

---

① 《私立学校条例》（1928年2月6日大学院公布），见《大学院公报》第一年第三期，1928年，第8页。
② 《北平市教育当局是决严厉整顿私中》，载《晨报》1934年7月29日第9版。
③ 熊贤君：《1949年前中国私立学校的董事会组织管理体制》，载《教育研究与实验》1998年第3期。

议之规定；(6) 资产或资金或其他收入之规定。① 经省级主管教育行政机关核准设立后，须于一个月内，开具下列各事项，依前条规定，分别呈由市县或省区教育行政机关，转呈省区教育行政机关或大学院立案：(1) 名称；(2) 事务所所在地；(3) 批准设立年月日；(4) 资产或资金或其他收入之详细项目；(5) 校董姓名、籍贯、职业及住址，立案后如第二第四第五项有变更时，须于一个月内，分别呈报备案。凡经省区教育行政机关核准立案之中等学校校董会，应由省区教育行政机关，转呈大学院备案。② 很显然，这样一次次地呈报材料，不仅耗费校董会的时间和财力，也容易增加主管机关的工作量，使办事效率下降，因此在《规程》中简化了程序，两次申报合成一次，经省级教育行政机关核准立案后，就可开办学校了。

　　第三，对校董会组成人员的规定。《校董会条例》只有"外国人充任校董，但名额最多不得达半数，其董事长或校董会主席，均由中国人充任"一项，③《规程》则做了扩充，"校董会校董名额不得过十五人，应互推一人为董事长"，"设立者为当然校董"，如设立者人数过多，可"推举一至三人为当然校董"。为使学校办学能按照教育的特点运行，《规程》规定"校董会至少须有四分之一之校董，以曾经研究教育或办理教育者充任"，④ 这点儿在大多数学校基本都能实行，但有的私立中学并非都能聘请到懂教育的人任校董，后来教育部做了补充规定，私立中学的现任教职员，"亦得兼任本校校董会校董"⑤。但为防止私立中学拉拢主管部门人员，造成徇私舞弊之情形，"现任主管教育行政机关及其直接上级教育行政机关人员，不得兼任校董。"⑥

　　外国人办的学校（包括教会中学），当须外国人充任校董时，"名额至

---

　　① 《私立学校校董会条例》(1928 年 3 月 10 日大学院公布)，见《大学院公报》第一年第三期，第 9—10 页。1933 年《私立学校规程》规定私立中学校董会则须准备以下各项：一、名称；二、目的；三、事务所所在地；四、校董会章程；五、资产、资金或其他收入详细项目及其确实证明；六、校董姓名、年龄、籍贯、职业及住址。呈由该管县市教育行政机关转呈教育厅或径呈该管市（行政院直辖市）教育行政机关核办。
　　② 《私立学校校董会条例》，见《大学院公报》第一年第三期，1928 年，第 10 页。
　　③ 同上书，第 12 页。
　　④ 《修正私立学校规程》，见《中学教育法令汇编》，第 75 页。
　　⑤ 《私立学校现任教职员得兼任本校校董》（教育部第 1383 号指令，1934 年 11 月 15 日），见教育部参事处编《教育法令汇编》（一），第 384 页。
　　⑥ 《修正私立学校规程》，见《中学教育法令汇编》，第 75—76 页。

多不得过三分之一，其董事长须由中国人充任"①。这条规定与《校董会条例》相比，外国校董的人数又被压缩，这既是中国不断收回教育权运动的成果，也是推动外人办的中学不断本土化的重要原因，不过在执行过程中是受到外国办学者的强力抵制的，例如在校董投票时，他们会规定一位外国校董为一票，而所有中国校董共有一票，以此来取得在学校控制权方面的优势，这个问题后文有所说明。

第四，校董会的权责。私立中学校董会的职权主要体现两个方面，一个是学校财务方面，包括：经费之筹划、预算及决算之审核，财务之保管、财务之监察和其他财务事项；一个是学校行政方面，由校董会选任校长，完全负责，"校董会不得直接参与"，如校长失职，校董会可以"随时改选之"。② 如果主管教育行政机关认为校董会所选校长不称职时，可令校董会另选，另选仍不称职，须"由主管教育行政机关暂行遴任"③。由此可见，私立中学表面看是独立运行的学校，但随着国民政府对国家管理的全面铺开，私立中学其实很难完全独立发展。

第五，关于校董会的整顿和解散。当校董会发生纠纷以致停顿时，"得由主管教育行政机关令其限期改组"，如有必要，"得径由主管教育行政机关改组之"④。"校董会应负各项责任，应由改组后校董会继续负责。"⑤

校董会所设学校，因故解散时，校董会于十日内呈请主管教育行政机关，派员会同清理其财政，清理完毕后，由清理人呈报主管教育行政机关。校董会自身之解散，或变更，也须主管教育行政机关之许可。校董会所设学校，既经解散，其财产无属时，由主管教育行政机关处置之。关于校董会债权债务诸事项，发生纠葛时，应归法院处理。⑥

第六，教育行政机关对校董会的监管。除以上在立案、变更、解散等事项上校董会时时须经省级教育行政机关核准外，在学校正常运行时，教育行政机关也不放松对私立中学校董会的监管。校董会须于每学年终结后

---

① 《修正私立学校规程》，见《中学教育法令汇编》，第76页。
② 《私立学校校董会条例》，见《大学院公报》第一年第三期，1928年，第11页。
③ 《修正私立学校规程》，见《中学教育法令汇编》，第78页。
④ 同上。
⑤ 《校董会停顿时期所有校董会应负各项责任应由改组后校董会继续负责》（教育部8337号电，1934年7月7日），见教育部参事处编《教育法令汇编》（一），第376页。
⑥ 根据《私立学校规程》和《私立学校校董会条例》整理。

一个月内，详开下列事项，连同财产项目分别径报或转报主管教育行政机关备案：（1）学校校务状况；（2）前年度所办重要事项；（3）前年度收支金额及项目；（4）校长、教职员、学生一览表。主管教育行政机关每学年还要查核校董会之财务及事务状况一次，"于必要时，得随时查核之"①。

总之，由于校董会是私立中学最高权力组织，因此国家的教育行政机关通过法律和条例，将校董会牢牢控制在国家权威管理之下，这是1928年之后私立中学走向规范办学的重要因素，防止和减少了办学过滥、坑害学生现象的发生，是有其积极作用的。

（四）关于经费补助与财务监督的规定

私立中学与公立相比，最明显的区别是经费的来源。因私立中学的经费多通过私人投资、学费征收等方式获得，其数额除学费较为固定外，其他各项经常是波动的，这就会造成一些办学不错的私立中学因不能及时获得足够的经费而导致学校发展受阻。为了鼓励优良私立中学，各地方教育主管部门会根据学校的办学情况对其进行适当的补助，当然，前提是私立中学必须是在教育行政机关核准立案的。

在20年代之前，多数省份没有制定补助私立中学的专门法令，不过，在私立教育发达的省份，根据本省区私立中学发展的情况，会制定补助规程，如江苏省议会在1913年5月议决对江苏省合乎下列条件的私立中学进行补助：（1）程度系中等学校；（2）学科确系本身所需要，而是项学校为省所未经设立或省立是项学校尚未足供社会之需要者；（3）悉遵法令规定办理，并已履行法令规定履行之手续者；（4）开办在二年以上，历经部视学或省视学视察认为成绩优异者。② 其他地区虽有对私立教育的补助，但多为补助小学或专门以上学校，就笔者手头资料所限，尚无发现针对其他省份补助私立中学的相关法规。出现这种情况，一是因为当时私立中学数量较少，规模小，因此大多数省区没必要制定专门针对中等学校的补助

---

① 《修正私立学校规程》，见《中学教育法令汇编》，第78页。《私立学校校董会条例》的相应规定为：第五条，校董会须于每会计年度终结后一个月内，详开下列事项，连同财产项目，依第一条规定，分别呈由市县或省区教育行政机关，转呈省区教育行政机关或大学院备案。1. 学校校务状况；2. 前年度所办重要事件；3. 前年度收支金额及项目。第六条，教育行政机关，于必要时，得查核校董会会务之财务及事务状况。

② 《江苏省议会议决江苏省款补助私立学校规程》，见《中华教育界》第6号，1913年。

法规，如河南，之所以没有规定特别补助标准，就是因"民六至民十之间，私立学校甚少"的缘故；① 二是当时办学者多为绅商、教会、军阀、官员或与官方关系密切之人，他们要么自身经济实力雄厚如军阀陈树藩、徐树铮，商人叶澄衷、杨斯盛、陈嘉庚，要么能因社会地位之高而获得较多的社会捐助，如官绅之严修、龙绂瑞等，他们对数目较小的政府的补助也没太大的需求。②

进入20年代，由于中国中高等教育有了一定时间的积累，很多毕业生在踏入社会后尝试着自己去办中学，如前面提到的清明中学即属此类，他们有知识有能力办学，但缺少发展的资金，单靠学费往往捉襟见肘，制约着学校发展；老的私立中学也因社会需求的增多而不断扩大学校规模，如南开在1923年增设女中，也在经费问题上遇到麻烦，因此，在这一时期，随着私立中学数量的增长，经费问题成为其发展的关键，如何对私立中学进行补助逐渐提上了教育主管部门的日程，特别是在南京国民政府成立后，社会局面逐渐稳定，经济有所恢复，国家有了一定的财力来对私立教育的发展进行补助，从1928年起，私立中学发展较好的几个省市，如江苏、浙江、湖北、湖南、福建、广东、河南、河北、江西、四川、北平市、上海市等，都制定了对私立中学发展进行补助的规程或条例，查《第一次中国教育年鉴》，浙江省教育厅在民国二十一年（1932年）会订《补助县市立联立私立中等以上学校经费暂行规程》；湖北教育厅订有《湖北私立学校补助金暂行条例》；福建省教育厅对私立中等学校订有《补助经费规程》；河南教育厅在1931年规定《河南省补助私立中等学校暂行办法》；山东省教育厅在1930年拟定《补助私立初级中学办法》；1929年，北平特别市教育局颁布《补助私立学校经费规程》，32年北平市社会局又颁发《修正补助优良私立学校暨私立平民学校经费规程》。湖南、四川、江西、贵州、广东也有相应的标准制定并得以实施。

教育部并没有法规性的文件来强行各地对私立中学补助，只是有一个指导性的计划，建议对合乎"初中或高中办理在四年以上者"，"经费来源因受意外的损失以致减少者，或经费限于定额依照发展计划未能逐渐增加

---

① 《第一次中国教育年鉴·中学概况》，第257页。
② 第五章提到的南开中学获得的官方的大量拨款，是临时性的，多是因私人关系争取过来的，此处所说的政府补助为通过法规确定的常规性的定期补助，两者有区别。

者"，以及"经教育行政机关考核认为成绩优良者"等条件的已立案私立中学进行补助，具体补助数额由各地自行酌定。①

各省情况不同，对私立中学的补助规定也不统一，但大都包括三个方面，即哪些学校可享有补助、补助评定标准和补助数额等。以江西省对私立中学的补助规定为例，凡省境内私立中学中等以上学校设立已满二年，曾经立案，并经省督学视察报告办理合法具有成绩，经评定等第及格者，可以申请补助。评定标准有五方面：（1）学校行政组织、学级编制、课程规定、教授方法及训练设施均甚完善，且能厉行各主管机关教育法令者；（2）常年经费充足，校舍良好，各种设备完全者；（3）办学人员资格适合，经费丰富，办事确实热心，且成绩卓著者；（4）班数及每班学生人数，合乎规定且考验学生成绩平均多在中等以上者；（5）班数及学生不足规定数或确足规定数而办理毫无成绩者。与前四项标准完全相合者为甲等，合乎二、三、四项者为乙等。合乎第四项者为丙等。第五项为丁等。丙等以上均分别给予补助费。丁等不给，并警告其改良或勒令停办。其拨给标准，高中列甲等者，每班全年四百二十元，乙等三百四十元，丙等二百六十元。初中列甲等者每班三百六十元，乙等三百元，丙等二百四十元。②

其他省份的补助与此类似，只是细节上有所区别，如安徽省规定，私立中学校须开办满三年，经教育厅派员考查，确系成绩优良，经费困难者，得呈请酌予补助。③ 评定标准方面，有些省份除了像江西规定经费、组织、人员等方面的标准外，还有诸如"实施党义教育著有成绩"④、"施行三民主义教育者"⑤，说明经费补助也是教育行政机关加强三民主义教育和党化教育的手段和工具。在补助金额方面，有的省份是按照私立中学的经费支出给予一定比例的补助，如湖北将补助标准分甲、乙、丙三等分别

---

① 《改进中等教育计划》（教育部颁布，1929年），见《中华民国法规大全·教育》，第3680页。
② 《第一次中国教育年鉴·丙编·教育概况·中学概况》，开明书局1934年版，第215页。
③ 《安徽省私立中等学校补助费暂行规程》（1928年7月21日），见《安徽现行教育法规》，1928年12月印行，第32页。
④ 《补助县市立联立私立中等以上学校经费暂行规程》，见《第一次中国教育年鉴·丙编·教育概况·中学概况》，第202页。
⑤ 《湖南补助私立中等以上学校规程》，见《第一次中国教育年鉴·丙编·教育概况·中学概况》，开明书局1934年版，第224页。

补助，甲等照各该校经常费开支数目补助百分之十五，乙等百分之十，丙等百分之五。① 有些私立中学较少的省份，并不分等，统一补助，贵州省私立各中学经费，除由学校基金、利息、学费等项筹给外，每班按年由教育厅补助二百元。② 甘肃省因无私立中学，没有补助的需要，故没有这方面的规定。③

值得一提的是，上述补助只是对国人办的私立中学进行补助，教会中学尽管办学成绩普遍较好，但由于他们有教会资助，故不享有政府补助的待遇，以河北为例，就明确规定"以系本国人设立，且不属宗教团体之私立中学为限"④。

补助也会延伸出弊端。各省教育厅规定的补助标准，大致是依据督学的视察报告和会考的成绩，衡量各校办理的优劣，来确定补助金的多少，或不予补助。督学的意见和报告在此起了非常重要的作用，各私立中学就不约而同地对督学视察，"百般献媚，殷勤招待，以名牌的烟酒，丰盛的筵席，逢迎拉拢"，希图他们"上天言好事"；为了争取好的成绩，每年到会考的时候，有些私立中学的教师还主动地预先替学生划范围，帮助学生预备功课，甚至在试场里给学生传送答案；阅卷的时候，"暗带黑色毛笔，替学生改正补充"⑤，种种怪现象，屡见不鲜。

与补助相伴的就是对私立中学经费的使用监督。《私立学校校董会立案条例》有专门条款规定私立学校校董会必须向政府详细汇报所建学校的"资产或资金或其他收入之详细项目"。"教育行政机关于必要时，得查核校董会之财务及事务状况。"《私立中等学校及小学校立案条例》也作了类似规定。除此之外，各省区教育机关还制定专门的法规条例来加强对私立中学的财务监督。

上海市规定，凡受补助之学校，其校长一职，由董事会选出后，须呈请教育局同意，"每年之预算决算，须经本局审核；收支账目，概须遵照本局所订学校经济公开条例办理之"。如果违反中央及上海市政府法令的，

---

① 《第一次中国教育年鉴·丙编·教育概况·中学概况》，开明书局1934年版，第221页。
② 《第一次中国教育年鉴·丙编·教育概况·中学概况》，开明书局1934年版，第237页。
③ 同上书，第283页。
④ 《河北省补助私立学校办法》，见《第一次中国教育年鉴·丙编·教育概况·中学概况》，开明书局1934年版，第262页。
⑤ 吴筠盘：《解放前开封市私立中学的发展及概况》，见《开封文史资料》（第6辑），河南省开封市文史资料研究委员会1987年印行，第85页。

一经查明，要随时酌量情形，呈请市政府予以"停止其补助若干时"或"停止其补助之一部分"的处置；上海市对私立中学的补助以一学年为期，但下学年可"请由本局转呈市政府核准继续"，以此加强主管机关对私立中学的监控。① 安徽省也制定了类似规程，规定凡领受补助费的私立中学校，其"每年之预算决算，除遵照私立学校校董会条例办理外，并须详细造册，呈报教育厅查核"，同时还须呈报"每学年的学校状况及进行计划"，以把握学校的发展概况。凡受补助的私立中学校，如有违反中央及省政府法令的，或办学成绩不良的，"得由教育厅随时停止其补助费"②。

除要求受补助之私立中学每年上报预算决算，以备审核外，部分省份还要求学校设立专门的经济监察组织对公私立中学的财务状况进行监督核查。湖南省教育厅在1928年全国教育会议提交《教育机关设立审计委员会案》，拟在各地教育机关设立审计委员会，监管本单位的经济事务，其第一条指明"公私立各级学校及其他教育机关，均应设审计委员会。由全体教员选举三人至七人为委员，呈报主管官厅备案"③。河南省教育厅也规定私立中学校应组织经济监察委员会，以"监察学校财政之出入，免除浮滥侵吞等弊"为宗旨，职权是"审查校内预算决算，稽核校内财政出入"，如察觉校内款项"有浮滥或其他弊端"，应提交校内最高权力机关，即校董会处理，或呈报教育厅处理。④

教育行政机关对私立中学财务监督可以防止学校经费滥用，避免教育资源的浪费；通过审核私立中学的预算决算，了解其经费的用途，亦可防止学校乱收学生费用，以维护学生的合法权益，是很有必要的，财务监督是私立教育发展到一定阶段必须要规范的一个方面。不过尽管如此，还是有私立中学阳奉阴违，1933年8月颁布的《中学规程》中，关于征收费用一项，曾有一条："私立中学，如征收寄宿费，在生活较高的地方，每学期至多不得超过八元，在生活程度较低的地方，每学期至多不得超过四

---

① 《上海特别市补助私立学校条例》（1928年2月7日），见《大学院公报》第一年第三期，1928年，第144—145页。

② 《安徽省私立中等学校补助费暂行规程》（1928年7月21日），见《安徽现行教育法规》，1928年印行，第32页。

③ 中华民国大学院编：《全国教育会议报告》，商务印书馆1928年版，第231页。

④ 河南省教育厅：《河南公私立各级学校经济监察委员会简章》（1927年7月），见《河南教育特刊》，"重要规程"部分第91—92页。

元。"但在上海私立中学，宿费往往收至二三十元，比规定高出数倍。①

（五）关于褒奖捐资兴学的规定

清末并无捐资兴学的章程，对捐资兴学人员的奖励往往需要由当地官员报请中央，由皇帝降旨恩准奖励。②

民国时期，当法制已成为社会潮流的时候，对捐资兴学的奖励逐渐以法令的形式确定下来。1913年7月，教育部颁布《捐资兴学褒奖条例令》，对捐资兴学人员分八等褒奖：（1）捐资至一百元者，奖给银质三等褒章；（2）捐资至三百元者，奖给银质二等褒章（3）捐资至五百元者，奖给银质一等褒章；（4）捐资至一千元者，奖给金质三等褒章；（5）捐资至三千元者，奖给金质二等褒章；（6）捐资至五千元者，奖给金质一等褒章；（7）捐资至一万元者，奖给匾额，并金质一等褒章；（8）捐资逾一万元者，其应得褒奖随时由教育总长呈请大总统特定。③

在此基础上，南京国民政府于1929年2月修改颁布《捐资兴学褒奖条例》，对"凡以私有财产，创立或捐助学校图书馆、博物馆、美术馆及其他教育机关者"，依据该条例给予褒奖。褒奖分七等：（1）捐资五百元以上者，授予五等奖状；（2）捐资一千元以上者，授予四等奖状；（3）捐资三千元以上者，授予三等奖状；（4）捐资五千元以上者，授予二等奖状；（5）捐资一万元以上者，授予一等奖状；（6）捐资至三万元以上者，除授予一等奖状外，并于年终由教育部汇案呈请国民政府明令嘉奖；（7）捐资至十万元以上者，除授予一等奖状外，由教育部专案呈请国民政府明令嘉奖。该《条例》不仅适用国人，华侨在国外以私财创立或捐助学校及其他教育机关，以培育本国子弟者，"其请奖手续，由各驻在领事，开列事实表册，请教育部核办"④。较之于民初的褒奖条例，又进一步扩大了奖励范围。

上面《条例》是从五百元起奖励的，但民间捐资助学之人很多是殷实平民，捐资往往是几十元或上百元，对这些小额捐资也应给予一定奖励，

---

① 《1933年之上海教育》，上海新闻社1934年印行，第C20页。
② 见前章第一节之"官方对兴学的褒奖"。
③ 《教育部公布捐资兴学褒奖条例令》（1913年7月17日部令第32号），见《中华民国教育新法令》（五），商务印书馆1913年版，14—19页。
④ 《捐资兴学褒奖条例》，见河南教育厅《河南教育特刊》，1929年印行，第55页。

于是江苏省教育厅1932年12月出台了一个补充性质的《捐资兴学褒奖规程》，对捐助额在五百元以下者给予褒奖，共分四等：（1）一百元以上未满二百元者授予丁等奖状；（2）二百元以上未满三百元者授予丙等奖状；（3）三百元以上未满四百元者授予乙等奖状；（4）四百元以上未满五百元者授予甲等奖状。奖状依等别由当地教育局或教育厅授予。如果一次捐资的数额达不到上述褒奖等次，《规程》还规定了"如续行捐资得并计先后数目按等或超等晋授奖状"①，以鼓励热心教育之人持续助学捐资。

三　对教会中学的改造

（一）教会中学在中国的发展

鸦片战争以后，列强取得内地传教权，并因传教而在内地设立学校。癸卯学制推行后，教会学校原拟向官方立案，而当时执政者不知"教育权"之可贵，"惟以不给奖励为限制之手段"。1906年学部通知外人说无庸立案文云："教育为富强之基，一国有一国之国民，即一国有一国之教育，匪惟民情国俗各有不同，即教育宗旨亦实有不能强合之处。现今振兴学务，各省地方筹建学堂，责无旁贷，亟应及时增设，俾民得有向学之所。至外国人在内地设立学堂，奏定章程并无允许之文。除已设各学堂暂听设立，无庸立案外，嗣后如外国人呈请在内地开始学堂，亦均无庸立案，所有学生概不给奖励。"②按照清政府本意，是将教会学校隔离在中国的教育系统之外，不让其享受应得的权利，然而恰恰把事关国家主权独立的"教育权"给无意中丢掉了。当时，教会教育界也"深恐基督教中学向政府立案之后，丧失了学校的特性"，因此，教会中学在"民国七年以前，没有一校向政府立案"③。

教会在中国办学的目的和方针因社会的变化，也不断做着调整，对开设中学越来越重视。1877年，美国传教士狄考文在《教会与教育的关系》中说："教会的目的，不仅仅是要尽可能多地使个别信徒皈依，而且要征

---

①《江苏省教育厅捐资兴学褒奖规程》（1932年12月），见江苏省教育厅秘书室《江苏省现行教育法令汇编》，1932年12月印行，第316—317页。
②《第二次中国教育年鉴·私立学校之设立》，商务印书馆1948年版，第145—146页。
③ 缪秋笙、毕范宇：《中等教育的过去与现在》，见《中华基督教教育季刊》第5卷第4期，1929年12月。

服整个国家,使其服从基督。摧毁异教的堡垒,破坏支持它的信仰"①,明显带有"征服"的目的,反映在其教育方针上也必然带有类似特点,1890年狄考文在第三次在华新教传教士大会的报告中,认为:"传教士必须重视教育工作"。如若教会能通过完整的教育系统,"培养一批受过基督教义和自然科学教育熏陶的人,使他们能够胜过中国的旧式士大夫阶层",那么,教会就能掌握中国社会的未来走向。②但是,由于中国自身深厚的文化底蕴对这种外来的文化入侵进行了坚决的抵制,从而使教会的教育征服的目的不可能实现,也阻碍了其在中国发展教会教育的步伐,教会不得不调整自己的思路,不再片面宣扬征服论,逐渐将教会教育的目的调整为"教会教育事业,当以养成学者为基督徒之人格,培植青年克成社会上有用之人物,造就教会中学术优长之士,与教会各职之领袖"③。这表明基督教会已将教会教育与教会发展、个人发展、社会发展三者相结合,不是单纯强调为教会服务了。如此一来,教会教育和个人与社会的需要更加贴近,逐渐使更多的年轻人进入教会学校学习,教会学校的影响日益扩大,教会中学的数量也逐年攀升。随着教会中学的发展,有人越来越认识到了在中国发展教会中学的重要性,最有代表性的就是私立燕京大学的校长司徒雷登了,他在1932年发表《基督教中学的改进》一文,写道:"中学时期为人生最重要的时期,因为人格的养成,人生观的规定,宗教信仰的坚定,道德态度的发展,都是在中学期内实现的。""中国教育上最大的需要,不是高等教育,乃是初等和中等教育。所以基督教会,应估量其经济能力所及,去改进它们的中等学校,提高它的教育效率。这样一来,对于国家贡献,较之学时髦,不量力而多办大学好得多了。④"

据统计,1919年,国内共有基督教中学265所,学生7620人;1922年,国内共有基督教中学291所,学生15113人;到1924年就上升到359

---

① 《在华新教传教士1877年大会记录》,第173页,见朱有瓛等《中国近代学制史料》(四),华东师大出版社1993年版,第473页。
② 李华兴:《民国教育史》,上海教育出版社1997年版,第810页。
③ 《教会之教育事业》,见中华全国基督教协会《中华基督教会年鉴》,商务印书馆1914年版,第66页。
④ 李楚才:《帝国主义侵华教育史资料·教会教育》,教育科学出版社1987年版,第185页。

所了,"基督教中学校的数目与学生的数目,到此可算是极发达了"①。天主教中学数量略少,在 1926 年,中学男校为 67 所,学生 13148 人,女校 51 所,学生 6832 人,② 其中天主教中学女生数占到了 34.2%,基督教女中学校数占 28.2%,对于推动中国女子教育起了非常大的作用。在部分沿海省份,与西方文化接触较早的地区,教会中学尤为发达,江苏省在县立中学未经实现以前,"补助省立教育所不及者,全赖私立中学。私立中学之中,以外人设立而类似传教者居多数,虽不免有宗教色彩,然其经费之充足,校舍之恢宏,设备之完善,几为一般中学所不及"③。然而截至 1924 年的调查,江苏的教会中学绝大部分尚未立案。

(二) 教会中学的被迫立案

中国教育从传统步入现代,应该说是与教会学校的带动分不开的,这点毋庸置疑。不过随着国人对教育权重视的加强,他们对外国人(主要是教会)在中国办教育却不受中国法律的监管之状况开始产生怀疑。早在 20 世纪初,《外交报》就论述中国教育权失去之"可危",认为当时各省教会"托名善举,创办私学者,更不可胜数",国人"喜其学费廉而校规肃,且讲授之勤,卫生之纤悉,固乐趋之"。时人认为"教育问题,关系一群之生死存亡",如果任外国势力在中国办教育,等到全国教育权尽握他人之手,中国"宁复成其为国也耶"④?不过当时由于政局动荡,革命蜂起,教育权尚未引起人们足够的关注。

激起人们关注教育权与基督教分离的原因有两个方面:一为新文化运动时期由于科学主义的流行,导致了非宗教运动的开展,其中首要是非基督教;二为巴黎和会中国外交失败后民族主义的勃发,促使国人更广泛地收回利权,其中包括教育权。

在五四运动前夕,中国知识分子大力提倡科学,反对蒙昧。有人估计

---

① 缪秋笙、毕范宇:《中等教育的过去与现在》,见《中华基督教教育季刊》第 5 卷第 4 期,1929 年 12 月。
② 《全国天主教中等学校总数表》,见朱有瓛等《中国近代学制史料》(四),华东师范大学出版社 1993 年版,第 386 页。
③ 《第一次中国教育年鉴·中学概况》,开明书局 1934 年版,第 198 页。
④ 《论外人谋我教育权之可危》,载《外交报》第 185 期,1907 年 8 月 23 日。

当时在书市能得到的宣传科学的出版物有 400 种,① 科学的地位在知识分子群体中如日中天。胡适就曾指出:"这三十年来,有一个名词在国内几乎做到了无上尊严的地位;无论懂与不懂的人,无论守旧与维新的人,都不敢公然对它表示轻视或戏侮的态度。那个名词就是'科学'。"② 1919 年到 1921 年,美国实用主义哲学家杜威(Dewey)和英国唯心主义哲学家罗素(Russell)相继来华讲学,进一步推动了科学主义在中国的传播。随着科学主义的传播,《新青年》、《哲学》、《学衡》、《新潮》、《星期评论》、《民国日报》、《民华周报》、《民铎》等报刊纷纷登载评析基督教的文章,如蔡元培的《以美育代宗教》、陈独秀的《基督教与中国人》等,反对基督教思想意识,从而推动了非基督教运动。

教育权的收回是中国收回利权运动发展的结果。20 世纪初,国内废除不平等条约、收回利权的呼声高涨。杨天宏认为,从发展序列上看,收回利权运动首先提出的是路、矿权益问题,而后扩展到关税主权、治外法权等众多方面,范围日益扩大,最后遂由要求收回某一或某些具体的国家民族权利发展为主张废除一切不平等条约、收回一切业已丧失的国家主权的斗争。从逻辑上讲,这一斗争既已发展为目标广泛的收回利权运动,就不能不将收回教育权的斗争涵盖在内。③ 1919 年巴黎和会上中国外交的失败,进一步激发起中国人民的民族主义情绪,从民间开始的收回教育权的运动逐渐高涨起来。1922 年春,少年中国学会评议员余家菊还发表了《教会教育问题》一文,对教会教育进行了前所未有的猛烈攻击。

一些国际基督组织意识到这股反宗教潮流,决定 1922 年 4 月在清华大学举行一次世界基督教学生联盟大会。这一事件立即激起了反宗教者的冲动,结果导致了一场普遍的反宗教运动。④ 1922 年 3 月 9 日,上海学生组织成立非基督教学生同盟,并发表宣言,通电全国学生。3 月 15 日,中国社会主义青年团机关报《先驱》第 4 号出刊"非基督教学生同盟专号",刊登非

---

① [美]郭颖颐:《中国现代思想中的唯科学主义(1900—1950)》,雷颐译,江苏人民出版社 1990 年版,第 11 页。
② 胡适:《科学与人生观·序》,见《科学与人生观》,上海亚东图书馆 1923 年版,"胡序"第 2 页。
③ 杨天宏:《民族主义与中国教会教育的危机》,载《社会科学研究》2006 年第 5 期。
④ [美]周策纵:《五四运动:现代中国的思想革命》,周子平等译,江苏人民出版社 1999 年版,第 327 页。

基督教学生同盟的宣言、通电和章程，并发表文章指导运动的开展。① 中国青年社在非基督教运动中也历数了反对基督教学校的七大理由。②

在收回教育权的大潮中，民国政府不断动用国家机器制定相关法规条例，迫使教会中学不得不向教育行政机关立案。1915 年，北京政府就曾经打算将教会学校纳入国家统一管理的框架内，教育部曾发布布告，称"只要教会学校请求考核承认"，政府可以"准予依照私立学校手续办理"③。1917 年，北洋政府又制定了《私立各种学校考核待遇法》，考核"中外人士设立的各种私立学校"。不过当时国内政局不稳，使得这种考核在实践中流为具文。

五四运动之后，政府对教会中学的管制力度逐渐加强，针对教会中学的立法也越来越多。1921 年，北京政府教育部颁布《教会所设中等学校请求立案办法》（以下简称《办法》）六条，规定：（1）学校名称应冠以私立字样；（2）中学校应遵照中学校令、中学校令施行规则办理，实业学校应遵照实业学校令、实业学校规定规程办理；（3）中等学校科目及课程标准，均应遵照，如遇有必须变更时，应叙明理由，报经该省区主管教育官厅呈请教育部核准。但国文、本国历史、本国地理不得呈请变更；（4）学科内容及教授方法，不得含有传教性质；（5）对于校内学生，无论信教与否，应予以同等待遇；（6）违反以上各条者，概不准予立案；即已经立案，如有中途变更者，得将立案取消。④ 从这个《办法》中，我们看到政府明确将教会中学归入到私立中学的范围，教会中学须遵守当时颁布的《中学校令》等相关法规，且对其所设课程亦做了初步限制，明令内容和方法不得含有传教性质，这就为以后教会中学的世俗化转型奠定了初步基础。但《办法》尚没有对教会中学的管理机构做出限制。另外，此时由于

---

① 李新等编：《中国新民主主义革命时期史》（初稿第 1 卷），高等教育出版社 1959 年版，第 162 页。

② 中国青年社非基督教同盟：《反对基督教运动》，上海书店 1924 年版，第 2 页。反基督教的七大理由是：（一）专制：不许学生自由行动，自由思想。（二）恐吓：骗小学生说："不信上帝，有魔鬼来袭。"（三）强迫：不信教的也要做礼拜，也要查经。（四）虐待：不做礼拜，不准请假，还要挨饿。（五）守旧：课本、教法、行政，都陈旧不堪。（六）禁止爱国：平时辱骂中国，不许参加爱国运动。（七）妨碍个性发展。

③ 李清悚等：《帝国主义在上海的教育侵略活动资料简编》，上海教育出版社 1982 年版，第 21 页。

④ 《教会所设中等学校请求立案办法》（教育部令 138 号，1921 年 4 月 9 日），见《中华全鉴》（三），团结出版社 1998 年版，第 1933 页。

尚且缺乏相关的配合法规，即使对其课程内容和形式进行了限制，教会中学即便违反了规定，充其量也只是将"立案取消"，或"不予立案"，丝毫不会影响学生的出路和学校的发展，因此，《办法》对教会中学的实际影响非常有限，绝大部分教会中学并未到政府的教育行政机关立案。

1924年，北京政府教育部规定：凡教会学校未经核准备案者，其毕业生投考国内各大学概不收录。[①] 这样在教会中学读书有很多是为了考取大学进一步发展的学生，其前途就与教会中学的是否备案（备案意味着要接受政府的管理）紧密联系在一起，从而推动了1924年之后教会中学发起夺取教育权的高潮运动的到来（见第七章"私立中学的政治参与活动"）。与此同时，北京政府不断加大收回教育权的立法力度，1925年，教育部发布《外人捐资设立学校请求认可办法》六条，除延续了上文《办法》对名称、课程等规定外，另有两点值得注意：（1）学校之校长，须为中国人，如校长原系外国人者，必须以中国人充任副校长，即为请求认可时之代表人；（2）学校设有董事会者，中国人应占董事名额之半数。[②] 该规定已涉及教会学校的组织结构，亦即权力的分配问题，从法律形式上肯定了中国人在教会中学中应占主导地位，尽管在实际运行中，外国教会用一切办法抵制权力的剥夺，但教会中学的本土化趋势已非常明显了。另外，立案问题还涉及教会力量在中国的发展，以当时中国的选举权为例，中学毕业生有选举省级行政人员及代表之权，如果教会中学不立案，则毕业生不被视为中学毕业，无疑享受不到上述权利，进而会影响到教会在中国社会特别是权力高层的势力。

面对社会和法律的压力，教会学校不得不考虑教会中学的立案问题，他们意识到"教会学校倘与政府断绝关系，实为自己摧残其毕业生之前途"，而在教会学校受过教育的学生，是"教会之最大靠山也"，故教会向政府注册，"对于教会学校及教堂等，与对于中国学生实有同一之利益"[③]，此后向政府立案的教会中学逐渐增多，到1929年，基督教中学"其中

[①] "国内新闻"，载《中华教育界》第14卷第7期，1925年1月。

[②] 《外人捐资设立学校请求认可办法》（教育部布告第十六号，1925年11月16日），见朱有瓛《中国近代学制史料》（四），华东师范大学出版社1993年版，第784页。

[③] 《中华基督教教育会董事年会关于教会学校注册立案的议决案》（1925年4月2日），载《中华基督教教育季刊》第1卷第3期，1925年。见朱有瓛《中国近代学制史料》（四），华东师范大学出版社1993年版，第787页。

70%或者已经注册，或正在注册的过程之中，或正在准备注册"[1]。

南京国民政府成立之后，又通过制定《私立学校条例》、《私立学校校董会条例》、《私立学校规程》等法规，对教会中学的管理和控制更加系统化，大大压缩了教会中学自由发展的空间，这几部法规对教会中学的限制主要还是在学校定位、校董会人数、课程设置、教学方法和宗教仪式等方面，并一再强调"凡受任何机关团体补助津贴之私立学校，其未经本部核准立案者，概不得与公立或已立案私立学校视同一律。[2]"

除上述几部基本的法规之外，南京国民政府教育部还发布一些训令，不断加强对教会中学的监督，在1930年2月11日，教育部发布训令，要求各地教育厅对于已立案之教会学校，就下列各点严密查察：（1）对于党义教育，是否实施？所有党义教员及训育主任，是否曾受检定合格？（2）中等以上学校是否已遵章不以宗教科目为必修科？其有设选修科者，有无强迫选修等情弊？（3）课外有无强迫学生参加宗教仪式情事？倘有发现上述情事，应随时取缔，"以重教育而保国性"[3]。

查1934年后，教育部几乎没有再继续发布针对教会学校的限制性的条例，这也标志着中国近代对教会中学教育权的收回取得了胜利，成为30年代中国收回利权的一个重要方面，同时，收回教会中学教育权的过程也是中国教育法治化的一个侧面，对于规范宗教团体办学留下了宝贵的经验，亦对推动中国教育的现代化起了非常重要的作用。

（三）教会中学的去教会化

教会中学的去教会化主要体现在两个方面，一是在教学内容方面的去宗教色彩，即世俗化趋势；二是在学校权力控制方面的国人化倾向。

早期的教会中学基本是独立于国家教育系统之外的，其学制和课程的设立多为各行其是。早期教会学校开设的课程完全没有学业标准和修业年限之分，"教育不过是副目的，主要目的是传教，培植信徒，是在养成替

---

[1] "Registration trends", *The Educational Review*, No. 2, April 1929. 见陈学恂《中国教育史研究·现代分卷》，华东师大出版社1994年版，第106页。

[2] 《凡受任何机关团体补助或津贴之私立学校不得与公立及已立案之私立学校视同一律》（教育部第1460号指令，1930年7月5日），见教育部参事处编《教育法令汇编》（一），商务印书馆1936年版，第373页。

[3] 《查察教会学校应行注意各点》，见《中学教育法令汇编》，商务印书馆1935年版，第192页。

天国服务的人,因此,在这种学校里,既无所谓毕业,也没有一定的修业期限。只要学生的年龄逐渐长大,一方面有了信心,一方面有服务的能力。这样,他们开设学校的目的也就达到,学生的学业也算可告结束了"①。早期教会学校不仅课程设置上以宗教教育为主,教学中更是无时不体现宗教教育的内容,甚至对基本的读写算等知识的讲授,也以宗教灌输或基督精神解释,而不惜违背科学性。②

20世纪20年代兴起的收回教育权的运动逐渐打破了这种局面,特别是南京国民政府完成国家统一之后,更是加大收回教育权的力度,多次发布针对教会学校的条例和训令,逐渐以立案的形式将教会中学纳入国家的教育系统中,而要想能够立案,其课程设置除遵照《中学校令》和《中学规程》外,1929年的《私立学校规程》还明确规定外国人及教会设立之学校"不得以宗教科目为专修科,亦不得在课内作宗教宣传;学校内如有宗教仪式,不得强迫或劝诱学生参加"。③ 以法律的形式将宗教课程排除在必修课之外。

南京国民政府还不断发布专门办法和训令,去除教会学校课程设置的宗教色彩。1929年4月,国民政府教育部发布《宗教团体兴办教育事业办法》四条规定:凡以宗教团体名义,捐资设立学制系统内之各级学校者,应遵照私立学校规程办理。……凡宗教团体为欲传播其所信仰之宗教,而设立机关,招致生徒者,概不得沿用学制系统内各级学校之名称。凡宗教团体集合会社,研究教义,或其他学术者,得依照关于学术集会结社之手续办理。④ 1930年7月1日,国民政府教育部通令各省市教育厅局:查禁教会学校图书馆陈列之宗教书报及画片。并规定"所有宣传宗教之图画,应予一律禁止或悬挂;其关于宗教之书籍报章及杂志等,除在大学及高级中学限于与选修科目有关及堪备哲理上参考者,得酌量陈列外,其余并应一律禁止。⑤" 1934年9月国民政府教育部发布训令称:"凡宗教团体设立学校应遵照修正私立学校规程办理,如或设置机关传习教义,概不得沿用

---

① 朱有瓛等:《中国近代学制史料》(四),华东师范大学出版社1993年版,第306页。
② 王炳照等:《中国古代私学与近代私立学校研究》,山东教育出版社1997年版,第364页。
③ 《私立学校规程》(1929年8月教育部公布),见《北平市教育法规汇编》,1933年印行,第133页。
④ 《宗教团体兴办教育事业办法》(1929年4月23日,教育部第7号布告),见教育部编《教育法令汇编》(一),商务印书馆1936年版,第385页。
⑤ 中央教育科学研究所:《中国现代教育大事记(1919—1949)》,第210页。

学校名称，并不得仿照学校规制，编制课程，招收学龄儿童及未满 18 岁之青年，授以中小学应有之科目，以杜假借而免混淆。"①

教育部不仅要将宗教课程从课堂上去除，而且为了争取对学生思想的控制，从 1929 年开始，教育部根据行政院秘书处"国内各教会学校一律添授三民主义等书，并按时作纪念周"之谕令，通令国内之教会学校，"有未加授党义及未举行纪念周者，自应由各地方教育行政机关切实督责，克期举办，俾符党国作育人才之本旨"。②

通过以上条例、办法和训令可以看出，政府将教会中学明确定位于私立中学，既然是被纳入私立中学的范畴，教会中学则必须按照对私立中学的相关规定到政府教育行政机关立案，接受其管理，学制须按国家的有关规定实行"三三制"，尤其是课程设置上，作为原来主要科目的宗教课被强制改为选学科目，这使教会中学的宗教色彩大大被削弱，而世俗学校的特征则越来越突出。

在教会中学世俗化过程中，教会内部也有很大争议，有人主张向政府注册立案，认为立案之后教会学校便取得合法地位，加上其良好的条件，有利于教会学校社会地位的提高，扩大教会学校的影响。但也有教会人士激烈地抵制，特别是针对向政府立案、宗教课的开设等问题，反应尤为突出，如有人以"一、教授之自由，二、行政之自由，三、信仰之自由"③为理由反对向政府教育行政机关立案，拒绝更改课程设置，并要求继续将宗教课保留为教会学校的主修课。还有人因不愿与政府发生冲突而想办法钻政策的空子，如谢夫雅在《教会学校要关门吗?》中说：质言之，教育部所限制者，只是"挂在必修课程上的宗教科目"而已。这也并非排拒宗教科目本身，更非排拒宗教生活。有许多宗教科目，可以移置别门，一样可以作为必修科，如"宗教哲学"可使属于哲学门，"宗教心理学"可使属于心理学门，"宗教教育学"可使属于教育学门，"宗教调查"可使属于

---

① 《凡宗教团体设立机关传习教义概不得沿用学校名称并不得照学校编制教授十八岁以下青年中小学科目》（教育部训令第 10702 号，1934 年 9 月 3 日），见《中学教育法令汇编》，第 144 页。
② 《宗教团体设立之私立学校须添授三民主义等书并按时作纪念周》（教育部第 291 号训令，1929 年 2 月 2 日），见《中学教育法令汇编》，第 219—220 页。
③ 徐宗泽：《关于教育权》，见李楚才编《帝国主义侵华教育史资料·教会教育》，教育科学出版社 1987 年版，第 594 页。

社会学门,"圣经学"可使属于"文学门"等等。①

尽管开始大多数教会中学不愿立案,但由于国民政府相关政策的连续出台,诸如上文所提到的规定,未立案学校学生的学历不被承认、不能正常升学、不能和立案学校学生享受同等待遇等条款就促使教会中学的学生强烈要求教会中学按照规定立案,这样一来,教会中学的生存和发展便受到校内外两方面的压力,迫使大多数教会中学陆续向政府教育机构立案,接受中国政府的管理,成为中国教育系统的重要组成部分,这是中国教会中学迈向世俗化的重要一步。

在教会中学世俗化同时,本土化的进程也在发展。1928年的《私立学校校董会条例》规定:有特别情形者,得以外国人充任校董;但名额最多不得达半数,其董事长或校董会主席,须由中国人充任。1929年的《私立学校规程》规定,私立学校如系外国人所设,校长、院长须以中国人任之。很显然以上条款主要就是针对教会学校的,这也是国民政府收回教育权的一部分。教会中学在立案过程中,必须遵照上述规定对校董会和校行政组织进行改造,否则便无法立案。

伴随着越来越多的教会中学向中国教育行政机关立案,西方教会逐渐停止了对这些学校的年度拨款,导致这些已立案的教会中学的经费来源发生了变化,由原来的依靠教会拨款为主,转向自筹为主,自筹经费包括学杂费收入、产息收入、校董会募捐等(见第五章的"私立中学的临时性收入"),当然,西方教会或在中国的教会还会不定期给私立中学一定的捐助,但这些捐助不再是长期性的,而是临时性的,在经费中的地位渐次于学费收入和国内捐助了,教会中学和国外教会经济关系的疏远,实际也体现了教会学校的世俗化和中国化的发展趋势。

---

① 李楚才编:《帝国主义侵华教育史资料·教会教育》,教育科学出版社1987年版,第264页。

第四章

私立中学的学校管理

　　私立中学以校董会为核心的管理方式成为现代教育管理体制的成功尝试。校董会作为私立中学的最高管理机构,要制定校董会章程,规定办学的宗旨等,校董会还要聘请校长对学校行政全权负责。以董事会为核心的管理体制的设立,大大降低了学校管理过程中的"人治"的成分,是中国民主化进程在教育领域的反映。与公立中学以压制为主相比,私立中学的校内冲突明显少于公立中学,这是私立中学管理较为成功的一个方面。

一　民主专业管理方式的建构

　　董,为"主持"之意,如张学良在办同泽女中时,"商请刘海泉、韩寅阶、李静澄诸公,及张夫人雅君、吴石夫人佐升、包朱福晋博儒,与余内子于夫人凤至董其事"[1]。校董会是私立中学的最高管理机构,要制定校董会章程,规定办学的宗旨、设立董事会的目的、校董会的组织、校董会的职责和权限以及任期等。董事会是私立中学的核心机构,但一般不直接管理学校的日常事务,而是本着"唯贤""唯能"的原则聘请校长管理学校。

(一) 校董会管理模式的确立

　　在清末民初的时候,私立中学的管理体制并不明确,就是本着谁出资,谁聘请监督(校长)管理,管理结构也比较简单,如保定私立育德学校创办之初,"重要事项由发起人会商解决",再加入"维持员若干人,公

---

[1] 张学良:《同泽女子中学一览·弁言》,见陆雅尧《张学良档案史料一组》,《兰台世界》1992 年第 5 期。

同组织会议，为最高权力机关"①，这就是校董会的原型，不过这个时期的董事会议是临时召集的。学校办学既久，当需要召集会议时，学校创始人"或病故，或就事远方，或退居乡里，遇有重要事项发生，会议苦于无法召集"②，为了适应学校管理的需要，育德中学就于1921年8月制定章程，组织董事会（1929年春，根据教育部规定改称校董会），使之成为管理学校的最高权力组织。由是看到校董会的出现是私立中学发展到一定阶段的产物。

自20世纪20年代起，私立中学数量迅速增多，政府对私立中学的规范渐成必要，其中就包括要求私立中学成立校董会作为代表学校之组织。1926年，广东国民政府行政委员会公布《私立学校规程》十七条、《学校立案规程》八条、《私立学校校董会设立规程》十四条，明确要求私立中学要成立校董会；1928年2月6日，大学院公布《私立学校条例》，规定"私立学校须由设立者推举校董组织校董会，负经营学校之全责"③。这是第一次在全国性的法规中明确规定私立学校须设校董会，作为学校的最高权力机关，此后设立私立中学须先成立校董会并在教育行政机关立案，然后才能开办学校招生。1932年12月24日，南京国民政府公布的《中学法》中规定私立中学组织管理体制为董事会，"私立中学校长，由校董会遴选合格人员聘任之，并应呈请主管教育行政机关备案"，1934年7月，北平市教育当局对于私立中学进行严厉整顿，其整顿办法第一条就是"凡私中应有能切实负责之董事会"④。

校董会管理体制的形成，是中国社会、经济、文化向西方学习的结果，对于推动私立中学的规范化和制度化建设起到了非常积极的作用。校董会管理体制又可分为如下几种情况：（1）由校董会聘请校长，校长总理学校事务，校长下再分设有关各部（处、科），具体管理相关事宜，如私立贝满女子中学校、北京市私立嵩云初级中学，学校行政以董事会为最高机关，校董会聘用校长，校长下设教务、训育、事务三科。教务科掌管教学、注册、统计及保管、成绩各事项，训育科掌管训育、斋务及课外作业

---

① 《保定私立育德中学校规则》，该校1932年印行，第17页。
② 同上。
③ 《私立学校条例》，1928年2月6日大学院公布。见《大学院公报》第一年第三期，1928年，第8页。
④ 《北平市教育当局是决严厉整顿私中》，见《晨报》1934年7月29日。

各项，事务科掌管庶务、会计、文牍各事项。① 这种校董会—校长—教务部、训育部、事务部的结构是最为一般的，有些学校的情况不同，也有所变化，很多学校就在校长之下分设四部（处、科、课）乃至五六部（处、科、课）的，如私立南开中学校长之下复设五课：教务、训练、体育、庶务、会计，分理全校事务。② 这种结构的好处是分工明确，易达到提高效率的目的，但有时须聘请较多职员，故费用支出较多，比较适合规模较大的私立中学。（2）以私立崇德中学校为另一类型，由董事会聘任校长一人，总理全校校务；教职员由校长聘任，并组织教员会，主持校内一切事务。③ 这种结构是教员职员合一，能提高教师参与学校管理的积极性，且节省了聘专门职员的经费，但易形成责权不明的结果，问责困难，适合规模较小的私立中学；（3）以私立志成中学校为代表的私立中学的管理组织则分校董会、校务会。校董会内，分常委董事会、教务指导委员会、基金委员会；校务会内，分教务、训育、事务三部对学校事务进行管理。④

以上不管是哪种董事会管理体制，都是以董事会作为学校的最高机关，并且要制定校董会章程，作为私立中学管理的根本法，章程往往规定办学的宗旨、设立董事会的目的、校董会的组织、校董会的职责和权限以及任期等等。校董会的设立，大大降低了学校管理过程中的"人治"的成分，学校的重大决策都须经校董会讨论通过，"是一个民主管理、民主决策的体制"⑤，减少了办学的风险，成为学校发展的保障机制。

还有一类私立中学校是私立大学的附属学校，其组织与前者又有不同，私立中国学院附属中学校的校长由中国学院院长兼任，另设主任一人，负处理全校校务之责，主任之下设教务、斋务、文书、庶务、会计等课，分掌校内事务，又设校务、教务、事务、斋务各项会议及各种委员会讨论校务问题。⑥ 私立辅仁大学附属中学校亦与此种情况类似，设主任、副主任各一人，由大学校长聘任，并设事务、教务、训育、体育、庶务、

---

① 吴廷燮等：《北京市志稿 5 文教志》（中），北京燕山出版社 1998 年版，第 84 页。
② 《天津南开学校中学部一览》，1929 年印行，第 15 页。
③ 吴廷燮等：《北京市志稿 5 文教志》（中），北京燕山出版社 1998 年版，第 41 页。
④ 同上书，第 59 页。
⑤ 熊贤君：《1949 年前中国私立学校的董事会组织管理体制》，《教育研究与实验》1998 年第 3 期。
⑥ 吴廷燮等：《北京市志稿 5 文教志》（中），北京燕山出版社 1998 年版，第 42 页。

图书六课，分任各项校务。① 此类中学校虽没有直接的董事会管理，但大学的董事会也是中学的董事会，重大的校务问题，最终还是由大学的董事会决定。根本上看，这也是校董会管理体制的一种。

再有一种私立中学，是完全由社会团体（包括宗教团体）拨经费建的私立中学，如果规模较小，则直接由社会团体聘任校长对学校进行管理，如私立三基初级中学校，该校经费全由北平青年会负责拨发，学校规模较小，只有初中一二三年级各一班，学生不足百人，该校就设校长一人，下设教务处、训育处、事务处三处，每处各设主任一人，分掌校内事务。② 还有一些教会学校与此种情况类似。不过，像这种情况在私立中学中的比例是很小的，并且这类学校因为没有董事会，往往会被政府以"无校董会组织，基金无确数"为借口进行限制，甚至取消。

总的来讲，在私立中学的学校管理体制中，校董会管理体制以其民主化的管理方式和对学校运行的有效监督，最大程度保障了学校的顺利发展，再加上政府通过各种法律和法令的强调，使其成为私立中学管理制度的主流。校董会管理体制的出现和发展，为中国私立学校的组织管理体制作出了可贵的探索，积累了丰富的经验。

（二）校董会的组织和运作

私立中学校董会的人员一般由7人至11人组成居多，数目也可随形势变化而通过校董会议决后调整增减，但"校董名额不得过十五人"③，董事主要有以下几类人员构成。

首先，是学校的创设人。一般而言，学校的创设人不仅是当然校董，其中最主要的投资者往往还理所当然地成为董事长。④《私立学校规程》规定"设立者为当然校董"，如设立者人数过多，可"推举一至三人为当然校董"。对热心教育，向学校捐资较多的人员往往也会被聘为校董，如北

---

① 吴廷燮等：《北京市志稿 5 文教志》（中），北京燕山出版社1998年版，第61页。
② 吴廷燮等：《北京市志稿 5 文教志》（中），北京燕山出版社1998年版，第71页。
③ 《修正私立学校规程》，见《中学教育法令汇编》，第75页。在实际执行中也有学校突破15人校董的限制，如重庆私立广益中学在1930年成立首届校董会时，校董人数是16人；1935年的第二届校董会人数亦是16人。
④ 也有例外，如浦东中学是杨斯盛创办，但他"切嘱后世子孙，不得干涉校务"，将主持校务之权，"悉以委之校董"。见朱有瓛《中国近代学制史料》（二·上），华东师范大学出版社1987年版，第468页。

京弘达中学规定"热心赞助本校经校董会聘请者",可为学校董事。① 有的学校规定校长也可"作为当然校董",但当董事会审查关于预算决算问题时,"校长不得行使其校董之表决权"②,从而体现了董事会对校长的监督和制约作用。

其次,为保证学校的正常运行,学校创办人一般邀请教育界或学术界名流为学校董事,他们可以看成是学校的智囊团。清末私立浦东中学的校董均为有功名的人士,计优贡两人、举人三人、副贡一人、附生三人,还有一位是哈佛留学生,十位校董都是"方廉公正,久为乡里所推崇"之人。③《修正私立学校规程》规定"校董会至少须有四分之一之校董,以曾经研究教育或办理教育者充任"④,这点在大多数学校基本都能实行,四川私立建国中学《校董会简章》章程内就规定了由学校创办人酌情聘请"富有经验之教育家、声望素著之学者"为校董会成员。⑤ 但有的私立中学并非都能聘请到懂教育的人任校董,后来教育部做了补充规定,私立中学的现任教职员,"亦得兼任本校校董会校董"⑥。但为防止私立中学拉拢主管教育的行政部门人员,造成徇私舞弊之情形,"现任主管教育行政机关及其直接上级教育行政机关人员,不得兼任校董⑦"。

最后,学校还经常聘请社会闻人为学校董事。在湖南私立明德中学的校董名录上有易培基、李煜瀛、张继、陈果夫、谈荔孙、谢霖、陈介、陈嘉祐、方鼎英、史镕、张育焌、彭国钧、袁家普、胡庶华、胡彦远、谭延闿、龙绂瑞等人,⑧ 在上面名单中,相当一部分是官(政)府部门的现职或离任官员,其中有曾任教育总长的易培基,国民党元老或骨干谭延闿、张继、李煜瀛、陈果夫等,他们更容易与官(政)府有关部门沟通,协调与官(政)府的关系,获得政策或经费上的支持。明德校董名录中还有一

---

① 私立弘达中学《校董会规程》,《北平弘达中学十周年纪念刊》,该校1933年印行,第121页。
② 《育德中学校校董会章程》,《保定私立育德中学校规则》,该校1932年印行,第27—28页。
③ 朱有瓛:《中国近代学制史料》(二·上),华东师范大学出版社1987年版,第468页。
④ 《修正私立学校规程》,《中学教育法令汇编》,商务印书馆1935年版,第75页。
⑤ 四川私立建国中学《校董会简章》,《建中要览》,1930年印行。
⑥ 《私立学校现任教职员得兼任本校校董》(教育部第1383号指令,1934年11月15日),见教育部参事处编:《教育法令汇编》(一),第384页。
⑦ 《修正私立学校规程》,《中学教育法令汇编》,商务印书馆1935年版,第75—76页。
⑧ 《湖南私立明德中学校一览》,约1929年印行,第19—20页。

部分人，是从事经济活动的，如谈荔孙是北平大陆银行的创办人和总经理（得到过冯国璋的投资支持）、中国会计师制度的开拓者谢霖、袁家普在山东省财政厅任厅长、上海总商会常务委员陈介（1935年任国民政府外交部常务次长）等，聘之为董事，更容易联系到商界和财经界热心教育的人士，从而有利于本校的经费筹集。明德校董还有一点值得注意的是十八位校董中，至少有十三人在上海、北平、天津、南京居住或任职，这也为明德无形中铺就了一张有利于学校发展的关系网络。其他私立中学类如明德者不在少数，都是尽量利用社会关系扩大有影响的董事数量，为学校发展谋求方便，如1927年上海私立君毅中学成立时，于右任为校董事长，聘潘公展、徐寄顾、陈布雷、何应钦等先后为该校董事，亦属此类。[1] 当然，大多数私立中学不可能像明德、君毅、南开那样将全国知名人物聘为校董，它们往往将本地的名流聘为董事，而这些名人也落得热心教育的美名，大多会欣然同意；私立中学还利用乡里观念聘请在外创业的同乡为校董，既能扩大学校的知名度，这些校董大多还能定期给学校一定补贴，可谓一举两得，这类校董为图造福乡里之名，只要负担不是太重，一般也不会拒绝。

另外还有的私立学校考虑到学校运行的安全，聘请一些称霸地方的头目为校董，他们虽非官非商，但影响较大，往往也能为私立中学解决一些问题，代表性的如上海杜月笙，自己开办了正始中学，同时还身兼私立君毅、浦东等中学的校董，不仅不用操心校务，而且每年还可得到一定数量的车马费。

校董并非终身，校董会随着学校的发展不断调整着董事人员，比如有的董事远徙他乡，与学校发展无甚关联的多会被解除校董聘任，有的董事故去会被新校董取代，所以校董的人员也是时常变动的。与校董会产生矛盾，或对学校发展不利的校董还会被解除聘任。私立弘达校董会章程就规定凡有以下四项行为之一者：（1）违背本校宗旨；（2）妨碍校务进行；（3）损伤本校名誉；（4）破坏本校规程，经董事三人以上之提议召集会议，经全体董事四分之三以上之出席，出席人数三分之二以上之表决得解除其董事。[2]

---

[1] 马学新等：《上海文化源流辞典》，上海社会科学院出版社1992年版，第381页。
[2] 《北京私立弘达中学十周纪念刊》，该校1933年印行，第121页。

校董会对外代表学校，如学校立案就须以校董会的名义进行，上章对此内容已有说明；在学校内部是学校的最高管理组织，决定学校发展的重大事项。1928年颁布的《私立学校校董会条例》规定私立中学校董会的职权主要体现两个方面，一个是学校财务方面，包括：经费之筹划、预算及决算之审核，财务之保管、财务之监察和其他财务事项；一个是学校行政方面，包括选聘校长和职教员等。各私立中学在制定校董会章程时大多也是基于以上两个方面，或再加上对学校发展计划审核等内容。四川私立建国中学的校董会权责如下：（1）选任校长；（2）审查聘任职教员；（3）筹集基金；（4）保管基金；（5）筹划经费；（6）议决预算；（7）审核决算；（8）监察财务；（9）主持或决定本校进行上之各种根本计划；（10）主持或变更本校之各种主要章则；（11）主持本校之一切临时重大兴革；（12）议决校长交议事件。① 其中（1）、（2）项属于学校行政方面；（3）至（8）项属于对学校财务的监管方面；（9）至（12）项为审议决定学校重要发展规划方面，其他私立中学的校董会职责与之大致类似。② 当校董会将学校发展的计划议决之后，交由校长执行，一般情况下校董会不会干涉校长的行事。

校董会会议有三种类型，以四川私立建国中学为例，一种是全体董事大会，每学期始末由校董会主席召集全体校董开大会一次；一种是常会，由校董会主席召集各常务校董，每月开常会一次，主要是改进校务及审查经济；一种是临时会，遇有特别事故发生时，由校董会主席召集各校董开临时会议。③ 弘达中学还制定了更详细的开会规则，如对参加会议董事人数的规定："全体大会出席人数须超过全体董事三分之二以上方得开会，常务董事会议，常务董事须全体四分之三方得开会"；对会议主席的担任也有相关规定："全体大会主席以董事长任之，董事长缺席时得由副董事

---

① 四川私立建国中学《校董会简章》，见《建中要览》，1930年印行。
② 私立弘达中学《校董会规程》中对校董会职责做如下规定：（1）议决并修正本校学则大纲及组织大纲；（2）审定本校各种规程条例及细则；（3）审核本校制度之变更；（4）审核本校预算及决算；（5）监察及保管本校财务及财产；（6）筹划本校经费及基金；（7）议决教职员之聘请及解除；（8）规定教职员之薪俸；（9）议决校舍之购置及建筑；（10）议决大宗图书仪器之购置；（11）校长及总务教务主任之选任；（12）名誉董事之聘请；（13）一切改进发展建设及重大计划之决定。
③ 四川私立建国中学《校董会简章》，见《建中要览》，1930年印行。

长代理之；常务董事主席由常务董事轮流任之"。① 校董会议的决议一般由半数通过即为议决，但关系到学校废止等重大决定时，则需超过半数甚至更多，如育德中学规定校董十一人中"须得校董七人以上之同意"。②

董事之间的关系主要有两种，一种是为解决学校发展问题而形成的民主协商的合作关系，这是校董会内部关系的主流；一种是不同董事之间为争夺学校控制权而形成的矛盾紧张关系，这种关系往往对学校的发展带来负面影响。

校董会能将多类人士聚集在一处，采用一种民主协商议决的方式管理学校，与当时的社会因素密切有关。首先，在古代，民间求学一般采用私塾的形式，规模很小，谈不上什么学校管理。到了近代以后，伴随着工业化的开展，社会对技术型人才需求增多，刺激了近代学校的兴起，且学校规模日渐扩大，大多数的私立中学往往需要多人投资才能支撑起来，董事会自然就成为各投资人协商的场所，以解决学校发展或利益分配之问题。其次，近代学校与古代不同，古代侧重于经学学习，科目单一，目的明确，就是为了科举。近代学校科目复杂，中学所学达到十多门课程，学生学习的目的也不同，中学是一个分化的阶段，有的急于工作，有的想继续升学，有的仅为镀金等等，而大多投资人虽热心教育，但由于缺乏教育管理的专门知识，面对复杂的教育形势，往往无能为力，学校要想长久发展，需要熟知教育内情的人来为学校的发展指出方向，因此教育界名家以专业知识进入董事会就很自然了。再次，公立中学经费由国家拨款，旱涝保收，尽管有时经费会拖欠，但一般无后顾之忧，而私立中学的经费主要靠自己筹集，其中学杂费在大多数私立中学中占相当大比例，即招生问题是私立中学的关键，因此私立中学须不断提高知名度，办法之一就是拉拢社会名流进入校董会，既能带来部分赞助经费，又能扩大学校的影响，有利于以后的招生，还能为以后结识更多的社会知名人士创造条件，故各私立中学尽可能将名人聘为校董。最后，20世纪20年代前后，美国教育思想家杜威、孟禄等人来华讲学，将西方流行的民主主义教育传入中国，猛烈冲击着中国旧有的教育思想和观念，再加上当时中国国内学者多少也与

---

① 《北京私立弘达中学十周年纪念刊》，该校1933年印行，第121页。
② 《育德中学校校董会章程》，见《保定私立育德中学校规则》，该校1932年印行，第27页。

杜威等人有关系，如胡适、蒋梦麟都是杜威的学生，他们在国内的鼓吹，也加速了民主教育在国内的传播，因此在20年代，北京政府和南京国民政府以法规的形式要求私立中学建立校董会，自然也是受民主主义教育影响的结果。

总之，以民主管理面貌出现的校董会能在私立中学迅速成为主流的管理形式，是与当时中国的社会形势和教育发展形势密切相关的，与公立中学校长一人式的管理方式相比，校董会模式更能代表学校教育的发展方向，也足可为当代办学提供很多经验。

在私立中学发展的过程中，董事会内部也会出现矛盾，通常来讲矛盾主要集中在对学校管理权的争夺上，大致可以分为两类，一类是本土人士对权力的争夺；一类是教会中学内部，西人和国人对管理权的争夺。

浦东中学分为两部分，就是因为原浦东中学内不同力量斗争的结果。北伐战争后，上海国民党市党部控制了浦中校董会，进而掌握了学校领导权。由于国民党不同派系都想把持学校，从1933年至1936年4年间，校长每年都有更迭，如校长徐韫如、林众可、韩觉民的背景为社会局长吴醒亚；校长汪曼云的背景为教育局长潘公展。在徐、林任校长期内，曾假借学校名义，向外滥行借款，以公肥私，引起李孤帆等部分校董的不满，潘公展、吴醒亚趁机改组浦中校董会，排挤李孤帆，并拉杜月笙为挂名董事长，聘吴开先、俞鸿钧、张寿镛、徐寄庼、俞佐庭、吴玉书、王延松、张继光、陆京士、汪曼云等11人为校董，李孤帆被迫辞去校董，学校董事会的实权遂落于潘公展，吴醒亚两人之手。李孤帆辞职后，心中不服，1934年1月在南市多稼路浦东中学附属小学增办初中，改名为私立斯盛中学，另立校董会，聘张效良、王云五、徐新六等9人为校董，自任董事长，正式脱离六里桥浦东中学。从此两校分立，各维原状。①

西人设立的中学围绕着本土化问题，往往会导致校董会内部中西董事之间的矛盾。

天津私立新学中学原为英人设立，1930年，根据国民政府的法规，应向教育行政部门立案，并改组校董会。英国人为应付立案，延聘北洋政府时期的外交总长梁如浩、做过国务总理和外交总长的颜惠庆、做过驻奥公

---

① 《浦东中学简史》，见《20世纪上海文史资料文库》（第8辑），上海书店出版社1999年版，第224—225页。

使的黄荣良、北洋大学校长赵天麟、中国银行经理卞白眉、怡和洋行买办梁炎卿、开滦矿务局教育处管理翁之熹等组织董事会。校董会内虽然中国人居多，但新学中学的实权掌握在英国人手里。在一次董事会后，英人栾嘉立将会议记录在英文《泰晤士报》上发表，但把黄荣良在董事会上的讲话删掉，黄遂愤而辞职。英人还把持着校务委员会，在表决时，学校把占教员1/4的英国籍教员都作为有表决权的委员，而占3/4的中国教职员却只有一人作为出席代表。议案表决时是少数服从多数，所以校长或中国教职员的提案往往不起作用。①

教会中学校董会在学校立案等问题上也存在斗争。江西私立葆灵中学是美国的教会创办的，开始校长均是美国人，1926年，由于中国国内形势急变，校长之职始由中国人担任，美国派来的布道使名为"校长顾问"，实乃"太上校长"，一切经济权和校政实际上仍掌握在他们手里，因为学校经费都是由美国的总司库保管和处理。同年，葆灵中学为应付教育厅和社会而成立了学校董事会，平时，校董会并无实际工作，只是校方一年召开两次会，请校董们听取校长的工作报告和决定工作计划，遇有重要事项就召开临时董事会。1931年在向江西省教育厅备案过程中，校董会的教会方面代表不愿葆灵去立案，但葆灵校长据理力争，结果还是立案了。② 不久，九江基督教卫理公会的儒励女中也仿效葆灵，向江西省教育厅立案。

总之，校董会的矛盾，不管是本土私立中学或者是外人办的私立中学，都是围绕着对学校管理的控制权展开的，矛盾斗争的结果直接影响到学校的发展，甚至发生如浦东中学因董事会矛盾引发的学校分解的现象，③因此私立中学在制定董事会章程时，往往会有相关条款，将与大多数董事意见不合的校董解除聘任，以防大规模内耗的发生。

（三）私立中学的学校管理

学校管理的成功与否，我们可从学生的反映做出判断。常道直根据

---

① 涂培元：《我所知道的新学书院》，见《天津文史资料选辑》（第75辑），天津人民出版社1997年版，第273页。
② 周兰清：《南昌葆灵女中往事回忆》，见《江西文史资料选辑》（第4辑），江西人民出版社1981年版，第128—129页。
③ 当代也有类似情况，在笔者家乡的一个私立中学就因正副董事长意见不合导致学校一分为二。

1922年度的《晨报》、《申报》、《时报》、《时事新报》、《民国日报》等所载学校风潮新闻进行汇总统计，其中中学风潮的情况如表4－1①：

表4－1　　　　　　　　1922年中学校内风潮统计

国立	省立	县立	公立	私立	未详	合计
	51	4		8	3	66

表4－1所统计的学潮事件不包括索薪风潮、经费独立运动、学生之政治运动等，仅是对"学生之反抗教职员及其他要求"等校内风潮事件的统计，因此更能反映学校的校内管理情况。表4－1共有校内风潮66起，其中最多的是官办中学（包括省立和县立）有55起，占83.3%，而私立中学只有8起，仅为12.1%，校内风潮比例明显低于官办中学，②不能不说这和私立中学的管理密切相关。下面我们对私立中学的管理情况做个大致介绍。

校长是整个学校管理执行的核心。其教育理念往往通过管理行为外化为学校的特征，这是社会区分学校优劣或择校的重要标志。一个学校的成败往往和校长的管理密切相关。优秀私立中学的背后必然有一个目光长远、务实严谨的校长。

有作为的校长必须要有为办好学校而艰苦付出的"磨血"精神。明德中学创办人兼校长胡元倓提出了"坚苦真诚"的校训，并请龙璋撰《坚苦真诚四箴》作释：坚即"永坚贞而不更"；苦即"应因苦而回甜"；真即"本真实以传薪"；诚即"道一贯而无二"③。为了办好明德学堂，胡元倓以"坚苦真诚"之精神"磨血"办学，④几十年风尘仆仆，奔走南北以筹措经费，胡元倓在家中行排老九，时人称之为"胡九叫化"，并有"南方

---

①　常道直：《学校风潮的研究》，上海商务印书馆1925年版，第12页。
②　还有个数据可资参考，桑兵在研究清末学生风潮时发现，80%以上的学潮发生于仅占学堂总数1/4的官办学堂中。这个数据是包括大、中、小学堂的，因此，本书未将其列入正文，但也可看出官办学校确实在管理方面较私立学校存在问题为多。详见桑兵著《晚清学堂学生与社会变迁》，第198页。
③　郑佳明主编：《湘城教育纪胜》，湖南文艺出版社1997年版，第117页。
④　胡元倓曾对黄兴说过："公倡革命，乃流血之举；我为此事，则磨血之人也。"见《胡元倓先生传略》，《长沙文史·明德春秋》，湖南省长沙市文史资料研究委员会1993年印行，第8页。

武训乐诚翁"之誉。① 南开校长张伯苓身兼三校的校长，但薪水仍只领取在南开中学时的100元，几十年如此。南开中学规定除教职员子弟免纳学费外，任何人不得减免，张伯苓有甥女2人在南开上学，学费亦由张伯苓缴付。② 张伯苓的自律精神深刻影响着全校的教职员。

有作为的校长必有体现社会发展的新思想。经亨颐在管理春晖中学时，切实贯彻"反对旧势力、建立新学风"的主张。1923年即招收女生实行男女同校。学校自订学则，在管理制度、教学内容、教学方法等方面都有不少革新。学校组织协治会，实施民主管理。在教学上既重视文理各科的教学，也注意使学生在体育美育等方面得到发展，一改当时不少学校中残存的科举余习。校内还经常举办专题讲座，定期的有每旬一次的"五夜讲话"，或由本校教师主讲，或不定期地聘校外学者名流主讲，蔡元培、何香凝、黄炎培、陈望道、舒新城、俞平伯等都到春晖讲过学。③

校长的身体力行往往比说教更起作用。张伯苓带头戒烟就是一个很好的例子。有一次张伯苓给学生讲"修身课中的戒吸烟"，但平时张伯苓自己却吸烟，学生向他提出意见后，张伯苓当场将烟具毁掉，从此果真不再吸烟。正是校长的以身作则，带头守法，并持之以恒，才使得后来全校师生自觉遵守，人人严格要求自己。④ 澄衷中学的白振民校长自己虽不教书，却认得个个学生，经常叫学生去谈话，对每个学生的能力了解得比较详细。⑤ 这样在遇到问题时，就能抓住问题的关键，也能恰当处理，从而赢得学生好感。

学校的发展还离不了校长长远的打算。1935年"华北事变"后，张伯苓感到华北局势危机万状，一旦有变，学校很难保全。于是赴四川考察，"为谋南开事业推广计，并为谋教育工作不因时局变化而中断计"⑥，决定在四川设立分校，在经过筹划、购地、募捐之后，重庆沙坪坝南开中学于

---

① 唐耀章：《我所知道的胡元倓》，见《长沙文史·明德春秋》，湖南省长沙市文史资料研究委员会1993年印行，第18页。
② 丁殿进：《学府纪闻——国立南开大学》，台北南京出版有限公司1981年版，第124页。
③ 经遵义：《上虞春晖中学》，见《浙江文史资料·浙江近代著名学校和教育家》（第45辑），浙江人民出版社1991年版，第207页。
④ 杨肖鹏：《我对母校的几点回忆》，见杨志行等《解放前南开中学的教育》，天津教育出版社1989年版，第95页。
⑤ 胡适：《四十自述》，中国华侨出版社1994年版，第59页。
⑥ 张伯苓：《四十年南开学校之回顾》，见《南开四十年》，1944年印行，第9页。

1936年秋招生开学。以后局势的发展证明了张伯苓决断的正确。

当然，私立中学校长不可能都全力为学校服务，也有不少人在任校长期间利用校产为己谋私，甚至搞垮学校。开封私立郑州中学校长任锡祜，曾携带中原公司给该校拨的补助费六百元，到北京把补助费挥霍净尽。回校后，又要动用学校的存款，去豫东做生意，被校董会拒绝，他就挑动学生反对校董会，结果搞垮了郑州中学。① 还有部分校长任意动用校产，假公济私，如开封私立大河中学校长刘锡五就因经常公私不分，拉用学校存款，使用学校校具而被戏称为"大河商店"的经理。②

很多私立中学为了扩大学校的声誉，或为了加强与上层社会的交往以获得更多的资助，便聘请社会名流担任名誉校长，这些名誉校长虽然大多热心教育，但由于社会事务的繁忙，他们对各项校务几乎从不过问，教育部为"免青年受人欺蒙，而杜少数办学者，借名招摇"，规定"无论何地私立中等以上学校，如或设有名誉校长一职，应既一律取销，用杜假借"③。

成功的学校管理与高效的分工有密切关系。

私立中学因"经费竭蹶，用费务求其省，效率务求其高"，往往本着校务公开、责任分担、师生合作之三原则来组织校内管理。④ 其中的责任分担在南开表现得尤为突出。南开中学的四大支柱是由伉乃如、喻传鉴、华午晴、孟琴襄组成的工作班子。张伯苓办南开，得力于这四人的大力协助和支持。他们各自承担一部分工作，伉乃如任校长秘书，他足智多谋，深于世故，他管理校长办公室，负责协调内部关系，发展对外联络，是个核心人物。喻传鉴为人和谐，办事认真，但拙于辞令，教务工作由他负责，他最主要的任务就是确定学校教学的整体计划，教学方针、任务、教学内容以及教科书的选定等一整套工作都要喻传鉴操心审定。华午晴掌管学校的校产（房地产）、财务和基建任务，他在南开不担任职务，但却是"笨重而极重要的人物"，是个廉洁奉公、不浪费学校钱财的好管家。孟琴

---

① 吴笃盘：《解放前开封市私立中学的发展及概况》，载《开封文史资料》（第6辑），河南省开封市文史资料研究委员会1987年印行，第89页。

② 同上书，第90页。

③ 《取销私立中等以上学校名誉校长》，教育部第469号训令，1930年5月15日。见教育部参事处编《教育法令汇编》（一），第384页。

④ 《天津南开学校中学部一览》，1929年印行，第15页。

襄主管全校总务工作，他管总务钱物清楚，绝不利用职务之便搞特殊化，这是南开提倡的公的精神。南开中学的后勤工作在他的领导下，很好地保障了全校师生的教学生活。[①]

保定育德中学的训育处只有1位训育主任，3位训育员，却要管900多住在学校的学生的起床、睡眠、整理内务、监督伙食、看着吃饭，以及早操、课外运动、早晚自习、团体集会的点名等，还有学生的生病治疗，打架调解也是他们的工作，连毕业生的升学就业辅导也由他们管。学校的事务处，只有1位事务主任和1个工友，管理学校的购置、兴建工程、种花扫地、工友管理、理发洗澡、学生福利等事。事务处下属之传达室有工友3人，掌管各办公室及住校教职员寝室的洒扫、应对、传达室送信，并兼任门口的警卫，管着学生不准外出。再次是教务处，1位教务主任另加1位教务员，具体负责聘教员、排课、推进教学、核算成绩等事务。总共不到20位职员工友，管理如此多的事情，"真可以算是世界上最有效率的一班人"[②]。

有些学校为了节省经费或其他考虑，并不像南开、育德那样分工明确。以春晖中学为例，经亨颐推行的是"专任制"，他认为"现行学校，必设学监，专务管理，教员则闻铃到场而已"，教员很难有参与学校管理的责任和意识。如果推行"专任制"，则不设学监、庶务、会计等职，主张"校内校长以外，概为专任教员"，学监、庶务、会计等事，均由校长分配给教员打理。校长与各专任教员，不但要与学生同寝同食，且须实行以身作则。人人有劳动之责，如洗濯、炊事、购物、洒扫、庭园、作业等，均由教员学生合组劳工会分任。[③] 经亨颐希望通过"专任制"提高教师和学生的参与意识，实际是五四时期民主教育思潮的一个表现。

对教师的聘任和管理是私立中学学校管理的重要内容。

《修正中学规程》规定了中学教师的任职资格：

---

① 杨坚白：《光辉的八十五年》，见杨志行等《解放前南开中学的教育》，天津教育出版社1989年版，第4—8页。

② 张玉奇：《最有效率的一群人》，《保定文史资料选辑》（第12辑），河北省保定市文史资料委员会1994年印行，第134页。

③ 经亨颐：《春晖中学计划书》，《上虞文史资料第2辑·经亨颐教育论文选辑》，浙江省上虞县文史工作委员会1987年印行，第67页。

高级中学教员须品格健全，其所任教科为其所专习之学科，且合于下列规定资格之一者：一、经高级中学教员考试或检定合格者；二、国内外师范大学毕业者；三、国内外大学本科、高等师范本科或专修科毕业后，有二年以上之教学经验者；四、国内外专科学校或专门学校本科毕业后有二年以上之教学经验者；五、有有价值之专门著述发表者。

初级中学教员须品格健全，其所任教科为其所专习之学科，且合于下列规定资格之一者：一、经初级中学教员考试或检定合格者；二、具有高级中学教员规定资格之一者；三、国内外大学本科、高等师范本科或专修科毕业者；四、国内外专科学校或专门学校本科毕业后，具有一年以上之教学经验者；五、与高级中学程度相当学校毕业后，曾任中等学校教员有三年以上之教学经验，于所任教科确有研究成绩者；六、具有精练技能者（专适用于劳作科教员）。

有下列情形之一者，不得任用为中学教员：一、违犯刑法证据确凿者；二、成绩不良者；三、旷废职务者；四、怠于训育及校务者；五、患精神病或身有痼疾不能任事者；六、行为不检或有不良嗜好者。①

《修正中学规程》虽不是专门针对私立中学的，但私立中学亦须遵守上述规定，否则在立案时，主管部门会以"办学条件不足"为由不给立案，或取消立案，因此大多数私立中学都能按要求聘用教师，特别是经济条件好些的教会中学更是如此，如成德中学的前半期，北京优级师范（北京师大的前身）和北京师大毕业者多，后期从武昌师大毕业者多。国文教师有清末进士郭蕴生、北师大毕业生王儒卿等；英文教师有北师大毕业的张海澄、武昌师大毕业的师碧如、燕京大学肄业的许明三等；历史教师中有晚清举人王藻泉、北师大毕业的侯佩苍、安均之等；生理卫生教师有留日学生杨叔吉、北师大毕业的李冠军；博物教师有北京优级师范毕业的杨柱国、北师大毕业的刘安国和武昌师大毕业的张敏斋等；数学教师有北师

---

① 《修正中学规程》，1935年6月21日教育部颁布，见《中学教育法令汇编》，商务印书馆1935年版，第51—52页。

大毕业生陈家熔。当时初中教师都必须是大学毕业生。①

浦东中学对师资的选任十分严格，从创办之初就注意聘请有真才实学、富有教学经验者担任。黄炎培在《八十年来》书中回忆说，当时"我和伯初是直接受杨先生委托的，各科教师由我严格选聘"②。以后历任校长也都重视师资的选聘，包括外籍教师的聘用，如英语教师有美国人孟保罗，德、法文教师有丹麦人葛麟书等，都是富有经验的教师。校长顾珊臣是数学专家，后留德考察教育，在德病逝。数学教师周翰澜、王季梅、许松云，物理教师张靖远，化学教师陆咏秋等，都是学有专长、负有盛名的教师，后来他们先后任大学教授。③ 1933年的苏州私立萃英中学，全校有中学教员18人，其中美籍教师4人，本国教师中有硕士2人，大学毕业者11人。④

私立中学为了保证教学质量，既注意教师的学历，更重视教师的教学经验和实际效果。如保定育德中学历史教师吕卓洲、地理教师刘影山，虽是旧制师范毕业，但他们都有多年的教学经验，一心扑在本职教学业务上，受到同学们的欢迎。他们虽无大学本科毕业文凭，但同样受到学校的器重。相反，有的教师尽管有名牌大学的学历，但不能胜任本职教学任务，仍难免被解聘。有一年育德新聘一位清华大学毕业的国文教师，姓王，他给同学们讲了一篇庄子的《天下篇》，一直讲了两个多月，也没有讲清楚。同学们给他起了个外号叫"亡天下"（亡是王的谐音）。后来，这位王老师还是被解聘了。⑤

私立学校为了达到更好的教学效果，扩大本校的影响，都想办法聘请名家在本校任教，1924年2月下旬，朱自清应经亨颐之聘，到春晖中学任教。⑥ 时在春晖中学任教的有夏丏尊、丰子恺、刘熏宇、刘叔琴、匡互生、朱光潜

---

① 田克恭：《西安教育史的重要篇章》，载《西安文史资料》（第4辑），陕西省西安市文史资料研究委员会1983年印行，第129页。

② 黄炎培：《八十年来》，上海文汇出版社2000年版，第72页。

③ 《浦东中学简史》，载《20世纪上海文史资料文库》（第8辑），上海书店出版社1999年版，第222页。

④ 《苏州私立萃英中学规章》，该校自印行，1933年。

⑤ 《育德中学治学特点》，该校1932年印行，第110页。

⑥ 朱自清原在浙江省立十中任教，省属中学经费由省里拨给。由于战祸连年，地方军阀把持财政，教育经费得不到保障。加上各级政府层层拖欠，三十多元的月薪经常要拖两三个月才能领到，一个学期常常只能章到三个月薪水。朱自清因为家累重，收入入不敷出，只得离开十中。见《朱自清年谱》，第49页。

等人。① 朱光潜回忆说："学校范围不大，大家朝夕相处，宛如一家人。"②名师的聚集成为春晖迅速发展的重要条件。徐树铮办正志中学，自任校长，并亲自选定教学人员，聘姚永概、林纾、姚永朴、马其昶等一流的国学大师为师，徐树铮非常尊重这几位老先生，他经常亲自搀扶几位老先生入室登坛。每逢星期三晚上，还约请几位老先生一起吃馆子，大家一起畅谈。③ 后来林纾和姚永概先后去世，徐树铮深为痛惜，"每一念及，辄复涕零。④"

当然，能称得上是学者型教师的毕竟是少数，大多数还是为了养家而兢兢业业踏实工作的普通教员。有些私立中学限于条件，并不能完全照章办事，便降低教师的录用资格，有些学校聘用的教师往往身兼两职或三职，学校的目的就是减少经费支出。甚至还有些老师是混日子，包括南开也不例外，据韦君宜回忆，她二年级时，教他们班的国文老师是一个不通的先生，不知道怎么进了南开。这位先生别字连篇，在黑板上的板书"投闲置散"，竟误为"偷闲置散"，结果被学生写信给学校教务处揭发，后来就被解职了。⑤

图4-1 丰子恺的漫画《人散后》
（作于在春晖中学任教时）

为保证教学质量，私立学校一般都要制定对教师的管理制度，以便遵照执行。作为教师，授课是第一位的，因此私立学校往往会对教师的备课、授课情况进行管理和监督，如清明中学规定：各科教员于学年开始

---

① 当时经亨颐兼任省立四中校长。
② 朱光潜：《敬悼朱佩弦先生》，载《文学杂志》第3卷第5期，1948年10月。
③ 徐道邻：《民国徐又铮先生树铮年谱》，台湾商务印书馆1981年版，第31—33页。
④ 徐树铮：《上段执政书》，见徐一士《一士类稿》，书目文献出版社1984年版，第200页。
⑤ 韦君宜：《南开教我学文学》，见杨志行等《解放前南开中学的教育》，天津教育出版社1989年版，第107页。

时，均须提出全年度教授大纲于教务处，经教务会议审查修订后，本教员得依照进行。平时各教员每日须将教授概况记于教务处发与之授课日志上，至月终汇交教务处，以便考察是否依其大纲进行。① 为防止老师造假，虚报授课日志，学校还通过学生对授课教师进行监督，"每日值日生下课后须到教务处填写受课日志，以便与教员所填的授课日志对照；教务处对于各班教务的进程，从这表上也就能够得到明了的概念"②。

除了授课之外，教师还有其他应负责事项，特别是对学生的训育方面的责任，清明中学规定，各科教员除授课外还须：（1）在教室内对于该班各项事务负完全责任；（2）随时考查学生之学业操行；（3）每学月终须将该月授课日志及学生毕业成绩送交教务处，并报告学生操行成绩于训育主任。③

总的来说，私立中学有合格的师资力量及对教师的较为严格的管理使得学校教学质量得到保证，这也是私立中学能吸引学生、得以发展的原因之一。

一个成功的私立中学，必定胜在对学校的严格管理上。而学校管理的核心就是对学生的管理，一般表现在学习、身体锻炼及日常行为等几个方面。

成德中学虽系私立，但因校规严、校风好，在陕西有较好的声誉，故报名投考者多。考试很严格，入学后不久，还须复试，半学期后还要"甄别考试"一次，所以一班新生只保持在四五十人，加以以后的留级、除名，到毕业时就只剩下二三十人了。④ 由于英文、数学的课外作业很多，晚自习时间又不能延长，所以部分学生常在半夜端着用黑纸遮着灯罩的小煤油灯，偷偷到自习室作业。早晚自习时间，所有自习室都非常安静，同学彼此说话都尽量声低，不去干扰别人。⑤

澄衷中学规定学生每日上课前一小时到校自修，由级任老师轮流出席督导，校长、教务长随时查察，以鼓励师生早起早睡，藉以振奋精神，加

---

① 《本校教务概况》，见《北京清明中学概览》，1927年印行，第5页。
② 《本校教务概况》，《北京清明中学概览》，1927年印行，第5页。
③ 《本校组织及职权》，《北京清明中学概览》，1927年印行，第20页。
④ 田克恭：《西安教育史的重要篇章》，见《西安文史资料》（第4辑），陕西省西安市文史资料研究委员会1983年印行，第127页。
⑤ 同上。

紧学习。同时规定了具体的督导办法，将全校中学各年级按教室划分为三组或四组，每组由一教师督导。从上午 7 时 10 分至 8 时，督导教师即开始至督导教室点名，轮流巡视，每周公布各级学生无迟到的人数及其百分比。对各年级逐周早到其百分比最高者，可得"朝气蓬勃"锦旗悬于教室内，以资鼓励。通过这种竞赛，使学生养成早起读书的习惯。①

  早晨是青少年在消除疲劳后，一天学习、生活的开始，要青少年有一个严格要求自己的良好开端，就应培养他们的纪律性。澄衷学校规定早操集合时，必须有固定的站立地位，认为"若地位不固定，则秩序即受影响，形式不一样，则精神亦难表现"，办法是在操场地面标记数字，以指示每一学生的站立地位，每天早操时，学生能迅速而又准确地站立在自己的坐标位置上，有缺席或迟到者，不须经过点名，即可按图索骥，予以警告。② 成德也非常重视早操，凡不请假无故旷操的，要记大过一次。当时第一任校长董雨麓很重视学生的体育锻炼和勇敢精神的培养，从天热时起，学生上早操须脱光上身和长裤（感冒者例外），周身摩擦后再用力作操，直到发热时为止。③

  对学生的日常行为和仪表，私立中学亦很重视。当年南开校门侧，悬一大镜，镜旁镌刻箴词曰："面必净，发必理，衣必整，纽必结，头容正，肩容平，胸容宽，背容直；气象；无傲，无暴，无殆；颜色：宜和，宜静，宜庄。"学生出入，知所儆戒。哈佛大学校长伊利奥博士（Dr. Elliot）来校参观，见南开学生仪态与其他学校所见者不同，特加询问，张伯苓于是领他到镜旁，将箴词详加解释，伊利奥博士回国后进行了宣传，使南开的声誉大增，并为赢得罗氏基金团的捐款创造了条件。④

  成成中学学生绝大部分为住校生，在校外食宿的学生很少。学校规定学生除星期日准许上街外，平时不许随便外出，学校门禁特别严格，训育室内及传达室外壁上均悬有大木牌，各年级学生名牌均分别年级挂在训育办公室的大木牌上，学生凭名牌出入校，返校如果超过规定时间，传达室

---

 ① 张志康：《从澄衷学堂到澄衷中学》，载《20 世纪上海文史资料文库》（第 8 辑），上海书店出版社 1999 年版，第 207 页。
 ② 同上。
 ③ 田克恭：《西安教育史的重要篇章》，载《西安文史资料》（第 4 辑），陕西省西安市文史资料研究委员会 1983 年印行，第 127—128 页。
 ④ 张伯苓：《四十年南开学校之回顾》，见《南开四十年》，1944 年，该校 1944 年印行，第 5 页。

即将名牌取下，收交训育室，回校后须先到训育室说明迟回原因，方能取出名牌挂在原处。这样，训育管理人员即可随时了解学生到课和缺课的情况，又能起到规范学生行动、促进学生专心求学的作用。[1] 成德对学生管理也是很严，不仅平时不准出校门，家长给学生送钱和衣物时也不得进入校内，只能由大门传达室的工友报告"舍监"（相当于训育主任），经许可后才能让学生到大门口会客室和家长相见。学生的信件也是由传达室送给"舍监"，再交给学生。学生在星期六只能请四小时的假回家（西安住家的）或上街买东西，平时绝对不许到大门口，传达室看门的工友，认真地执行着这个规定。[2]

除了管理的严格，私立中学还要努力创造出和谐的氛围，以加强师生对学校的认同感和凝聚力，1911年春，蒋廷黻在益智中学染病，好几个星期后才康复。患病时，林格尔夫人像护士一样照看他，每天来给他量体温，送汤，送易消化的食品。[3] 这也是教会中学努力以"博爱"办学的一个侧面。

葆灵要求学生热爱劳动，尊老爱幼。由于绝大多数学生住校，学校规定每天早饭后半小时为全体同学劳动时间，学生分头打扫校舍，课堂、宿舍，由老师进行分段检查。每顿饭后由各桌学生轮流洗碗筷。在劳动或值勤时，除照顾幼小体弱者外，人人平等，贫富女孩一样干。所有学生对长辈不允许有不尊敬行为，对学校工友，也从不呼三吆四，在1932年学校举行的三十周年纪念会上，领取慰劳品的不是教职员，而是工龄最长的两位工友。[4]

团结友爱之校风也是学校尽力打造的一个方面。太原成成学生白文远的父亲病逝后，因家境贫寒准备退学，同学们纷纷表示资助，校方也提出下学期免交学杂费；马诚卓同学暴病弃世，同学们得悉后全班主动向学校提出，利用星期日休假，在校礼堂开追悼会，不少同学还写了悼念的文章；体育选手王馆请假回乡结婚，除同学们分赠纪念品外，学校也送了一

---

[1] 秦建基：《太原成成中学》，见《山西文史资料全编》（第6卷），《山西文史资料》编辑部1999年印行，第458页。
[2] 田克恭：《西安教育史的重要篇章》，见《西安文史资料》（第4辑），陕西省西安市文史资料研究委员会1983年印行，第127页。
[3] 蒋廷黻：《蒋廷黻回忆录》，岳麓书社2003年版，第43页。
[4] 周兰清：《南昌葆灵女中往事回忆》，见《江西文史资料选辑》（第4辑），江西人民出版社1981年版，第132页。

份适用的礼物,至于拾金不昧、患病相助的事更是常见不鲜,全校始终保持着朝气蓬勃、团结进步的气氛。①

一些私立中学还通过让学生参加学校管理来提高学生对学校的认同感。南开中学的学校行政,学生就能参与,参考办法是每年级的各科委员互推两人,代表该年级参加学校有关部门之会议,如代表各年级的学科委员参加学校教务会议,代表各年级的体育委员参加学校体育会议等等。后来有南开校友回忆作为庶务代表负责检查食堂工友清洁,"工友排班伸出手来一个个由我查看是否洗过,自觉很神气"②。学校当局与学生意见沟通,训练了学生处理事务的能力。

当然也有一些唯利是图、粗暴管理的私立中学。

私立育才中学开办早期,当时英国人的教育方法是靠谩骂、拳打脚踢和棍棒来维持秩序的。打铃上课,排队进教室,所有休息时间,一律在室外活动,不管风雨下雪,日晒严寒,三四百学生都得挤在校园里。为保护草地,连小操场,大操场都不许踏上一脚,违者就会遭到体罚,有时还要罚交银币两角。③

抗战前的成都私立中学为数不少,每校学生人数也很多,原因之一是外州县的人怕自己的子弟抽壮丁抽走,便拿钱到成都上学,好学校进不去,只有进那些唯钱是图的私立中学。20年代初成都有所私立中学叫储才中学,办学质量很差,招生极不严格,有钱缴费就可录取,学生纪律散漫,学校也不怎么约束他们,管理相当混乱。④

二 私立中学的校园矛盾及解决方式

受近代中国社会追求民主和自由的影响,学生与学校管理者的冲突不断出现,学校权威面临挑战。私立中学一方面加强训育,从各个方面对学生严格管理,减少学生参与学潮的机会;一方面让学生办各种会社,以疏

---

① 秦建基:《太原成成中学》,见《山西文史资料全编》(第6卷),《山西文史资料》编辑部1999年印行,第460页。
② 张源:《从小事看南开》,见沈卫星编《重读张伯苓》,光明日报出版社2006年版,第139页。
③ 段力佩《育才中学的历程》,见《20世纪上海文史资料文库》(第8辑),上海书店出版社1999年版,第211页。
④ 朱寄尧:《旧成都私立中学点滴》,见《龙门阵》1984年第3期,第52页。

导学生的各种不满情绪。

（一）校园矛盾的产生

学校是诞生权威的重要场所。雅斯贝尔斯指出："没有权威，团体生活、共同的精神、国民教育、军事秩序、国家和法律效用都是不可能的。"① 权威以权力为基础，但不同于权力，权力是"不顾别人的反对而把自己的意志强加于人的能力"，而权威是"一个人在相信他或她施加影响的权力的合法性基础上要求别人服从的可能性"②，即权力具有强制性，而权威则意味着人们在接受命令时是出于自愿的。中国自春秋以来，不断演变，到明朝逐渐形成了对"天地君亲师"的崇拜，"师"俨然成了权威的象征之一，"师道尊严"的祖训之下，读书人是不敢对老师说三道四的。然而，近代以来，随着欧风美雨在中国吹洒，民主思想被越来越多的人接受，学校和老师的权威也不断受到各方面的挑战。

"追求民主，反对专制，是推动学潮不断高涨的根本动因。"③ 如南洋公学宣称20世纪为"民族主义普行之时代"，"君主专制一物，诚20世纪全世界所屏斥者矣"，"顺天者，共和也，非专制也；道者，共和也，非专制也。惟共和能久存于世界，惟共和能深得夫人心"。④ 为反对学校当局的压迫，1902年11月16日，南洋公学8个班200余名学生一齐退学，成为我国第一个大规模爆发的学潮事件。南洋公学的退学学生得到以蔡元培为代表的中国教育会的大力支持，其中的145名学生还组成爱国学社，并得到广泛关注，"仿佛像这个学堂可以造就出来许多拿破仑、华盛顿、加富尔、玛志尼、加里波的、西乡隆盛的一般人才出来，敬重得不得了，盼望得了不得"⑤。私立中学的罢课、退学等风潮，既是进入20世纪革命思潮鼓动的结果，同时也扩大了民主共和思想的传播，为推动资产阶级革命的爆发创造了一定条件。

教会学校内因宗教等文化冲突引起的学潮也逐渐为人们所关注。主持

---

① [德] 雅斯贝尔斯：《什么是教育》，邹进译，生活·读书·新知三联书店1991年版，第72页。
② D. P. 约翰逊：《社会学理论》，南开大学社会学系译，国际文化出版公司1988年版，第279页。
③ 桑兵：《晚清学堂学生与社会变迁》，广西师范大学出版社2009年版，第75页。
④ 爱国青年：《教育界之风潮》，1903年印行，第3章。
⑤ 《教育会会员蒋君性才由日本寄来演说稿》，载《苏报》1903年5月12日。

杭州蕙兰书院的美国浸礼教会一再强迫学生入教，激起学生强烈不满，1903年4月28日，50余人为"反抗异种人压制之手段，迫辱之伎俩"而一致退学，以此"为我浙江学生与宗教竞争、种族竞争开幕之第一日"①。社会评价说蕙兰书院学生"处教会势力极炽之时而毅然为此"，乃"我国民之一大纪念"②。

民国之后，民主共和思想进一步为社会所接受，特别是经过新文化运动和五四运动的冲击，"民主"和"自由"更是成为学生反对学校和老师的最有力武器。1922年1月7日，武昌文华大学附中，因校医某氏于运动时侮责数生，学生罢课一日，某氏道歉，学生不允。1922年1月下旬，南京钟英中学，因为经济公开事，学生反对校长，罢课数日。同年，上海爱国女学，因将中学班提早半年毕业及两月前因开除学生八人一事之凑合，学生乃宣布校长之罪状，导致校长旋另换人。③ 以上几例校内风潮，分别因职员侮辱学生、经济问题和学校违背法规等事件而引起，学生在这些问题上的表现和处理并无不当。

不过有时民主也会有被滥用的时候。学校和学生在约束与被约束方面是先天对立的，在中国古代是一个极端，学生没有表达自己意愿的自由，只能唯师是从。近代以来，民主意识伴随着书、报、刊等媒体传播开来，人们的思想解放达到了一个空前的高度，学生成为追求个人自由的最主要力量和先锋。然而，矫枉往往过正，很多情况下，学校必要的管理措施也成为学生攻击的对象。1922年11月16日，浦东中学校长欲恢复已经废止二年之大考制，却遭到学生反对，学生要求取消，学校不允，学生乃罢课，④ 此次罢课时间从11月16日至12月中旬。最后校方并未妥协，校长答以"不愿考可自退学"，学生又欲辩解，"校长以属学校行政权拒之"⑤，从而保证了浦东严格管理的校风。厨房餐厅等处也是容易引起矛盾冲突的地方，在处理过程中，如果校方是按照已定校规办事，不仅可被社会理

---

① 《改进学社全体学生公函》，载《苏报》1903年6月8日。
② 《读〈杭州蕙兰书院学生退校始末记〉书有感》，载《苏报》1903年5月11日。
③ 常道直：《学校风潮研究》，商务印书馆1925年版，第50—65页。
④ 此次罢课还有个原因，是学校在暑假时曾开除过学生，理由是"不适学校生活""缺课太多"，学生要求以后不能在假期开除学生。不过从学校的角度考虑，如果学生缺课太多，势必会影响到学校的教学效果，进而损害学校的名声，不得不将该类学生开除，只是手段重了些，这也是在当时管理方式还较单一的原因有关，其实也是传统权威思想在近代的延续。
⑤ 常道直：《学校风潮研究》，商务印书馆1925年版，第64页。

解，亦可得到法律和教育机关的支持。1922年11月25日，苏州博文中学，一学生在饭厅击碎饭碗（有可能是有意为之，且数量较大——笔者推断），校长即宣告将该生除名并要求赔偿损失，因学生"不允赔偿"，于是学校向地方法厅起诉，学校并致当地教育会书云："校规失其效用，校长命令不行，故付法律解决云云。"教育会之干事复云："学生既达责任年龄，虽或未知法令，亦应受法律制裁，认贵校此项办法为正当云"。① 甚至在以管理良好著称的南开中学，也发生了张伯苓被迫辞职的事件，1927年11月，南开中学为限制学生旷课特定新章程，引起学生"集众请愿，肆行要挟"，张伯苓认为"学生有此种越轨行为，实无施行教育之可能"，向董事会辞职，② 经董事会和师生挽留后复职。尽管张伯苓辞职可能是一种手段，但也表明他对无纪律的自由的反感，因此，复职后的措施之一就是停办自治励学会，并强调"不准假借全体名义，自逞私图"③。后来，张伯苓还进一步阐明了对自由的态度："中国人的大病在自私，近来又加上一种外国的病——自由。你也自由，我也自由。不自由，毋宁死。"张伯苓反对无条件的自由，"说什么自由，汉奸也要自由，自由去做汉奸"。主张先国家和团体的自由，才能谈个人的自由，"孙中山先生……是要中国自由，现在中国动都动不得，你还讲什么个人自由？求团体的自由！不要个人的自由！"④

与公立中学不同，私立中学的维持必须有足够的学生数量，才能保证经费的够用，所以，学生的意见是私立中学不得不考虑的，否则造成学生大规模退学，会给学校带来不可弥补的损失，甚至造成经费不足而不得不倒闭，因此私立中学管理必须注重民主性，以保证学校风潮较少发生。但处于青春期的学生尽管有追求民主的激情，但也有学业磨炼方面的惰性，很大程度上还须校方和教师的督促，否则有可能会放任自流，贻误青春，因此，学校的规范管理和严格要求是必不可少的，这既是对学校负责，也是对学生负责。朱自清1924年在春晖中学任教时，就曾针对中学生一盘

---

① 常道直：《学校风潮研究》，商务印书馆1925年版，第64页。
② 《张伯苓辞职、复职信件》，见《张伯苓教育言论选集》，南开大学出版社1984年版，商务印书馆1925年版，第157—158页。
③ 《复职后的六项措施》，见《张伯苓教育言论选集》，商务印书馆1925年版，第157—158页。
④ 张伯苓：《南开的目的与南开的精神》，见《南大半月刊》第15期，1934年10月17日。

散沙的状况,写过杂感《团体生活》,该文强调在学校进行群育的重要性和必要性,并从具体操作上阐明了群育的内容、特点、步骤等问题。① 由此可见,从学校角度讲,民主管理和严格要求的统一,才是私立中学成功办学的基础。

私立中学的校内冲突虽然可以促进学校管理方式向民主化方向发展,但如果处理不好,使矛盾激化,往往会使一个好的学校迅速衰败下去。曾经名噪一时的春晖中学在1924年11月就闹起了一次大的风潮,因一名学生早操时和体育教师发生争执,事后校方坚持要处分学生,训育主任匡互生力争无效,愤而辞职。后因校方处理不当导致教员集体辞职,夏丏尊、丰子恺、朱光潜、刘熏宇、刘叔琴、方光焘等先后离校,一批学生也尾随而去,风潮延续到1925年初才结束。② 当时朱自清虽经挽留未走,但也流露出"此后事甚乏味。半年后仍须一走"的态度。③ 终在1925年8月就清华教学。由于名师的大批离去,至20年代后期,春晖中学有所衰落。

(二) 私立中学的训育

训育是对学生行为品德的训练和管理教育的活动或体制。中国最早出现"训育"概念是在民国初年,《教育杂志》于1913年12月登载贾丰臻发表的《说训育不振之原因》,是最早以"训育"作为论述主题的文章。④

民初社会的自由风气逐渐浓厚,学校不可避免成为民主思想传播的重要阵地,这引起了鼓吹传统教育的守旧势力的不满,1914年12月教育部颁布《整理教育方案草案》强调:"各学校宜注重训育,以孔子为模范人物,不宜偏重知识一方面。学校教育知识固重,而道德尤要……今当令学校阐明新旨,济以严肃之训育,端趋向而正人心,庶学风可以一振。"⑤ 这是中国第一次在官方法规文件中出现"训育",显然此时的训育就是以孔子之"道德"规范学生之精神,总体还是属于精神控制的领域。不过这种保守的训育思想很快就受到新文化运动的猛烈冲击,以至于"训育"这个

---

① 姜建等:《朱自清年谱》,安徽教育出版社1996年版,第59页。
② 同上。
③ 俞平伯:《忆白马湖宁波旧游——朱佩弦兄遗念》,见《文学杂志》第3卷第5期,1948年10月。
④ 王伦信:《清末民国时期中学教育研究》,华东师范大学出版社2002年版,第144页。
⑤ 璩鑫圭等:《中国近代教育史资料汇编·学制演变》,上海教育出版社2007年版,第737页。

词语也渐渐被人们所忘记，造成五四前"不惟没有训育之实，而且没有训育之名"①。

五四之后，思想界的蓬勃发展，崭新气象，使当时中学生"一方面感觉着旧环境的不良和旧势力压迫的痛苦；一方面又受新思潮的震荡"。所以许多中学生都加入革新运动的队伍里，以新思想相号召，自居于新人物的地位，为新文化运动的健儿。然而由于"中学生的年龄还轻，知识经验没有丰富。对于一种外来的思想，缺乏选择和评判的能力，很容易传染盲从和夸大的毛病。这是急须指导和训练的地方。"② 当时部分学生为追求民主和自由而置学校规则于不顾的自由散漫之现象比比皆是，诸如"考试可废除也，缺课无庸请假也，宿舍不须点名也，一若青年学子，一旦成为高尚之完人，诚能自治自动，一切范围，一切指导，皆可弃置不用也。驯至校中职员，视为学生公仆，呼之应即来，挥之宜速去，稍不如意，辄与以难堪。言其极，竟倡为废除校长之论。诚如是，学校仅有学生，何须以言教育？……某私立中学，学生三百余人，寒假将届，例行期考，而学生逃试，不请假归家者，达其大半。学生自治之流弊，乃至于此。"③ 面对如此之现象，如何克服中学生的浮嚣之气，防范与平息频繁发生的学潮，私立中学不得不调整自己的管理方案，加强对学生的监督，因之在20世纪20年代，训育在私立中学成为和教务同等重要的事务。在当时的南开中学就成立了训育课，负责以下事项：调查学生个性及家庭状况；掌理学生违反校规惩责事项；掌理学生告假事项；调查各省学生人数各班学生年龄及家长职业并制定比较表；辅助学生自治；维持讲室内外一切秩序。④ 与民初的训育内涵相比，20世纪20年代的训育范围更加广泛，除进行精神道德层次的教育外，宿舍管理、请销假、学生自治等都纳入到训育事务，使训育课（部、科、处）成为私立中学的重要管理机构。在训育的实践初期，由于缺乏灵活的手段，将管理和压制相混淆，往往以简单粗暴的形式对待学生的反抗，开除更是学校处理校内风潮的家常便饭，如在绍兴承天中学，学生如果不符合学校的规章制度，就要受体罚制裁，最主要的体罚有打、骂、跪、扯耳朵等，训育主任严密控制学生的思想，对待学生犹如犬

---

① 匡互生：《中等学校的训育问题》，见《教育杂志》第17卷第8号。
② 叶时珍：《中学生思想之剖》，见《新教育》第10卷第2期。
③ 宋焕达：《中等教育训育经验谈》，中等教育协进社：《中等教育》第3卷第2期。
④ 《天津南开学校中学部一览》，1921年，第8—9页。

马，曾有两个学生，由于不愿做礼拜，被训育主任痛骂训斥，体罚下跪，叫他们向上帝忏悔，学生不同意，校方把这两个学生记大过，最后把他们开除了。①

南京国民政府成立后，为了应对不断出现的学潮，也为了对中小学教育严格控制，不仅用"党化教育"和"三民主义"严格指导训育方针、训育观念，还出台了一系列涉及训育的措施。1929年7月，国民政府教育部通令全国实现国民党中央执行委员会所制定的《中小学训育主任办法》，规定训育主任须由国民党党员担任；1931年6月，国民政府行政院令教育部执行《确定教育设施趋向案》，关于学校训育规定："各级学校之训育，必须根据总理恢复民族精神之遗训，加紧实施，特别注重于刻苦勤劳习惯制养成与严格的规律性之培养。"② 1931年7月18日教育部发布将"忠孝仁爱信义和平"八字制匾悬挂的训令："现经本府核定该项匾额，祗须横列忠孝仁爱，信义和平八字，一律蓝地白字，自行制成悬挂，以资启迪。"③

"九一八"事变之后，全国学潮有再起之势，为了缓和当时学生的不满情绪，更为了防止出现不测之状况，于是1932年6月22日国民政府教育部颁发《今后中小学训育工作应特别注意之事项》（以下简称《事项》），对学生训育提出各方面要求，其中提到训育的目标和设备，兹摘录如下：

> 训练目标：应发扬我民族固有美德忠、孝、仁、爱、信、义、和平等，同时并应特别注意：（1）力戒懦怯苟安，养成勇敢奋斗之精神；（2）力戒倚赖敷衍，养成自立负责之能力；（3）力戒轻躁盲从，养成审核周密之思考；（4）力戒浪漫奢靡，养成刻苦勤朴之习债；（5）力戒虚伪涣散，养成精诚团结之意志；（6）力戒自私自利，养成爱国爱群之观念。

---

① 陶永铭：《承天中学简史》，见《绍兴文史资料》（第2辑），绍兴市政协文史资料研究委员会1986年印行，第159页。
② 《教育部公报》第3卷第23期，转自孙培青《中国教育史》，华东师范大学出版社2000年版，第428页。
③ 中国第二历史档案馆：《中华民国史档案资料汇编 第5辑第1编 教育》，江苏古籍出版社1994年版，第76页。

环境设备：（1）中国与外国人口面积比较表，中国与外国人民教育程度比较表，中国与外国输出与输入货品比较表，中国与外国海陆空军比较表，其他各种比较表；（2）国耻地图，国耻历史表解，国难中所受损失统计图表，国难发生地方前后比较详图，记载中日交涉之图籍，其他各种关于国难的材料；（3）我国民族运动史事图，现代世界各民族运动史事图，国军及各地义勇军抗敌图，其他。1、2、3三项为惕励鼓舞必需之质料，如何搜集编制和设置，应与教学联络。（4）宽大健身场所，军事训练用之器械（初中及小学应充实童子军训练之设备），理化仪器标本（能自制者须自制）。[1]

《事项》中，政府既强调不要"轻躁盲从"，力争有一个好的教学秩序，同时也加强了学生的国情意识，认识中外实力之差距，牢记国耻，并开始强调了军事训练，以为以后战争做准备。客观上说，国民政府的训育思想是与中国当时的情况相符的，因为在一些重大的事件上，单纯靠学生的游行示威并不能解决实际问题。张伯苓就主张"要务实，不尚空谈"[2]，认为"只贴标语、喊口号、闹打倒，都是些只知责人不知责己的不收实效举动"，中国要想抵御外侮，须"引咎自责，勉励本身"[3]。为了适应政府的要求，也是为了培养学生良好的生活和学习习惯，形成良好校风，各私立中学无不对训育重视有加。下面通过对当时私立中学的训育情况进行归纳，从而管窥私立中学训育的概况。

首先，各校都有明确的训育目的和原则。湖南私立明德中学制定了学生的信条：（1）明德的学生是崇信三民主义的；（2）明德的学生是服膺校长教训永守坚苦真诚成训的；（3）明德的学生是团体化纪律化的；（4）明德的学生是忠心服务社会的；（5）明德的学生是人格高尚品性优良的；（6）明德的学生是有正当态度和思想的。[4]北京私立志成中学校训育的目的是要让学生具备下列品质：（1）思想正确，明白个人责任，认识社会环

---

[1] 中国第二历史档案馆：《中华民国史档案资料汇编 第5辑第1编 教育》，第1063—1064页。
[2] 张伯苓：《要务实，不尚空谈》，见《南开双周·南开学校廿五周年纪念庆祝纪实》1929年10月。
[3] 张伯苓：《在河北省新生活运动成立会的演说》（1934年5月5日），见《南开高中学生》第3、4期合刊，1934年6月15日。
[4] 《湖南私立明德中学校一览》，该校1939年印行，第5页。

境；（2）精神自治，坚苦耐劳，奋勇进取；（3）态度亲爱精诚，光明磊落，服从理性；（4）生活秩序简单，服从团体规律。① 其他私立中学的训育目的及原则大致若此。总的来讲，训育的目的就是力图实现三民主义教育宗旨及其所倡导的"忠孝仁爱信义和平"的精神，培养学生优良品德以及服务社会的意识。

其次，各私立中学训育方法较之于20世纪20年代的粗暴管理已经大大不同，各校一般会根据学生的具体情况，因人而异，采取不同措施，以期达到最好效果。在私立山东中学校就采取了学生自治会、讲演会、学术研究会、全体训话、个别谈话、个别指导及个别批评等多种方法。私立中国学院附属中学校也是根据学生个性及其家庭状况，就其本性加以指导，不尚高压。私立大同中学校更有不同方式开展训育：（1）根据各生性格加以指导；（2）将性质相同之学生划分为组，予以指导；（3）班级训话，借以指导全班思想及行动；（4）全体训话，举行纪念周时行之。私立进德中学校关于学生勤学、思想、服务、纪律、公德、卫生、态度、语言、情趣等之训练，或采个别谈话，或取普遍训话方式，或随时地加以指导。②

训育在民初以道德规范的面目出现，20年代演化为强力压制的工具，到南京国民政府时期的全方位的管理方式，训育既是教育管理的演进，亦可谓是中国社会变化的反映。训育作为防止学潮发生的重要手段，有其反民主和自由的一面，但从另一方面说，训育的发达同时意味着中国教育界对秩序的一种渴望，因为从某种意义上说，能维持运行长久的学校往往是略带有保守性质的。

（三）学生会社的疏导

中学生处于青春发育时期，容易产生逆反心理，面对学校的严格管理，总要有抵触情绪产生，加上社会的动荡和转型，学生经常会在"自由"的旗帜下发起反对学校管理的学潮，动辄罢课，连学校管理一向不错的南开中学也感叹"训练（即训育）问题为学校中最重要最难解决之一问题，而以中学训练为尤甚"③，遑论其他学校了。各私立中学除了制定严格

---

① 吴廷燮等：《北京市志稿 5 文教志》（中），北京燕山出版社1998年版，第60页。
② 同上书，第26—129页。
③ 《天津南开学校中学部一览》，1929年印行，第174页。

的规章制度外,也意识到,与其让学生盲目跟风追求民主,不如主动为学生营造一种民主的氛围,既能够疏导学生的不满情绪,转移学生的关注点,化解学生和学校的矛盾,还能真正培养学生的政治素质,提高毕业后参与社会的能力。而要营造"民治精神"的氛围,则须"于营团体生活之中养成之"①,即引导学生举办各种会社,培养学生的参与意识,达到"民治精神"训练之目的,如私立国民大学附设中学"鼓励各级学生组织级会,全部学生自治会及童军团组织,童军团初中各级学生皆须加入。"② 由于私立中学和公立中学的办学模式不同,公立中学的官方势力较强,对学生的活动管制严格,而私立中学的官方干涉较少,因此在学生的会社活动方面的内容更丰富。

尽管学校鼓励开办学生会社,但为了防止学生借机滋事,学校还是通过相关规定来管理引导学生会社的活动,如北京汇文中学《学则》规定:"本校为学生联络感情,砥砺学行,发展自治能力,养成互助精神起见,准许学生设立各种会社,惟设立之前,须将组织大纲及宗旨,呈明校长许可,方准成立。"③私立广东国民大学附中还专门制定了《学生组织规则》,规定:(1)本校学生集合结社,须先将章程呈报,经主任核准,开会时须先得主任(大学附中的主任即是校长——笔者注)之许可,方得举行;(2)学生集会时间,不得妨碍功课,再不得与本校其他事务及开会有所冲突;(3)学生集会须用校舍时,须先呈报,经主任之允许,方得应用;(4)学生如有关于公共事务之集会结社,应先行呈报本校,及公安局、社会局、及党部,俟核准后方得举行。④

私立中学的会社可分为以下几类:

最普遍的是学术研究团体,这也是学校最愿意学生组织起来的团体,通过将学生的会社活动和学习结合起来,既能稳定学生,又可推动学校的办学质量,诚可一举多得。在南开此类团体有东北研究会、天津研究会、科学研究会、消费合作研究会、数学研究会以及政治经济研究会等,这类研究会"以大自然为教室,以全社会为教本",利用活的和现实的材料,

---

① 《天津南开学校中学部一览》,1929 年印行,第 175 页。
② 《私立广东国民大学附设中学概览》,1934 年印行,第 38 页。
③ 王振乾:《回顾北京汇文中学》,见《中华文史资料文库》(第 17 辑),中国文史出版社 1996 年版,第 129 页。
④ 《私立广东国民大学附设中学概览》,1934 年印行,第 104 页。

可达到"充实学生之智识，扩大学生之眼界"的目的。① 其中东北研究会成立于1927年，他们发现在东北"外力侵入，得寸进尺，几有反客为主之势"②，南开根据研究会调查积累的资料，编著了一部《东北地理》，并在南开中学开班授课，成为很好的爱国教材。其他学校由于条件限制，多是结合所学课程组成各学科研究会，如私立北平辅仁大学附中组织了理化研习会、数学研习会、生物研习会、文学研习会、史地研习会、艺术研习会等组织，③ 还有更偏远地区的私立中学，由于经费所限，一些投入较大的如理化、生物等研习会往往开办不起来，只能组织不需什么活动经费的研习会，如广西玉林私立育才初级中学，有文学研究会、外国文研究会等，而私立紫泉中学只有文学研究会，④ 这也是地区经济差异造成的结果。

其次是体育艺术会社。青年学生生性好动，组织体育活动正能迎合学生的这一需求，因此各校组织体育艺术会社也是非常普遍的，甚至如上面所说的玉林、紫泉等偏远地区的私立中学也组织了演讲会、音乐会、运动会等活动团体。像南开等办学更发达些的学校，不仅有体育会，体育会下还细分为足球队、排球队、田径队、篮球队等，这些运动队在当时的华北甚至全国比赛的成绩都是一流的；⑤ 南开的新剧团对推动中国的话剧事业做出了突出贡献，话剧指导张彭春为我国知名的戏剧理论家，曹禺的戏剧开端即从南开始，连胡适都评论说南开的新剧团"要算中国顶好的了。⑥"南开早在1905年就组成了军乐队，以后不断完善，"前后举行演奏会多次，成绩甚为美满。⑦"

最后是学生自治会性质的团体。根据级别不同，还分为学校自治会，班级自治会等，私立中学希望通过组织学生参与自治，以达到"培养组织能力、产生团体意见、造成多数领袖"之目的。⑧ 该类自治会原本是校方

---

① 张伯苓：《四十年南开学校之回顾》，见《南开四十年》，该校1944年印行，第4页。
② 《天津南开学校中学部一览》，1929年印行，第169页。
③ 《私立北平辅仁大学附属中学概况》，该校1936年印行，第194—195页。
④ 《广西省政府教育视察团教育视察报告》，广西省政府教育厅导学室1933年编印，第221—212页。
⑤ 当时篮球界"南开五虎"全国闻名，为纪念当时的篮球"五虎"，现在南开校内还有一条五虎路。
⑥ 胡适：《论译戏剧》，见《新青年》第6卷第3期，1919年3月。
⑦ 张伯苓：《四十年南开学校之回顾》，见《南开四十年》，该校1944年印行，第5页。
⑧ 《天津南开学校中学部一览》，1929年印行，第175页。

让学生在起居、卫生等方面能够自治互助，并协助学校推进工作，但在演变过程中，该类自治会往往被激进学生或有权力欲的学生所控制，而试图参与、干涉学校行政，反而会引发学潮，如上文张伯苓在1927年被迫辞职之事，乃因当时的自治励学会中部分"不良分子之不安心读书"，"处处妄造谣言，离间师生间感情"的结果，[1] 为了防止类似事情出现，张伯苓复职后就解散了自治励学会，并停办其刊物《励学》。同年，北京教育部也"通令取消各校学生会及学生联合会，禁止学生在校开会"[2]，以防学潮发生。南京国民政府成立后，也加强了对学生自治会的管理，1930年由国民党中央颁布《学生自治会组织大纲》和《学生自治会组织大纲施行细则》，要求学生自治会"以本三民主义之精神，作成学生在学校以内之自治生活"，但"学生自治会不得干涉学校行政"[3]，如果违反该条或越出学生自治会职务范围者，"学校得撤销之"[4]。并且规定学生自治会成立前，须成立筹备会，并由筹备会拟定学生自治会章程草案，呈请当地高级党部核准，筹备会进行组织时，须请学校派员指导，学生自治会组织完成时，须具备章程及职员履历表会员名册，呈请当地高级党部核准后呈报学校及主管官署备案。[5] 由此来看，学生自治会到了20世纪30年代的时候，其自治活动已完全被学校控制，成为协助学校和国民党党部维持学校秩序的工具，与学校和社会的对抗性已消失殆尽。

---

[1] 风潮后张伯苓复职的演讲，见《张伯苓教育言论选集》，第163页。
[2] 《晨报》，1927年8月29日。见《中国现代教育大事记1919—1949》，第2751条，第137页。
[3] 《学生自治会组织大纲》（1930年1月20日），《中学教育法令汇编》，商务印书馆1935年版，第224—225页。
[4] 《学生自治会组织大纲施行细则》（1930年10月9日），《中学教育法令汇编》，商务印书馆1935年版，第228页。
[5] 同上书，第226—227页。

第五章

私立中学的经费问题

公立中学的经费主要由各省教育厅或县市教育行政机关拨给，受制于国家和地方的经济状况，经费能否按时发放是公立中学关心的重点；而经费对私立中学来说就是生命线，教师的聘请、教学设备的购置、教学活动的展开等事务无不和经费问题密切联系，很多学校因经费问题，要么倒闭，要么转成公立，由政府接管。经费的有无和多少直接关系到私立中学的存亡。

一 经费的筹集

表5-1为30年代初期广西私立三民中学收入表[1]，从表中的经费来

表5-1　　　　广西私立三民中学收入表（1933年）

		项目	元数（国币）
收入	常年收入	租金	295.3
		学费	2157.7
		杂费	159.2
		寄宿费	253.1
		电灯费	84.6
		讲义费	159.2
	临时收入	旧纸币兑现	812
		捐款	370
	合计		4291.1

---

[1] 广西省政府教育厅导学室：《广西省政府教育视察团教育视察报告》（二十二年度），1934年印行，第228页。

源看，大致可分为两大部分，一是学校本身可直接收取的固定费用，包括教育各费、食宿杂费、学校息金或租金等项；二是不固定的临时收入，如社会捐助、政府补助和华侨捐资等项，如果是教会中学，还有教会拨款等。

(一) 私立中学的经常性收入

学校的固定收入主要有学杂费和学校产息两项。

20世纪20年代以前，由于办学情况比较复杂，故学杂费收取的情况也多有不同，一些由革命者（或倾向革命的人）、军阀、教会和家族办的学校往往收费较少，甚至不收学费。

1905年，杨勉斋在开封创办中州公学，每年只招一班。他创办这个学校的目的是向青年灌输革命知识，是为改良当时的腐朽政治，因此向学生收费极少。[1]

民国成立之后，有些军阀为了标榜自己对教育的重视，或者培养自己所需要的人才，往往也只是象征性地收取较少的费用，当然，这是以他们的雄厚财力为基础的。陕西督军陈树藩鼓吹要为本省办件大好事，1918年秋在西安创办了一所私立中学，取名"成德中学"，陈树藩用他的势力和部分军费把大片土地买下来作为私产；还在西安城内买了些荒地出租收租金。此外，他还买了许多稻田和田庄，将所收的租粮或租金一部分划归学校使用。由于他的经费比较宽裕，所以学生除交茶水、体育用品等杂费外，不交学费。[2] 1919年秋，阎锡山创办川至中学。这所学校初成立时，阎为了造就家乡子弟，不但不收学费，每年还给每个学生发一身制服，后由于学生增多停发，并开始收取学费，但费用较低，所以除有钱人家的孩子上学外，贫穷人家的子弟来这里上学的也不少。[3]

教会学校成立早期，经费多由教会差会提供资金，资金通常包括传教士教师的薪金和一定数目的常年经费，主要用于购买或租借校舍，奠定了

---

[1] 吴筠盘：《解放前开封市私立中学的发展及概况》，《开封文史资料》（第6辑），河南省开封市文史资料研究委员会1987年印行，第89页。

[2] 田克恭：《西安教育史的重要篇章》，《西安文史资料》（第4辑），陕西省西安市文史资料研究委员会1983年印行，第126页。

[3] 《创办川至中学》，《山西文史资料全编》（第6卷），《山西文史资料》编辑部1999年印行，第688页。

学校最初的基础。早期的教会学校是个别传教士为了吸引更多中国人信教而采取的辅助措施，为学生提供衣、食、住、行方面的费用，有条件地为学生付书本、膳宿费，有的学校付给家长因孩子上学而不能做工的"损失费"。保灵夫人开办的福州女塾每天给学生家长10吊钱，以弥补上学的女孩不能做家务或做工造成的损失。泉州培英女子学校初办时，从晋江、南安、安溪、永春等地招来一批教徒女儿，旅费由学校提供。①

家族办学也是以义务办学为主。族学的资金或者来源于族内的义庄和学田，或者是全族人共同出资集款。固定的族产，加上一些富裕族人的慷慨捐赠，保障了族学的开办与发展。《田氏家谱》规定："中小各校开办及经常各费全由田氏捐助，不另募捐"，"本校概不收学费，惟应用书籍笔墨纸张操衣及火食等费须由学生查照定格自备"。《丹徒倪氏族谱》亦申明："家塾经费概由义庄支给，另册登记，由奉祠与庄正公同管理。"族学的资金来源于族内，受教育者自然应以本族子弟为主，但这并不排除族外子弟接受教育的可能。《田氏家谱》就公开声明："本校对于籍隶本县之寒家子弟无力出货者，无论汉满回族一律考收，但须取具本地殷实家或商铺保证方准入校。"《丹徒倪氏族谱》也说："如本族学生未足额时，邻里子弟可期造就者，经奉祠允许亦得附学，不取学费。"②

20世纪20年代后，中国出现办学的高潮，新学校不断涌现，原有学校规模不断扩大，对经费的需求越发突出，学费渐渐成为私立中学主要收入来源，私立中学收取学费就成了普遍的现象，收费标准以1920年的南开中学为例：全年学费36元分两期交纳，2、8月开学前各交18元；全年宿费24元分两期交纳，2、8月各纳12元；印刷费，每学期半元；预偿费，每学期2元，学期内如未损坏物件原数退还；实验费，每学期化学1元，物理半元，手工材料费每学期半元，③ 全年须交纳学杂费69元。其他私立中学的收费情况与之类似。

这一时期，教会中学由于办学规模的不断扩大，对经费需求增多，原来的免费制度逐渐向收费制度转变，加上收回教育权运动的影响，国外教会逐渐减少了对中国教会中学的投入，因此学费收入在其经费中的比重逐

---

① 《福建省志·教育志》，方志出版社1998年版，第781页。
② 吴澍时：《民国时期家谱中所见私立教育资料》，见《文献》季刊2003年第4期。
③ 《天津南开学校中学部一览》，1921年印行，第23页。

渐加大，漳州寻源中学创办初期全部经费由美国归正教会提供，1925 年后，教会的津贴逐渐减少，无固定数目，其余经费靠收取学费解决；福州格致中学创办初期资金全部由美部会国外布道部提供，1927 年起，改由中华基督教会闽中大会给予部分津贴，并逐年减少。①

20 世纪 30 年代的北京市 54 所私立中学②无一例外都要收取学杂费（私立定一中学虽然学费免纳，但也收取杂费、宿费、体育费、图书费等费用），北京各私立学校的办学条件不同，所收取的学杂费数额也不同，大致保持在每生每学期 30 元至 40 元左右，高的如私立慕贞女子中学每学期每生应缴学杂、钢琴、体育、实验、医药各费约计 70 余元，低的如私立大中中学每学期学费高中 16 元，初中 14 元。③ 尤其育英中学、崇德中学、弘达中学、盛新中学、志成中学、今是中学、明德中学、立达中学、笃志女子中学和华光女子中学等 10 所学校的学费构成了经费的主要来源，如私立育英中学，1931 年全年经费是 53100 元，其学杂费收入约为 44400 元，④ 占总经费的 83.6%，成为其经费来源的最主要部分。其他九校的比例虽然没有这么高，但也都在 50% 以上。

在中国的一些内地省份，由于经济的落后，所以董事会每年募集的捐助很少，政府也只是补助个别办学成绩较好的私立学校，故在这些内地省份，学费在私立中学的经费中的地位就更加重要，见表 5-2⑤：

表 5-2　　　　河南开封私立中学经费收入概览（约 1929 年）

学校	学费	政府补助	其他收入	总数
中州中学	5700		300	6000
西河中学	3800			3800
黎明中学	5600	2000		7600
东岳中学	2300	2000	600	4900

---

① 《福建省志·教育志》，第 779 页。
② 吴廷燮：《北京市志稿 5 文教志》（中），北京燕山出版社 1998 年版，第 26—128 页。
③ 同上。
④ 原书中未直接给出此数据，根据此校民国十九年有 740 余学生，每生学杂费每学期约 30 余元，可以推算出学费全年收入约为：30 元 × 2 学期（即一学年）× 740 人 = 44400 元。
⑤ 本表根据《河南新志》（中州古籍出版社 1990 年版）中教育部分有关数据编制。

续表

学校	学费	政府补助	其他收入	总数
梁苑女学	1300			1300
嵩阳中学	2500	2000	300	4800
北仓女中	1680			1680

从表5-2中可以看出，开封当时共有七所私立中学，它们的经费来源有四个是完全或基本靠学费，其他三个虽有另外收入，但学费所占比例最少的私立东岳中学也达到了47%左右。

正是由于学费收入在私立中学的经费占有重要地位，就促使了私立中学必须想办法提高教学质量，增加学校的知名度，从而招收更多的学生，这样才能维持学校的正常运行。如果那些严重依赖学费收入的私立中学一旦遭遇变故（如教学质量下降、学校丑闻、战争等）而使其招生数量减少，那么学校的经费来源会急剧下降，从而影响其正常运行，甚至被迫关闭或被教育行政机关以"办学资金不能保证"为由取消立案。为了防止某些私立中学滥收学费，政府不断进行规范。1933年教育部明确规定私立中学征收的各项费用，至多不得超过公立学校的一倍。①

由于学费渐收渐高，家庭较为贫困的学生很难上得起学。1931年国联教育考察团认为中国中学教育主要为殷富人家所占据，建议在收取学费方面应"依学生经济状况为等差，学生得免费或减费，不感困难之学生，则纳全费。学校董事会应依学校行政委员会之意见，决定各学生缴费之等级"②。因此有的私立中学为了能留住家境较差但成绩很好的学生，往往对其减免学杂费，如私立明德中学对各科学业成绩均在80分以上、操行及体育均列甲等者，免收下学期学杂费；各科学业成绩均在75分以上、操行及体育均列甲等者，免收下学期学费。

私立中学还有一些收入，数目虽小，但积累起来也可成为经费来源的一部分，兹举两例：一是为了保证生源的稳定而向学生征收保证金。学生缴纳保证金以后，就必须在这个学校上到毕业，中途退学或被革除的学

---

① 《中学规程》（1933年3月18日公布），《中华民国法规汇编（六）·第九编教育》，中华书局1934年版，第91页。
② 国联教育考察团：《中国教育之改进》，国立编译馆1932年印行，第64页。

生，概不退还保证金。有的学校虽然在招生简章上写明毕业后退还保证金，但实际上在毕业时，学校会动员学生将保证金捐献给学校；① 二是招考新生时收取的报名费。20世纪二三十年代，开封的私立初中的报名费为一元，高中为一元五角至两元，无论被录取与否，报名费是概不退还的。这项收入消耗在学生身上的，是一份试卷和点心，总共值不到两角钱，余下的八角钱，除招待监试和阅卷的老师们用去一部分外，大部分作为学校的收入。常有招收新生二三百名，而报考人数超过千人以上者，每年光报名费的节余，就不下一千元左右。②

私立中学经费来源的另一重要途径是学校的产息收入，包括学校的基金利息和所持股票利息。30年代初期，北京市54所私立中学的经费收入中，明确与产息收入有关的为26所，其中燕冀中学、安徽中学、佑贞女子中学、培根女子中学等校的产息收入在经费中所占比例较大。如私立燕冀中学校经常开支每月预算约350元，该校经常费收入，由校董会自天津殖业银行股票息金内月拨250元，占经费预算的71.4%；私立安徽中学经费来源中，原有公款50000元，年收利息约4000元，后新增基金公股145000元，年收利息20000元，产息共计24000元，占总经费36000元的66.6%；私立佑贞女子中学校每年收入息金6000元，约为总经费的55%。在1928年至1936年这一时期，通货较为稳定，以上各校的产息收入成为其稳定的经费来源。③

其他地方的私立中学有很多是这类情况的，如山西省太原市私立光华女子初级中学校，经费中计基金有房产地皮8万元，现金45000元，有价证券8100元，共133100元，每年稳定的基金生息5520元，占总经费13320元的41%，另还有临时息金收入800元可供使用。④ 还有的私立中学利用学校房产对外出租收取一定量的租金作为经费的来源，这对那些学生数较少导致学费收入少的学校来说是一笔不少的款项，如表5-3的广西玉林私立紫泉中学，⑤ 全年收入8253元，租息就有5346元，约占收入

---

① 高履启：《回忆平中学习生活》，《山西文史资料全编》（第6卷），《山西文史资料》编辑部1999年印行，第457页。
② 吴筠盘：《解放前开封市私立中学的发展及概况》，《开封文史资料》（第6辑），第87页。
③ 吴廷燮：《北京市志稿5 文教志》（中），北京燕山出版社1998年版，第26—128页。
④ 《教育部督学视察山西省教育报告》，1933年印行，第75页。
⑤ 广西省政府教育厅导学室：《广西省政府教育视察团教育视察报告》（二十二年度），1935年印行，第217页。

的 64.8%。

表 5-3　　　　　　　　广西玉林私立紫泉中学收入表

	项目	元数（国币）
常年收入	学费	2492
	租息	5346
	其他	415
合计		8253

部分学校开有自己的学校工厂，如桂林私立三民中学有工厂一间，内分车床、炼铁、熔铁等部，能修理或配置简单器械之零件。此项工作，每月有将近一百元之收入。① 数量虽不多，但也是一小笔收入。校办工厂规模大些的如保定私立育德中学，当时保定界内，居民家庭的织布工业很发达，需要大量织布的梭子，于是学校组织了一个制梭工厂，"后来该校办工厂得到一个美国人捐赠的煤油发动机，后又陆续添购了机器刨子、机器锯、旋床等必需品，于是除木工机器略备外，锻铁翻砂亦都粗具规模"。由贫苦学生四十余人半工半读，既可以补助学生上学之所需，也可增加学校的经费收入，还可作为该校赴法勤工俭学学生的实习工厂。"学生在厂中做工的约二十人，有翻砂做模型的，有熔铁的，有拿着铸成的东西钻眼的或刨光的。做出来的成绩，以新式水车为大宗。这个水车……据说已卖二百余架，很受社会欢迎。其次，则造有压棉花子的轧花机与取暖的火炉子等物。"② "自民六年开办铁工厂以来……营业亦甚发达，每年出品总分厂合计值十万余元，该校经费亦赖以挹注焉。"③ 参观人从这工厂的大概情形看起来，认为"学生很能得一种实用的能力，前途很有希望"。孟禄对这个私立中学，"竟能达到现在的地步，十分佩服赞美"。④

---

① 广西省政府教育厅导学室：《广西省政府教育视察团教育视察报告》（二十二年度），第225页。
② 《王卓然记参观全国的几所中学校》，见朱有瓛《中国近代学制史料》（三·上），华东师范大学出版社1990年版，第526页。
③ 《保定私立育德中学校规则》，1932年印行，第17页。
④ 《王卓然记参观全国的几所中学校》，见朱有瓛《中国近代学制史料》（三·上），华东师范大学出版社1990年版，第526页。

华侨捐资建校之后，不少人购置产业或创办企业以盈利养校。安溪县华侨官光厚于1927年创建安溪崇德中学。两年之后，在厦门鹭江道置建13 楹三层楼房作为永久校产，每年以租金作为办学经常费。1936 年，漳浦县华侨杨纯美在家乡创办纯美初级中学，并建农场、围滩造田以养殖收成充作校产。①

（二）私立中学的临时性收入

学费和校产息金收入基本能维持学校的运行，但私立中学要想发展，向社会争取更多款项是必不可少的。社会捐助的多少和私立中学的影响和地位、董事们的社会地位和校长的社会活动能力有很大关系，要想募得经费，董事会与校长往往要与官僚政客、富商财团等社会势力打交道，甚至斗争，这些要用去他们相当的精力和时间。私立中学的临时性收入包括创办人及董事捐助、政府补助、社会团体捐助、华侨捐资或投资、向社会直接募捐等项，这些款项来源具有不确定性，或有或无，或多或少，偶然性较大，大额的社会捐款对于私立中学减缓资金危机，渡过难关，往往会起重要作用。

创办人及董事的捐助在学校创办初期的作用很是关键。如果早期经费充足，能聘请好的教师，置办起较多的教学物品、图书，教学业绩就会比较明显，生源自然就好，学费就会逐渐成为稳定的经费来源，并且能吸引更多的社会捐资，使学校走上良性发展之路。天津南开中学在成立初期的1904年，就是用创办人严修住宅之偏院做学堂，校具及改建费由严修捐助，理化各种仪器及书桌书橱等物由另一创办人王益孙捐助，严王两人还各担常年经费每月银百两，后因经费不足，每月又各增助银百两（1911年止），达每月捐银200两。1905年11月，学校组成军乐会，购置乐器，严王两人又各捐银五百两。1906年，南开中学建筑新校舍，由王益孙捐款一万两，严修捐银五千两，徐世昌（后为学校董事，每月捐助二百两银）捐银一千两等，加上其他的个人捐助及政府补助款，南开中学学校建设日益完备，初具规模。②

浦东中学创办人杨斯盛有"毁家兴学"之誉。杨斯盛因感自己幼年失

---

① 《福建省志·教育志》，方志出版社1998年版，第598页。
② 《天津南开学校中学部一览》，1921年印行，第2—5页。

学,不获读书,深切同情乡邻子弟失学之苦,乃有将毕生积聚捐献兴学的想法。他在《杨斯盛捐产兴学启》中说"值此国步艰危,不可终日。听名人谈论,必以兴教育为救国第一。……此区区家产与其传之子孙,使贤者损志,愚者益过,何如移作兴学,完我国民一分子之义务。"① 其捐产数额先后达30余万两,占其家产总值的三分之二,余产也多作公益,而留给家属的只占家产总值的十分之一,仅得维持生活。及至晚年,他所唯一萦绕于心的是学校的发展和学生学费的减免。他曾对黄炎培说:"余于校务无他憾,未能悉免诸生学费,苟天假余年,以余在工商业上之信誉,岁入且巨万,誓必悉以付吾校及其余公益。"他病危之时,还顾虑到学校经费不够维持,曾谆谆托咐黄炎培"中学诸生学费当少减。余浦东人也,浦东诸生学费当益减。君乎,其偕诸校董勉持此校哉者!"② 弥留之际,没有一言及私,还叮咛"校中黑板必须改良"。对此,黄炎培曾评论说:"像杨先生真是毁家兴学,一切是为了教育,为了学生,而一丝毫不是为个人立名。"③

还有创办人不仅自己兴学,而且还嘱后嗣继续捐助教育。上海私立澄衷中学的创办人叶澄衷,以经营工商业而成巨富,立志兴学,在虹口捐置土地29亩为校址,并以规银10万两建校舍。后校舍尚未落成,叶澄衷去世,遗命对校事须有久远的规划。其长子贻鉴继其遗志又捐规银10万两,于1901年建正舍30幢、二层旁舍15幢、风雨操场一所,1903年叶澄衷子贻铭、贻钊等复拨规银4000两充经常费。④ 两代人的努力使澄衷中学后来发展成上海的名校之一。

政府补助也会对私立中学的发展起到重要作用。

在清末民初,政府对私立中学的补助并无成规,因此,在办学方面与官方有关系的学校往往可近水楼台,得到不少补助,如南开中学,由于创办人严修曾做过清朝翰林院编修、国史馆协修、会典馆详校官、贵州学政、学部侍郎,掌管全国的教育。因此与官方的关系自然不同一般,并且

---

① 《杨斯盛捐产兴学启》(1905),见朱有瓛《中国近代学制史料》(二·上),华东师范大学出版社1987年版,第455页。
② 《浦东中学简史》,《20世纪上海文史资料文库》(第8辑),上海书店出版社1999年版,第217—218页。
③ 黄炎培:《八十年来》,中国文史出版社1982年版,第56页。
④ 张志康:《从澄衷学堂到澄衷中学》,《20世纪上海文史资料文库》(第8辑),上海书店出版社1999年版,第203页。

曾任提学使的卢木斋、北洋元老徐世昌都先后被聘为校董,这使得南开的影响力大大增强。在南开发展的初期,学校的不少建筑均因得到政府的补助而能顺利完成,1904 年,南开建筑校舍,除王益孙、严修、徐世昌等个人捐款外,经当时"提学使卢木斋由浙绅严子均捐银直隶学务款项下拨助银 10000 两赞助,从而起建东楼北楼及围墙平房并置办一切用具";1910年,"提学使卢先生由公款拨助本校经费每月银百两";1913 年,学务公所补助款按月支领,每月折合 1600 余元,"该年两次建筑亏款甚巨,经民政长刘仲鲁先生由公款拨助银万元始得抵补";1914 年,由于直隶工业专门学校与北洋法政学校附设的中学班俱并入南开,由巡按使朱经田拨发临时补助款银 8800 余元,经常费银每月 1180 余元,十月开工建筑西斋宿舍并盥漱沐浴等室,共六十余间,由朱经田拨助 15000 元;1916 年,礼堂后西院添设食堂一处共费银 5000 余元,由朱经田拨助建筑费 10000 元。① 在十余年的时间内,能得到官方十万余元的赞助款,无疑为南开学校的发展奠定了良好的基础。

进入 20 世纪 20 年代,随着私立中学数量的增长,如何对私立中学进行补助逐渐提上了日程。特别是在 1928 年至 1933 年,私立中学发展较好的几个省市,如江苏、浙江、湖北、湖南、福建、广东、河南、河北、江西、四川、北平市、上海市等,都制定了对私立中学发展进行补助的规程或条例,② 使之逐渐法制化和规范化。

以下对各省市对私立中学的补助情况作一简单梳理。

首先是补助的条件。以浙江为例,1932 年,浙江教育厅制定《补助县市立联立私立中等以上学校经费暂行规程》,对于应受补助者的标准进行了规定。该规程第一条规定:

> 凡经省教育厅核准备案之县市立联立中等学校,与核准立案之私立中等学校,及经本部立案之私立专科以上学校,具备左列各款条件

---

① 《天津南开学校中学部一览》,1921 年印行,第 2—5 页。
② 查《第一次中国教育年鉴》,浙江省教育厅在民国二十一年(1932 年)会订《补助县市立联立私立中等以上学校经费暂行规程》;湖北省教育厅订有《湖北私立学校补助金暂行条例》;福建省教育厅对私立中等学校订有《补助经费规程》;河南省教育厅在 1931 年规定《河南省补助私立中等学校暂行办法》;山东省教育厅在 1930 年拟定《补助私立初级中学办法》;1929 年,北平特别市教育局颁布《补助私立学校经费规程》,1932 年北平市社会局又颁发《修正补助优良私立学校暨私立平民学校经费规程》。湖南、四川、江西、贵州、广东也有相应的标准制定并得以实施。

者，得呈请省款补助：

  一 经教育厅历年考察，认为合格，并办过毕业二次以上；
  二 在校学生达四班以上，而每班人数超过三十人；
  三 课程遵照部颁课程标准或省颁暂行标准；
  四 毕业生及在校学生成绩优良有据；
  五 实施党义教育著有成绩；
  六 经费不虞中断，学校有发展希望；
  七 校中设备逐年增加，有册可稽；
  八 教员有三分之二以上为高师或专科以上学校毕业。①

  浙江省的规定比较有代表性地体现了当时各省市对私立中学补助的几类条件：（1）必须是向教育行政机关立案的学校，并且课程遵照部颁或省颁标准，才能享受政府的补助，特别是其中的党义课程的开设，更是体现了教育行政机关对私立中学控制的加强，湖南省教育厅也有类似规程，强调遵照法令办理的中等以上学校，经核准立案办理满十年以上，并施行三民主义教育者方能得到补助金；②（2）学校经费、校舍、设备须有保障，如果某私立中学经费短缺，不但得不到政府的补助，反而有被勒令关停之虞。其他省如江西，亦有须"常年经费充足，校舍良好，各种设备完全者"③，才有可能得到补助之规定；（3）班额、生额和师资须合乎规定的才有可能得到补助，除浙江、江西、湖南等省外，北平特别市社会局颁布的《补助私立学校经费规程》，对办学 3 年以上确有成绩的私立学校，每班实有学生 30 人以上者每月均有一定款额的补助。④ 总的看，各省基本都是对办学业绩优良的私立中学给予补助，这也是体现了政府用马太效应的方法鼓励私立中学向好的方面发展。

  在革命力量兴起较早的地区，教育厅还对与革命前辈有关的私立中学进行补助，这在广东比较有代表性，1927 年，为纪念革命先烈朱执信而设

---

 ① 《第一次中国教育年鉴·丙编·教育概况·中学概况》，开明书局 1934 年版，第 202—203 页。
 ② 同上书，第 224 页。
 ③ 同上书，第 215 页。
 ④ 《北平市社会局补助私立学校经费规程》，见 1932 年 10 月修正颁布，《北平教育法规汇编》第一编，第 54 页。

的私立执信学校，特由省库每月补助8900元，私立仲恺学校系为纪念先烈廖仲恺而设，特由省库每年补助104592元。①

另外在外省市旅居的人士所办的私立中学，往往可以获得本省教育厅的补助。以北平市为例，30年代初，这类学校在当时的北平计有安徽中学、豫章中学、嵩云初级中学、山东中学等4所。豫章中学和山东中学所得的政府补助占其经费的大宗，安徽中学和嵩云初级中学每年可分别从安徽省教育厅和河南省教育厅获得5000元政府补助。②

关于对私立中学的补助标准。大致有以下几类：

一是按校补助。这类情况主要是在新规定尚未出台之前，暂按旧规所致。如河南省在20年代之前，私立学校很少，省厅并无严密的补助标准。20年代以后，私立黎明、明诚、嵩阳、东岳等中学校先后成立，向省政府申请款项补助，经由河南省议会议决，由省政府机关查照执行，对办学较好的私立中学校每年由省款补助2000元，③1927年，省国民政府成立，仍照成案办理，未加损益。至1930年，省教育厅始制定新的《河南省款补助私立中等学校暂行办法》公布施行，改变了单纯按校补助的方法。④

二是按班补助。按校补助有明显的弊端，即学校规模有大有小，同样数额的补助显然有失公平，故部分省份采用的是按班补助的方式，如山东省，1930年编审十九年度预算时，拟定《补助私立初级中学办法》，以每班每年补助经常费400元为标准进行补助，时各私立中学之补助费的分配是：私立明德初级中学有三班，得1200元；私立爱美初级中学有四班，得1600元。不过当时山东对办学较久的私立正谊、育英两校待遇较优，私立育英初级中学有十班，补助达5000元；私立正谊初级中学有八班，补助达6000元，这是因为在1928年以前，省政府对正谊的补助费为12000元，育英之补助费为7800元，现如果骤然按照新标准办理，正谊的补助费将减去四分之三，育英将减去二分之一，"故照标准数略增，以免

---

① 《第一次中国教育年鉴·丙编·教育概况·中学概况》，开明书局1934年版，第239页。
② 吴廷燮：《北京市志稿5 文教志》（中），北京燕山出版社1998年版，第26—130页。
③ 当时河南除私立宛南中学每年补助3000元、私立焦作中学每年补助2400元外，河南的私立中学校受每年2000元补助的有私立黎明中学校、明诚中学校、嵩阳中学校、东岳中学校、两河中学校、北仓女子中学校、洛阳明德中学校和彰德中学校。
④ 《第一次中国教育年鉴·丙编·教育概况·中学概况》，开明书局1934年版，第257页。

学校感受困难"①。这也体现了执行的灵活性。贵州省私立中学较少（1928至1929年有两所，1930年有三所），教育厅就直接按每班每年200元的标准进行补助。②

三是按等定补。在国民政府完成统一之后，法制建设日渐完善，各省教育厅纷纷制定对私立学校的补助标准，因此对私立中学的补助因渐有成法可依，补助的标准也更趋合理，各省市比较多地采取了按等进行补助的方式。

按等补助还可分两类，一类是等—班结合。如江西省，先制定评定标准：

一 学校行政组织、学级编制、课程规定、教授方法及训练设施均甚完善，且能励行各主管机关教育法令者；

二 常年经费充足，校舍良好，各种设备完全者；

三 办学人员资格适合，经费丰富，办事确实热心，且成绩卓著者；

四 班数及每班学生人数，合乎规定且考验学生成绩平均多在中等以上者；

五 班数及学生不足规定数或确足规定数而办理毫无成绩者。

与以上四项标准完全相合者为甲等，合乎二、三、四项者为乙等，合乎第四项者为丙等，第五项为丁等。丙等以上均分别给予补助费，丁等不给，并警告其改良或勒令停办。其拨给标准，高中列甲等者，每班全年420元，乙等340元，丙等260元。初中列甲等者每班360元，乙等300元，丙等240元。凡已得补助费之学校倘办理不善或发现其重大缺点经省督学之特别报告，得随时核减或取消其补助费。③ 其他如浙江、湖南、河北、福建、上海等私立教育办得较好的省市都是采用的调查分等的方式进行补助，兹不一一列举。

第二类是按等—费结合补助。以湖北为代表的省份并不是对私立中学

---

① 《第一次中国教育年鉴·丙编·教育概况·中学概况》，开明书局1934年版，第269页。
② 同上书，第237页。
③ 同上书，第215页。

进行固定数额的补助,而是将分等与所需经费结合,按所需经费的比例确定数额。依照《湖北私立学校补助金暂行条例》,凡经该厅准予立案之中学,经一学年后,成绩优良而经济状况必须补助者,按甲乙丙三等,分别补助。甲等照各该校经常费开支数目补助百分之十五,乙等百分之十,丙等百分之五。①

政府拨款虽然对个别私立中学起了很大作用,但整体而言,政府的拨款对私立中学的经费还是远远不够的,在河南省 1929 年的省教育经费预算中,用于全省私立各学校补助费是 30400 元,而省立第一高中预算经费就达 60500 元,是前者的 2 倍。②

还有须注意的一点就是,政府所补助的学校基本"系本国人设立,且不属宗教团体之私立中学为限"③,对教会中学,政府一般是不会进行补助的。

部分私立中学是由社会团体创办,因此每年会由这些社会团体(包括教会)拨一定款项补贴。如私立平民中学校的经费自 1931 年 7 月份起,由中央党部常年津贴每月三百元,社会局常年津贴每月六十元;私立三基初级中学的经费由北平青年会负责拨发。④ 在租界的私立中学也通过各种手段以期让租界董事局增加经费。1932 年 11 月上海法租界私立中小学校联合会成立,该会以"联络感情,促进教育,发展私立中小学校事业为宗旨"。该会成立后,随即发起"补费运动",发表宣言,要求法公董局"至少应以每年总收入之 20%,拨充华人教育经费;尽先补助已设立之私立中小学校,以谋扩充"。并派代表分别与法租界当局与市教育局交涉,获上海教育理事会、法租界纳税华人会等团体之支援。⑤

在社会团体捐助中,最主要的还是教会对教会中学的拨款。近代教会中学之所以能领风气之先,与其雄厚的资金实力是分不开的,除学费之外,其经费来源主要就是教会拨款或补贴。不过,教会对学校的补贴在不同时期是有所变化的。

---

① 《第一次中国教育年鉴·丙编·教育概况·中学概况》,开明书局 1934 年版,第 221 页。
② 河南省地方史志编纂委员会:《河南新志》,中州古籍出版社 1990 年版,第 505 页。
③ 《第一次中国教育年鉴·丙编·教育概况·中学概况》,开明书局 1934 年版,第 262 页。
④ 《北京市志稿 5 文教志(中)》,北京燕山出版社 1998 年版,第 26—130 页。
⑤ 马家振:《一年来之法租界私校联合会》,见《1933 年之上海教育》,上海新闻社 1934 年印行,第 B81—90 页。

教会学校初创时一般先由教会拨款购置土地，建筑校舍，有的筹集一笔基金作为经常费开支，以后学校的常年经费主要来源于：教会定额或不定额津贴，学费收入，华侨华人捐助，校产及基金生息收入，其他收入（包括国内外教友、士绅或团体的捐助及政府补贴等）。① 早期的某些教会中学，为了笼络学生上学，甚至采取了学生免费上学并给予津贴的制度，如宁波女塾不但免收学费、供给学生衣食起居各项用费，有时学生的家属还可得到五文或十文一天的津贴，以弥补女儿不在家助理家务所感受到的损失。②

教会中学由于办学质量好，逐渐得到了中国社会的认可。民国以后，因政治动荡，公立学校无法给学生提供稳定的教育环境，而教会学校受治外法权保护，注重提高教学质量，给学生提供更多留学机会，成为上层社会子弟就学的理想场所。一些买办、官僚子弟在教会学校就读的越来越多，教会中学学生增加很快，原有的校舍远远不够用，出现了扩建校舍的高潮，在这种情形下，教会差会提供的经费就远远不够了。③ 特别是到了20年代中后期，由于教会中学被迫向教育行政机关立案，接受中国政府的管理和监督，宗教课程也变成了选修课，这些本土化和去教会化倾向，导致西方教会减少了对教会中学经费的投入。为保证办学质量，教会中学不得不增收学费，因此，学杂费在教会中学经费中的比例逐渐上升，且逐步占据主导地位。

以福建为例，20世纪20年代，立案前的厦门英华中学每个寄宿生一学期交50元，其中学费12元；立案后，教会补助减少，学校提高了收费标准，寄宿生每学期交75元（初中）、84元（高中），其中初中生学费24元，高中生30元，新生入学时另交学籍费10元，学费成为其最主要的经费来源。漳州寻源中学创办初期全部经费由美国归正教会提供，1925年后，美归正教会每年的津贴逐渐减少，无固定数目，其余经费靠收取学费解决，基金利息和租金成为该校经常费；福州格致中学创办初期资金全部由美部会国外布道部提供，1927年起，改由中华基督教会闽中大会给予部分津贴，并逐年减少；仙游慕范初级中学美以美会津贴曾占总收入的

---

① 《福建省志·教育志》，方志出版社1998年版，第779页。
② 褚季能：《女学先声》，见《东方杂志》第31卷（7），1934年7月。
③ 王炳照等：《中国私学·私立学校·民办教育研究》，山东教育出版社2002年版，第409页。

60%，以后逐渐减少，最低时只占16%；1933年，美国归正教会办的漳州寻源中学学费收入5760元，杂费收入2061元，差会津贴4000元，学杂费收入占67%，教会津贴占33%；英国圣公会办的福州三一中学学费收入10877元，杂费收入3408元，差会津贴4421元，学杂费收入占76%，教会津贴仅占24%；而美国美以美会办的莆田咸益女中则全靠528元的学费收入维持。①

不过，教会减少补助也不是戛然而止，有些地方的教会中学直到30年代还能收到教会较大额度的补贴，如镇江私立崇实女子中学在1933年还可从美以美会女布道会得到9247元的补助，占其总经费26677元的34.7%，超出学费5795元所占比例的21.7%，是其经费的大宗。②

华侨投资兴学在福建、广东最为突出，他们为兴学而捐助了不少款项。

清末民国时期，福建省私立学校占很大比重，许多私立学校派员往海外华侨募捐，有的请家乡的华侨任校董事，办学经费常年得到侨胞的支持。清末，晋江毓英学校经费一向靠地方士绅和菲律宾华侨捐助。厦门寻源中学、泉州培元中学、永春崇贤中学、泉州华英女校创办时都曾得到华侨华人资助。1904年，寻源中学得到校友捐赠物理实验室仪器一套，价值白银175两。民国以后，许多教会负责人赴东南亚国家向华侨募捐建校舍、图书馆、体育场、买实验仪器。泉州培元中学负责人安礼逊牧师走遍菲律宾、马来西亚、新加坡、印尼、泰国、缅甸募捐，20年代，得到华侨和海外校友的捐款共20万元左右。培元校友在海外设立多个校友会为学校常年捐资。培元中学利用侨资建起郑成快楼、菲律宾楼、泗水楼、黄仲涵楼、张远记楼、上海楼、吴记霍堂、许汉智堂、叶寿堂、蔡进益堂，扩展到5所分校。晋江毓英女校校长徐子玉赴菲律宾向华侨募捐，募得的款项除带回部分作为学校经常费外，部分由旅菲校董购买店屋作为校产出租，收取租金作该校经常费。③

在福建晋江，华侨创办了养正中学、佩实女子中学、南华女中、海鸣中学等学校，据1935年晋江县政府统计，全县教育经费为47.4万元，县

---

① 《福建省志·教育志》，方志出版社1998年版，第779—780页。
② 《崇实女子中学五十周年纪念刊》，1934年印行，"事务"部分第7页。
③ 《福建省志·教育志》，方志出版社1998年版，第780页。

政府只负担了 3 万元，占 6.3%，其余 44.4 万元（占 93.7%）由华侨捐助。① 抗战前厦门有 11 所中学，其中 5 所中学，华侨都曾捐资创办或助办，占 45%。② 另外，在福建的南安、泉州等地，都有很多的侨办教育的资料。此处就不一一列举了。

在助教兴学的华侨中，最有代表性的莫过于陈嘉庚。陈嘉庚从 1904 年至 1931 年，经营企业一共获利 1331 万元（叻币），而兴办大、中、小学等所支出的费用就达 837 万元，占总开支的 63%，其中，从 1918 年到 1928 年，所捐的款额为 710 万元，是捐资最多的时期。③ 1929—1934 年，在陈嘉庚的企业日渐破产的时期，他对祖国的教育支持依旧，又先后筹款 400 万元左右，支付厦门大学和集美学校的费用。他说："企业可以收盘，学校绝不停办。"④ 陈嘉庚不愧为华侨中"毁家兴学"的楷模。⑤

广东的捐资数额及办校规模上，虽赶不上福建，但是也有很多办学典范。"万金油大王"胡文虎是堪与陈嘉庚相比的捐资助学的代表，从 1929 年至 1935 年，先后向广州中山大学等四所高校捐资 8 万元，为 8 所中学出资建校舍、体育馆或图书馆等建筑，从 1935 年起，一度计划在全国范围斥资 350 万元建千所小学，后来由于抗战的爆发被迫中断，共建成 300 余所。其他如泰国著名爱国华侨领袖蚁光炎独资在家乡创建南畔州学校，并任董事长，负担该校所有经费，此外，还捐助苏北中学、澄海中学、汕头海滨中学及潮阳西关学校等；1928 年旅泰华侨余子亮在家乡饶平黄岗兴办了黄岗女子学校；1930 年，旅泰华侨曾兆春独资创办了"培英中学"；1933 年，开平县华侨捐助 60 万银元，创建开侨中学等，在广东的梅县、台山等地也有很多华侨助学的事例，兹不一一列举。⑥ 总的来说，爱国华侨的助学捐资活动，弥补了政府教育经费的不足，推动了当地教育事业的发展，成为华南地区私立中学规模扩大的重要原因。

向社会募捐也是私立中学经常采用的筹措经费的手段。

---

① 蔡仁龙：《福建侨办教育发展初探》，见《华侨历史论丛》（第 3 辑），1986 年 9 月，第 279 页。
② 同上。
③ 林金枝：《华侨华人与中国革命和建设》，福建人民出版社 1993 年版，第 579 页。
④ 张楚琨：《悼陈嘉庚先生》，转引自林金枝《华侨华人与中国革命和建设》，福建人民出版社 1992 年版，第 585 页。
⑤ 黄炎培：《陈嘉庚毁家兴学记》，《新教育》第 1 卷第 5 期，1919 年。
⑥ 事例来源于林金枝《华侨华人与中国革命和建设》，福建人民出版社 1993 年版。

胡元倓曾对黄兴说过："养成中等社会，实立国之本国，唯其事稳而难为。公倡革命，乃流血之举；我为此事，则磨血之人也。"① 所谓"中等社会"实际上是指资产阶级，也就是说，明德学堂是以培养资产阶级新式人才为其办学宗旨。胡元倓等正是以"磨血"的精神来办好明德学堂的。为了办好明德学堂，胡元倓几十年风尘仆仆，奔走南北以筹措经费，"终身为校款奔走"②。有一次，明德经费困难，胡元倓到南京向端方借钱，端方同意，但其下属拒绝。当时风雪横江，天寒地冻，胡元倓竟急得几欲投江。为筹得办学经费，他还曾"持三日粮，为背水阵"，只身赴南洋群岛募捐。③ 为了办学筹款，胡元倓有时竟"不择手段"。有一次，因学校急于用钱，他到湘雅医院找明德校友借钱，假称自己得了阑尾炎，需动手术，以此借了600元过关。还有一次，明德经费困难，胡元倓到北京请求教育总长范源濂救助。范避而不见，胡便将被卷搬到教育部的传达室，声言不见到总长，就在此绝食。范闻讯，只得以范夫人名义捐赠金钏一对解围。④ 当时上海《新民晚报》刊载了题为《咏三湘人物》的打油诗，其中有一首就是写他："四海扬名胡叫化，办学天天打背弓，屈膝求师兼募款，南方武训乐诚翁。"⑤ 在担任校长的时间里，胡元倓先后为明德筹得款项达十余万元之巨，建造了二十余栋校舍，添置了大量图书资料和仪器设备，使明德学堂的图书和仪器设备为全国中学之冠。但他本人却过着非常清贫的生活。出外募款，他总是手携纸伞一把，脚穿钉鞋一双。其车船票大多由校友购赠，住宿多借居亲友或学生家中。所得募款，自己分文不取，全部用于办学。他一家住在学校大门侧的3间旧屋里。书房中接着"虽九死吾犹未悔"的横幅和"坚苦勖毅力，勤勉医灰心"的对联，其"磨血"办学的精神可见一斑。⑥

有的校董利用自己的身份以及与政府的关系，往往也可拉来赞助。山

---

① 明德中学校友会：《长沙文史·明德春秋》，第8页。
② 胡元倓：《耐庵言志·序》，见《长沙文史资料》（第5辑），长沙市文史资料研究委员会1987年印行，第43页。
③ 唐耀章：《我所知道的胡元倓》，见《长沙文史·明德春秋》，长沙市文史资料研究委员会1993年印行，第14页。
④ 郑佳明：《湘城教育纪胜》，湖南文艺出版社1997年版，第116页。
⑤ 唐耀章：《我所知道的胡元倓》，见《长沙文史·明德春秋》，长沙市文史资料研究委员会1993年印行，第18页。
⑥ 郑佳明：《湘城教育纪胜》，湖南文艺出版社1997年版，第117页。

西平民中学创办时的开办费就是校董们由当时中央财政部募来的。校董都是国民党员，有的是国民党中央委员，还有的兼任国民党山西省党部委员，如苗培成、姚大海、韩克温、赵如璧等人。校长梁水泰、教务李汇珍也是省党部委员。他们利用自己的特殊条件，向外募款较为容易，他们将募的钱存于银行作为基金，凭利息就够学校开支了。①

将学校办好是从社会取得捐助的最重砝码，因为投资人或捐助人都不愿看到自己的捐款打水漂。南开中学在1919年增设了大学部，1923年增设了女中部，连续的建设使南开经费出现较大额度的亏欠，1924年男中部净亏2万余元，大学部净亏2万余元，面对如此大额亏欠，张伯苓"亦不觉其难"，反而认为"愈难愈佳，可增加办事之能力"②。张伯苓的气定神闲决不是故作沉稳，而是南开发展的大好前景为张伯苓注入了强烈的自信。"华北事变"后，京津地区政治环境日益紧张，张伯苓准备在重庆筹集南渝中学，以防不测。当时南开经过三十多年的发展，已是声闻全国的名校，他在南京见到蒋介石，谈到在四川设校的动机后，当时蒋介石就捐助了五万元，后又在平津等地捐募到十多万元，很快完成了第一期募款。后在成都，刘湘又捐五万元，支持南开在四川设校，四川教育界还委托张在重庆添办女中，并答应每年拨助经常费。南渝中学还没成立，便有近千人应考。与南开中学刚建校时候相比，张伯苓感叹："真是不能相比了！"③很显然，社会对南渝的认同是源于对南开办学质量的信任。1944年，在南开成立40周年和张伯苓生辰70周年时，校友会发起"伯苓四七奖助基金"运动，原定目标为四十加七十，即110万元，最后结束时，捐款总数量竟超过600万元，创造了国内教育捐款之最高纪录。虽然该事件发生的时间非本书讨论之阶段，但"足以验证社会人士对我南开有良好之反响与热烈之爱护"。④

不过私立中学中像明德、南开等名校的毕竟是少数，大多数学校无力从高官富豪那里募来大额捐助，有时不得不利用演剧的形式到街头募捐。

---

① 高履启：《回忆平中学习生活》，《山西文史资料全编》（第6卷），《山西文史资料》编辑部1999年印行，第457页。

② 张伯苓：《本校经济问题》（1924年11月27日），《张伯苓教育言论选集》，南开大学出版社1984年版，第131页。

③ 张伯苓：《创办重庆南渝中学募款经过》（1936年12月3日），《张伯苓教育言论选集》，南开大学出版社1984年版，第216页。

④ 张伯苓：《四十年南开学校之回顾》，《南开四十年》，1944年印行，第13页。

以北京为例,在20年代出现了新一轮兴学热潮,但其中很多私立中小学"因经费支绌",报请学务局通过演剧筹款或举行游艺会筹款者"几于无月无之"①,为了规范私立学校的筹款,京师学务局拟定了《取缔各学校举行游艺会暨演剧筹款办法》4条:

一、凡各学校因经费支绌举行游艺会或演剧筹款者,除呈报警察厅外,在中等以上各学校须由校长先期呈报教育部,其中等以下各学校须由校长先期呈报京师学务局核准,行文警察厅批示举行;

二、呈报时须将筹款理由暨办事主任人员姓名报明部局及警厅备案;

三、凡演剧剧目暨游艺目次均须先行报明备核,如系演新剧时,并须开列详细脚本呈候核办。

四、所售之票应编列号数,先期报明教育部或学务局暨该管警区备核,事后仍由办事主任人员将票价捐款之收入暨用途之支配分别开列数目分报部局警厅备核。②

1932年9月,北京社会局在上述办法的基础上,又公布了《北平市私立学校、教育处所演剧暨游艺会筹款限制办法》11条,不仅对私立学校演剧暨游艺会的剧目审核更加严格,如"私立各学校处所举办演剧或开会时应择高尚地点举行,并不得搀演花界角色及有伤风化戏曲,致乖社会教育之本旨",而且对申请学校的办学成绩、申请资格也做了更详细的规定,如规定"立案及备案逾一年以上者不得举办演剧或开会筹款",对举办次数也有了限制,"私立各学校处所如曾经举办演剧或开会筹款者非逾一年以上不得再行呈请举办"等,当然,每次的演出筹款数目及支配计划都要呈报社会局和警察厅核准和备案。③ 这样做的结果无形中提高了私立中学办学的门槛,对保持学校布局的稳定会起到积极的作用。

在"九一八"事变之后,有些学校出于爱国心希望能为抗战捐款,但囿于自身实力的不足,又拿不出多少资金,就发动学生上街以爱

---

① 京师学务局:《训令(第28号)》,《教育行政月刊》第2卷第11期,1923年。

② 京师学务局:《取缔各学校举行游艺会暨演剧筹款办法》,《教育行政月刊》第2卷第11期,1923年。

③ 《北平市私立学校、教育处所演剧暨游艺会筹款限制办法》(1932年9月),《北平市教育法规汇编》,北平市社会局教育科1933年印行,第52—53页。

国的名义募捐，这些活动往往因组织不力而导致社会的反感。如1932年11月，江苏教育厅长周佛海在吴县参加会议时，发现吴县私立中学有全体停课外出募捐之现象，街头巷尾遍布男女学生，"或拦阻车辆断绝交通，或闯入人家破坏安宁。募捐稍不遂意，辄口出恶言致令路人为之侧目，社会为之不安民众为之愤怨，市廛为之惊疑。尤可痛着青年女生踯躅街头，市井浮薄之徒从而乘机调笑，加以轻薄，学校尊严为之扫地，社会风纪为之荡然"。周认为，停课所造成的损失远大于募得的少量捐款，决不能"坐视国家将来主人之青年狃于爱国之虚名，致荒废其本身学业，断送其社会信仰，而趋于自杀之前途也"。① 因此提议省政府会议通令各县布告禁止各校学生募捐，经议决通过"如遇此等情事应以实力制止，强迫解散"②。

此外，有时校友也会为学校提供若干捐助，既表达自己对母校的感激之情，也可为学校发展添加一定助力。如留美汇文同学会自1928年至1929年，向北京汇文中学捐助奖金228元，校友梁耀祖捐助300元，宋显忱捐200元，李郁文捐100元，作为奖励文科、理科、商科优等学生之用。③

二 经费的支出

（一）私立中学的经费支出

让我们通过北平的几个私立中学的开支来作一个大致了解：

私立北平辅仁大学附属中学在1933年经费收入总额为131320元，开支总额为98562元，其中教职员薪俸24677元，是总开支的25.03%；购置51385元，为52.13%；杂费22500元，为22.83%。

私立艺文中学1930年经费收入为14500元，开支为12600元，其中教师薪俸6600元，为开支总额的52.38%；图书2000元，为15.87%；仪器

---

① 《令知禁止各校学生募捐由》（江苏省教育厅训令第1838号），《江苏省现行教育法令汇编》，江苏省教育厅秘书室1932年12月印行，第322页。
② 《令知禁止学生停课出外募捐由》（江苏省教育厅训令第1895号），《江苏省现行教育法令汇编》，江苏省教育厅秘书室1932年印行，第323页。
③ 王振乾：《回顾北京汇文中学》，《中华文史资料文库》（第17辑），中国文史出版社1996年版，第129页。

1500元,为11.90%;实验1000元,为7.94%,如果图书、仪器、实验统一为购置项目,则为4500元,占开支总额的35.71%;其他办公、杂支等项共1500元,占开支的11.90%。

私立佑贞女子中学每年支出约11100元,其中教员薪俸4344元,职员薪俸为2760元,两项共为7104元,占总开支的64%;购置和修理费用为1396元,占总开支的12.58%;办公及杂费共2600元,占总开支的23.42%。

私立翊教女子中学1933年共收经费27688元,支出共31319元,其中教职员薪俸26370元,为支出的84.2%;购置3509元,为11.2%;其他杂费1440元,为4.6%。

私立定一中学经费十分之七用于教职员薪俸,其余为办公、建设、杂项等费用。①

从以上事例看,私立中学经费的分配主要由三大块构成:教职员薪俸、办公购置及建设费。

教职员薪俸是私立中学开支中的最重要部分。

在部分私立中学的初创时期,创办人员往往既是管理者,也充任教师,为了学校有更多的积累,他们往往不领薪俸。1913年秋,一些参加过辛亥革命的老同盟会会员、山东省优级师范部分毕业生及教育界知名人士鞠思敏、蒋衍生、王讷、高彭年、田象孚、王世栋、于明信等60多人,为反对封建教育制度,革除当时官办学校在办学思想和教学方法上的陈规陋习,开创民主进步教育的新风气,他们在极其艰苦的条件下,筹备办学,采用董仲舒说的"正其谊而不谋其利"的意思,定名为正谊中学。开始仅有教室两座,只招收了两个中学补习班,当时教学经费和设备均无着落。创办人公推正在省高等师范学堂任职的鞠思敏兼任校长,又推田象孚专管校务,无其他专职人员,教师也多从社会上和其他学校延聘,大家志同道合,全心全意办学教学,不取分文报酬,学校仅免费供餐一顿。开办费用由创办人捐助,以学费收入支付经常费用。身为校长的鞠思敏不但无任何报酬,而且还经常从在高师所领的薪金中挤出大部分捐助学校。专职人员田象孚负责安排课程、筹办伙食、办理文书、购置及管理教学用品,

---

① 以上5例均根据《北京市志稿5文教志》(中)的"私立中学校"部分有关内容整理,第26—128页。

其他杂务如清扫卫生、打铃上下课均由教师分工负责。大家兢兢业业、认真负责地教学办学，在极其艰苦的条件下，终于把学校办起来，而且日益发展。① 私立弘达中学校长在回顾办学初期时，也认为"学校经费为全校生命之源，本校既称私立，势难依赖他人，在此中国情形之下，与其将伯于人，莫如求助于己。当本校经费困难之际，余与诸创办人担任教课，俱尽义务，数年之中，概不支薪，艰苦之情，难以言喻"②。

当学校度过初创期，有了一定基础之后，为了能聘请到优秀的教师，一般要保证薪俸能够及时发放，并且教职员薪俸占了学校支出的大部分，上面提到的私立北平辅仁大学附属中学的1933年的教师薪俸才占总开支的25%左右，但根据更多数据表明，私立中学教职员的薪俸一般能占到总开支的50%—70%，更高的像私立翊教女子中学1933年的教职员薪俸占到了开支的84.2%。私立中学教职员的薪俸所占比例之所以如此之高，主要是其既要面临私立中学之间的竞争，又要与公立中学进行竞争，而各校间最主要的竞争标准就是教学质量，教学质量的提高很大程度是由学校的管理水平和教学水平决定的，这就促使私立中学必须能聘用到较高水平的管理人才和教学人才，而这些人才的聘用需要与公立中学相似的待遇才有可能实现，如此一来，教师薪俸所占的开销就会在私立中学本不富裕的经费开支中占较高比例了。一般而言，私立中学的这块经费的支出所占比例高于公立中学。

因私立中学的薪俸为自定，因此不同学校的教师薪酬是不同的。以江西省私立学校职教员薪酬为例。设在南昌市的心远中学、赣省中学、鸿声中学及志成中学四校薪金为最高。私立心远中学主任教员每周兼课17—19小时，月支国币100元，专任教员每周教课22—24小时，以国币8角计算（每月可得70—80元——笔者），书记、事务员等每月各支30元。赣省中学专任教员每周授课24小时，月支国币100元至120元。规定在校膳宿，其膳宿费由校支给。鸿声中学兼任教员高中每小时国币8角，初中7角，专任教员薪俸每月自70元以至120元。志成中学，教务、训育、事务三主任每周兼课14小时，每月各支80元，专任教员授课24小时，所得费额

---

① 綦吉昌：《济南规模最大的私立中学——正谊中学》，《山东文史集萃·教育卷》，山东人民出版社1993年版，第319页。

② 吴宝谦：《北平弘达中学十周年纪念刊·发刊词》，1933年，第1页。

同兼任教员。每小时高中以 8 角计算，初中以 6 角计算。其次为设在南昌之西江中学，教务、训育等主任月支 20 元，以 12 个月计算。兼课，高中每小时 8 角，初中 5 角。章江、江西两中学，教务、训育等主任月薪 30 元，兼课，高中每小时以国币 6 角，初中以 5 角计算。剑声、匡庐两中学主任月支 20 元，兼课每小时以国币 5 角计算。安义、龙津中学，教务、训育等主任，各月支 30 元，兼课英文、国文、数学等科者，每小时 8 角，其余各科以 5 角计算。约计专任或主任教员，月薪 60 元。万载、龙河中学英文、国文、数学三科每小时以国币 7 角计算，其余 6 角。教务、训育、事务等主任月支各 14 元。其余如南昌之东湖中学、万年之姚西中学、萍乡之□洲中学，广丰之杉江中学、复南中学，赣县之幼幼中学，主任教员月俸最低者 16 元，最高者 18 元。①

　　此外尚有数校以教职员资格之高下及任期之长短而定薪俸的多寡，如九江儒励女子中学，凡美国留学毕业服务该校之职教员，最初数年，月领薪金 70 元，由国内大学或高等师范专门学校毕业服务该校者，初年月薪 50 元，由高中毕业或具相当程度经验者，初年月支 20 元。上列三项资格，其月俸嗣后按照年功加俸办法增加。第一项以增加至 120 元为度；第二项以至 80 元为度；第三项以增至 40 元为度。南昌葆灵女子中学教职员在大学毕业者，月薪 60 元以至 80 元，专门毕业者 30 元以至 50 元。其他如九江之同文中学，教职员薪金亦以资格为准。光华中学，则自 20 元以至 100 元为止。各私立中学计算薪金，职员以全年 12 个月，教员以全年 10 个月计算，所谓每小时即每周授课 1 小时、每月以 4 星期计。②

　　在广西等较落后地区，教师的薪俸一般是比较低的，并且职员与教师相比更低，每月仅得几元。玉林私立紫泉初级中学全校职教员共 11 人，校长兼教员月薪 59 元；此外 42 元者 1 人；37 元者 2 人；36 元者 1 人；26 元者 1 人；21 元者 1 人；16 元者 1 人；13 元者 1 人；12 元者 1 人；6 元者 1 人。③ 桂林私立三民初级中学全校职教员共 18 人，其中义务职者 5 人；月薪 53 元 8 角者 1 人；34 元 6 角者 1 人；15 元 4 角者 2 人；25 元者

---

① 《第一次中国教育年鉴·丙编·教育概况·中学概况》，开明书局 1934 年版，第 216 页。
② 同上。
③ 广西省政府教育厅导学室：《广西省政府教育视察团教育视察报告》（二十二年度），第 215 页。

1人；9元2角者1人；8元1角者1人；5元8角者1人；5元4角者1人；4元6角者2人；2元3角者2人。①

总体上说，私立中学校教职员月薪，自20元以至120元不等。私立中学的薪俸较省立中学为低。② 在外国人开设的学校内，洋人的工资要远远高于中国教师。1934年，育才中学外国校长的月薪1000多两（合银元1400多元），外国教师月薪五六百两，而中国教师只有百元左右，虽然每年可以加薪，但与外国人不能相比。③

为了减少该部分支出，部分学校尽量压缩教职员数目，或一人多职，如保定育德的孙毅，既是学校的会计兼出纳，兼国术教员，兼习字教员，还兼"学生储蓄银行"的总经理、会计、出纳与"国库"保管员。④ 有的学校还让学生参与校务服务，如浙江海门私立东山中学就让三年级喜欢学习和读书的学生负责管理图书馆，⑤ 既能有利于学生的学习，也为学校节省了开支。不过在压缩开支的同时，私立中学还是保持了一个比较合理的师生比，在民初至战前的师生比为1∶7.50—11.46之间，⑥ 相对来说这是比较平衡的比例，既有利于师生双方的教学活动，又使学校的资源得到较充分的利用，应该是较为合理的教学组织结构。

表 5-4　　　　　广西桂林私立三民初级中学开支表

项目		元数（国币）	百分比（%）
俸给	职教员薪俸	1791	51
	雇员薪俸	184.6	
	夫役工食	221.5	

---

① 广西省政府教育厅导学室：《广西省政府教育视察团教育视察报告》（二十二年度），第226页。
② 《第一次中国教育年鉴·中学概况》，开明书局1934年版，第228页。
③ 段力佩：《育才中学的历程》，《20世纪上海文史资料文库》（第8辑），上海书店出版社1999年版，第210页。
④ 张玉奇：《最有效率的一群人》，《保定文史资料选辑》（第12辑），河北省保定市文史资料委员会1994年印行，第134页。
⑤ 施雅风：《抗日战争前的中学生活》，《过去的中学》，第77页。
⑥ 王伦信：《清末民国时期中学教育研究》，华东师范大学出版社2002年版，第216—218页。

续表

项目		元数（国币）	百分比（%）
办公费	文具	324.6	23
	消耗	304.6	
	修葺	72.3	
	邮电杂支	257.7	
临时支出	购买车床及工具	1030	26
	修建工场及沙坑	87	
合计		4273.3	

办公购置费首先是指学校教职员办公用品的购买和消耗，如表5-4为广西桂林私立三民初级中学开支表[①]，办公费主要包括办公用具的购买和消耗、办公用具的修葺以及邮电通信等费用，占该校总开支的23%左右。

表5-5　　　　　北平私立弘达中学每月办公经费预算表

项目			元数（国币）	小计
办公费	文具	纸张	20	40
		笔墨	10	
		簿册	5	
		杂品	5	
	邮电	邮费	10	35
		电费	25	
	印刷	讲义	200	235
		刊物	15	
		杂件	20	
	消耗	灯火	120	290
		茶水	20	
		薪炭	50	
		药品	100	
	杂支	广告	50	90
		杂费	40	
总计			690	
占支出比例			12.30%	

---

①　广西省政府教育厅导学室：《广西省政府教育视察团教育视察报告》（二十二年度），第228页。

对1930年北京地区的经费调查，私立艺文中学开支为12600元，其中办公、杂支等项共1500元，占开支的11.90%；私立佑贞女子中学每年支出约11100元，办公及杂费共2600元，占开支的23.42%。①

如果对办公费用做进一步的细分，还可分出文具、邮电、消耗等各项费用，见表5-5北平私立弘达中学的每月办公经费预算表中，②文具部分主要包括纸张、笔墨等办公用品的支出，约占办公费用的5%；邮电费用约占办公费用的5%；印刷包括讲义和刊物印制等项，约占办公费用的34%；灯火、茶水、药品等项的消耗为多，约占办公费用的42%；杂支占13%左右。其他私立中学的办公费用大致亦是在10%上下浮动。③还有的私立中学将图书、仪器等与教学有关的物品也列入办公购置费。经亨颐在筹办春晖中学时曾做预算如表5-6所示④：

表5-6　　　　　　　　筹办春晖中学时的预算表

年别	经费总数	购置费	购置说明	所占比例（%）
第一年	12464	4300	木器1000元，图书500元，屋外运动器2000元，数学史地图器500元，图画手工器具300元	34.50
第二年	13350	3300	木器500元，图书300元，体操教具1000元，博物标本器械1000元，图画手工器械500元	24.70
第三年	15146	2800	木器500元，图书200元，理化器械1500元，图画手工器具600元	18.50
第四年	16142	1000	各种不足	6.20

---

① 根据吴廷燮《北京市志稿·文教志》（中）的"私立中学校"部分相关数据整理。
② 《北平弘达中学十周年纪念刊》，该校1933年印行，第117页。
③ 根据《湖南省最近三年教育概况总报告·教育统计》的相关数据，各校办公费用的比例不尽相同，少的如私立育才中学，办公费用年占经费的约6%，多的如私立兑泽中学占约26%。《湖南省最近三年教育概况总报告·教育统计》，1932年印行，第51—58页。
④ 根据经亨颐：《春晖中学计划书》内相关内容整理，见《上虞文史资料第2辑·经亨颐教育论文选辑》。

从表 5-6 中我们可以看到，经亨颐预算的购置费用从第一年的 34.5% 下降到第四年的 6.2%，这是由于学校开办初期由于投入较多，因此在支出项中的比例也高，一旦学校稳定运转起来，办公购置费的比例逐渐下降，主要是办公用的桌椅等物品可长期利用，每年只对其维修即可。

表 5-7　　　　　　　　　私立紫泉中学校产

类别		数量
校具	课桌	130 副
	架床	104 张
	书桌	82 张
	长凳	98 条
	厨房用具	全副
	电灯	74 盏
图书	文学类	294 册
	史地类	72 册
	教育类	66 册
	哲学类	48 册
	自然科学类	176 册
	社会科学类	225 册
	杂志类	218 册
	其他	218 册
仪器标本及化学药品	化学药品	18 种
	动植物标本挂图	24 件
	矿石标本	20 种
	各种仪器	15 件
	各种教具	十余种

总的来说，私立中学办公购置费大致占经费 10%—25% 左右的比例，并且各学校还尽力压缩该项费用，如表 5-7 所列私立紫泉中学校产[①]中，

---

① 广西省政府教育厅导学室：《广西省政府教育视察团教育视察报告》（二十二年度），第 214 页。

仅有图书千余册，理化仪器不敷使用，"上自然科遇必要时向玉林县中借用"①，其在办公购置费方面的投入是无法与那些名校相比的，如早在1922年9月，浦东中学校长朱叔源为了给学生提供课外"自动研究学术之机会，俾不致囿于课本之范围而阻碍其个性之发展"，着手筹建图书馆，翌年4月正式开放，计有中外藏书8000余册、中西报纸8种、杂志30余种。② 差别的产生归根到底还是由区域经济的差别造成的。

关于学校建设费，因学校的办学思想的不同，每年采购或修理所需费用也有差异，故设备及建设经费比例中各不相同，如北京的私立中学从11%左右到50%不等。学校建设费用的投入也在一定程度上反映了该校的设备如何，像北京地区的育英中学、汇文中学、慕贞女子中学、贝满女子中学以及辅仁、燕京、中国大学的附属中学等都是在学校建设上投资较多、设备较好的私立中学校。另外在北京地区有很多私立中学希望通过体育培养学生品质，因而在体育设备上投入的资金较多，如私立华北中学校内运动场建有百米直道和二百米圈跑道，篮球场4个，网球场2个，排球场2个，垒球场1个，以及单、双杠等，私立东北中学有田径赛场，足球、篮球、排球、网球、垒球等场地，相对多数私立学校则因场地不足，只能开展一些体操、武术之类的运动而言，体现了这两校对体育教育的重视。③

学校建设还同创办人的财力和兴学意愿有直接关系。在上海，规模较大的如浦东中学占地达60余亩（操场占地20余亩），学校布局错落有致，中间是宏伟坚实的大礼堂，可容千人以上，东西各建"匚"字形的两层楼，楼上、楼下各容几十个教室，并包括实验室、宿舍、办公室等。两个"匚"字形向大礼堂对抱，一边是小学，容量较小；一边是中学，容量较大，后边是两座饭堂；再后边是两座风雨操场。礼堂前是很大的运动场，设有各种运动器具。在杨斯盛去世后又经不断扩大、规模大备，图书、仪器等教学设施也逐步充实，在当时的上海中等学校中可

---

① 广西省政府教育厅导学室：《广西省政府教育视察团教育视察报告》（二十二年度），第217页。
② 《浦东中学简史》，《20世纪上海文史资料文库》（第8辑），上海书店出版社1999年版，第220页。
③ 曹子西：《北京通史》（第9卷），中国书店1994年版，第298页。

称首屈一指。① 这一切都与杨斯盛的财力有关，当然，更离不开杨斯盛"毁家兴学"的精神。

教会中学由于经费充足，故校园建设往往做得较好，且创始人多为洋人，他们更愿意按照西方学校的模式进行学校建设，尤其注意卫生条件和学校环境。据葆灵女中的学生回忆，该校由于进行了精心的规划和美化工作，校内绿荫成林，绿草如茵，鸟语花香，优美整洁。校园的布局也比较合理，除开辟了大操场、球场、小花园外，两幢西式大楼矗立学校中央，一为教学大楼，也是主楼，里面有宽敞的教室，以及办公室、图书室、会客室、隔音钢琴风琴室等；在地下室里，有供物理、化学实验的实验室，那里仪器充足，设备齐全，还有风雨操场和大礼堂，供雨天上体育课和集合用。一为生活大楼，在四层结构的楼房里，底层是大饭厅、厨房、储藏室、洗澡间、洗衣间、厕所等，二、三层为中国女教师与学生的宿舍，四楼则有大蓄水池与小练琴室；院内还有口泉水井和两口雨水井，可供师生饮用与洗衣。在当时来说，葆灵女中的环境和设备都属好的了。②

但很多的私立中学因经费有限，往往不能对学校校舍和设备有更多的投入，仅能保证基本的教学条件。如广西省政府教育考察团对玉林私立紫泉初级中学考察后发现，该校无大礼堂，集合时都在第三教室举行；无校园，校内亦无甚隙地可利用；还做了如下视察评语：

一　该校位于玉林城内会场街租赁周氏宗祠而修葺之以为校舍，（在昔学生人数多时并租赁其比邻之冯氏宗祠）四周民房栉比，街巷复狭窄，环境不佳。

二　教室均系因陋就简，或以席篷盖补而成，易为风雨所侵，通路行走不便，光线亦不佳。

三　学生宿舍，因仅有一部分男生住校，尚敷用，惟湫溢黑暗，光线空气均差，不甚适于卫生。

四　校内各处，除厨房外，视察时虽地面尚洁净，然因日光少

---

① 《浦东中学简史》，《20世纪上海文史资料文库》（第8辑），上海书店出版社1999年版，第218页。
② 周兰清：《南昌葆灵女中往事回忆》，《江西文史资料选辑》（第4辑），江西人民出版社1981年版，第127页。

到，湿臭之气逼人，其厨房两部，均秽水狼藉，不清洁。

五　运动场太小不敷用。

六　运动卫生及劳作均无甚设备可言。

七　安全设备，更谈不到。①

由于建设费用属于一次性投入较多的费用，因此，私立中学往往采用边办学边建设的方式，慢慢积累，渐进发展。如济南正谊中学开办时仅以闫公祠为校舍，后来学校不断争取政府支持和社会捐助，1914年，省当局每月拨补助费100元，1916年又经省公署批准将闫公祠正式划为校产。1918年有各界赞助捐款4000余元，等资金有了一定富余之后，为了适应教学的发展，于是兴建了教室22间，1920年兴修东北楼教室8间。1921年在外地募捐5000多元，修建了东南楼教室8间，1922年修建了南楼教室16间及办公室、教职员宿舍。同年还建立了小学部。1924年以后在黄台购置校舍，先后增设了分校和第二附小，这些主要是依靠社会各界的捐款、发行有息债券和另外的结余购置、修建的。之后多年，该校连年增修教室、图书室、实验室和宿舍，使校舍和教学设备得到充实，满足了教学所需，成为济南最大规模的私立中学。② 在上文提到的南开中学，也是在需要扩建校舍之时，通过争取政府拨款和社会捐助来不断实现的。

（二）私立中学的非营利性

从总体上说，与公立中学相比，私立中学经费整体来说并不处劣势，如表5-8③：

---

① 广西省政府教育厅导学室：《广西省政府教育视察团教育视察报告》（二十二年度），第217—218页。在同一报告中，对私立三民中学也有类似的评价：……二，现在班数既少，校舍多弃而未用，以经费支绌，颓毁处，多未能修葺；三，全校除办公厅及教员休息室外，大致满积尘灰，不甚整洁，庭院隙地，亦甚荒芜；四，图书仪器标本均极少，太不敷用；五，运动场在校门内，面积不大，不甚敷用……广西省教育厅导学室1934年印行，见该书第229页。

② 綦吉昌：《济南最大的私立中学——正谊中学》，《山东文史集萃·教育卷》，山东人民出版社1993年版，第320页。

③ 数据来源：《第一次中国教育年鉴·丙编·教育概况·中学概况》，开明书局1934年版，第193—194页。

表5-8　　　　　　　　民国公私立中学经费对照表

年代	校数 公	校数 私	学生数 公	学生数 私	全年经费数（元）公	全年经费数（元）私	公私立均经费（元）公	公私立均经费（元）私
民元	319	54	45428	6672	2567846	466857	56.5	70
民二	360	46	51667	6313	3036784	378786	58.8	60
民三	388	64	58881	8373	3597029	503739	61.1	60.2
民四	385	59	61148	8622	3419067	488883	55.9	56.7
民五	299	51	53277	7647	3156934	494936	59.3	64.7
民十四	404	283	78693	51285	5310789	4229439	67.5	82.5

从表5-8中可以看到，民初的私立中学尽管在经费总数上不及公立中学，但在生平均经费的投入上却较公立中学为高，到1925年，不仅学生数、经费总额逼近公立中学，生均经费甚至超过公立中学15元之多。

但这毕竟是总体情况，各地因经济发达程度、人口分布密度、社会开化程度等不同，对私立中学的发展会带来直接的影响。在沿海城市、省会城市等经济较发达、人口密度大、社会开放程度高的地区，生源能够得到保证，经费容易筹集，私立中学经过竞争、淘汰之后，存留下来的又往往是优秀的学校，社会知名度高，因此这类学校经费来源广泛，年度收入往往大于支出，会有一定盈余。而中小城市由于不具备上述优势，在年度经费收支方面只能保证大致的平衡，甚至亏缺。从所搜集的资料看，经费收支抵消之后有以下三种情况：

第一类，经费有盈余。我们以南开中学①为例（见表5-9）：

表5-9　　　　　南开中学历年入款出款表（1904—1919年）

	入款元数	出款元数	羡余元数	亏欠元数
1904	2057.14	1942.86	114.28	
1905	9600	9028.57	685.71	
1906	10750	10457.14	978.57	
1907	12371.4	14228.6		878.63

---

① 《天津南开学校中学部一览》，1921年印行，第41页。

续表

	入款元数	出款元数	羡余元数	亏欠元数
1908	17085.7	14748.57	1458.5	
1909	19818.57	19382.57	1894.5	
1910	27138.57	19124.28	9908.76	
1911	32385.7	41247.14	1407.35	
1912	25400	20610	5837.35	
1913	40439	42896.47	3379.88	
1914	57009	40503.97	19884.91	
1915	84077.471	94278.004	9684.377	
1916	89345.123	85167.23	13862.27	
1917	80515.03	71338.601	23038.699	
1918	91044.37	96275.321	17807.748	
1919	95626.9	90515.373	22919.275	

从表5-9中数据可以看出，除1907年南开因扩建校舍亏欠878.63元外，其余年份都是盈余，且盈余数额呈逐年上涨的趋势，在南开中学建校10周年的1914年，学校盈余数额突破万元，达到19884.91元，为南开在1919年扩办大学奠定了良好的基础。南开中学从开始的2000余元经费，发展到年盈余2万多元，推其原因，首先，是南开中学的教学和管理质量赢得了社会的高度认可，学生以入南开为荣，学生数量和质量同步提高，既带来了学校经费的富余，也扩大了南开中学的社会影响，推动了南开中学的良性发展；其次，与南开中学创办人广泛的社会人脉有密切关系，特别是严修曾出任学部侍郎，与袁世凯、徐世昌、卢木斋等交谊颇深，能给南开带来较多的官方拨款，这在南开建设校舍的时候尤为明显；最后，南开股东不是将办学作为营利的工具，从表5-9看，学校有了经费的盈余，学校股东并未将之作为红利分掉，而是将其并入下年经费中使用，作为校长的张伯苓，既是南开中学的校长，以后还是南开大学、女中和小学校长，但他只领取一份薪水，此外还有一些车马费，但总数还低于一般教授。[1] 正是南开中学的教职

---

[1] 吴大任：《我所受的南开教育（1921—1926）》，见杨志行等《解放前南开中学的教育》，天津教育出版社1989年版，第66页。

员将南开看做"家庭学校",才能将"公能"精神发挥到极致,从而打造出近代中国最好的中学。

表5-10　　　　　　镇江崇实女中1933年收支表

类别	项目	金额（元）
收入	租金	1620
	息金	0
	有价证券	0
	学费	3620
	宿费	950
	膳费	7100
	捐赠补助费	7520
	前年盈余	2124.83
	总计	22934.83
支出	薪俸	9140
	工资	1826
	食物费	6200
	设备费	1108
	什费	2916.5
	临时费	1744.33
	总计	22934.83

　　第二类,经费大致收支平衡。大多数学校不能像南开那样得地利(天津是当时的大都市,官员与富商较多,社会募捐较易)与人和(严修、张伯苓的社会交往能力强,天津的重要官商皆与之熟悉)之便,每年能保证不亏就已经不错了。表5-10是镇江崇实女中的1933年收支表,[①] 崇实女中是一个教会中学,表中的捐赠补助费7520元主要是美国美以美会女布道会的捐助,占其年经费的33%,成为其最大的经费来源,与崇实女中相似,教会中学之所以能发展较好,与教会的经费支持有莫大的关系。

　　内地一些较大城市,特别是省会城市,办学条件还是能够保证收支平

[①] 《崇实女子中学五十周年纪念特刊》,1934年印行,事务部分第5—6页。

衡的。以20世纪30年代初期太原市私立光华女子中学校年收支情况为例，该校基金有房产地皮80000元，现金45000元，有价证券8100元，共133100元。经常费收入为省补助费4800元，基金生息5520元，学费3000元，合计13320元。支出为俸给11000元，杂支1290元，办公费1580元，合计13870元。临时息金收入800元，临时支出计修缮300元，预备金500元，①收支相抵，虽略有亏欠，但大致平衡。

表5-11　　　　广西玉林私立育才初级中学收支状况表

		项目	元　数（国币）	
收入	常年收入	学费	1350	
		租金	4340	
		其他	264	
	合计		5954	
		项目	元数（国币）	百分比（%）
支出	常年支出	俸给	4924	83
		办公购置费	600	10
		临时支出	430	7
	合计		5954	100

但内地某些中小城市的私立中学，学生数量既少，又很难得到教会或政府的大额拨款，因此只能惨淡经营，力争在保证基本开支的情况下不亏即可，如表5-11②，广西玉林私立育才中学是该省为数不多的私立中学之一，从表中看到，私立育才中学在支付了老师、职员及夫役薪水之后，实际已所剩无几，因此这类学校在学校建设方面很难投入，条件往往非常简陋，不仅"运动、卫生、劳作及安全等，均无甚设备"，甚如图书、仪器、标本等亦"极少"，使"教学上实大感困难"③。广西其他私立中学如紫泉中学、三民中学的状况与之类似。

第三类，年度经费入不敷出。经费入不敷出的情况大致分为两类，一

---

① 《教育部督学视察山西省教育报告》，1933年印行，第75页。
② 广西省政府教育厅导学室：《广西省政府教育视察团教育视察报告》（二十二年度），广西省教育厅导学室1934年印行，第222页。
③ 同上书，第223页。

类是因生源减少、办学不善、经费筹集困难等原因，导致学校收入减少，使办学条件恶化，最后被迫自行停止办学或被教育行政机关勒令关停；一类是由于学校发展的需要，在某些年份因扩建校舍，使该年度经费出现暂时性亏欠，不过由于学校运行良好，这些亏欠能很快补缺，如上文南开在1907年就因扩建校舍导致该年度亏欠的情况。其他类似例子很多，济南私立正谊中学在1921年有学生二十班，约1100人，学生每人每年12元，约可得12000元，省补助费每年6000元，该年经费约18000元，该年支出为21500余元，① 亏欠约3000元，不过由于该校运行良好，生源能够保证，因此亏欠能很快得到弥补，并不影响学校的发展。

总的来看，这一时期私立中学的办学体现了"公益性"的原则，各校的收支基本平衡，即便有结余，也都转入到下年的基金，用于学校的发展和建设。虽然也有以营利为目的的私立中学，但数量很少，并且很难有长远的发展。

三 私立中学是贵族学校吗

经常有人说，私立中学是贵族学校，当然，中国社会并无西方意义上的贵族，此处言之贵族学校意指学生的开销很大，只有富豪人家才能承担得起。是否真是这样的呢？我们通过考查学生在校的实际消费及生源的家庭背景，再来得出结论。

（一）私立中学学生的在校开支

图5-1为北京清明中学学生全年用度表（1926年），② 私立中学的学生可分为两大类，一类是不住校的学生，称"通学生"；一类是住校生，或称"住堂生"，一般私立中学都是以住校生为主的。一年下来，"通学生"花费在51元以上，而住校生在此基础上，须交纳宿费、膳费等费用，再有平时的零花费、衣履费等，平均每年达175元。这是否意味着通校生能省掉这一百多元的费用呢，那也未必，如清明中学概览中的插图——通

---

① 王卓然：《中国教育一瞥录》，商务印书馆1923年版，第342页。
② 《北京清明中学概览》插页。

學生全年用度表

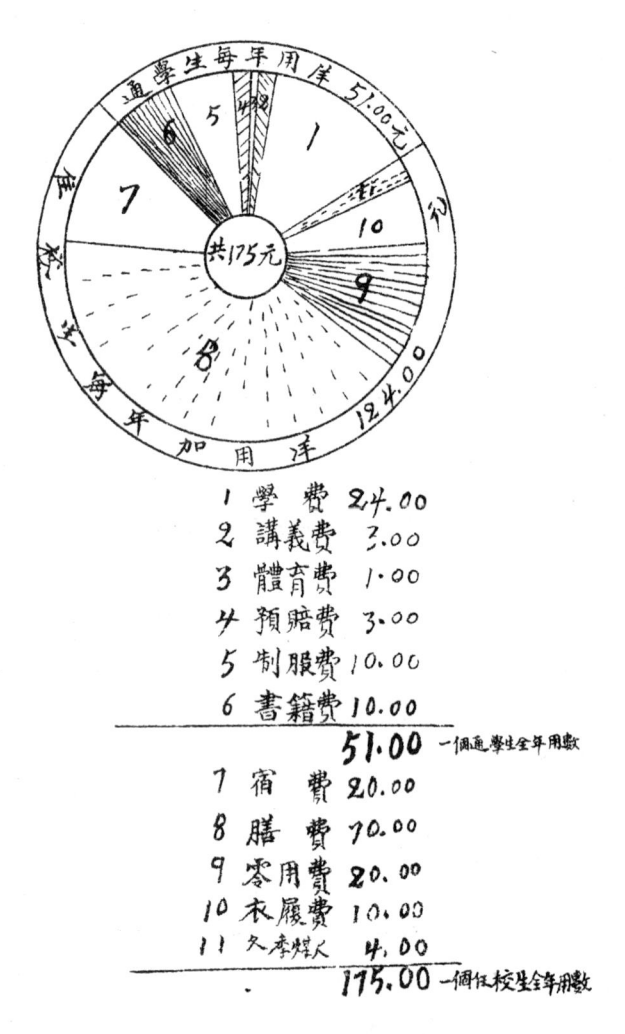

通學生每年用洋 51.00 元
住校生每年加用洋 124.00
共 175 元

1 學　費　24.00
2 講義費　3.00
3 體育費　1.00
4 預賠費　3.00
5 制服費　10.00
6 書籍費　10.00
　　　　　51.00　一個通學生全年用數
7 宿　費　20.00
8 膳　費　70.00
9 零用費　20.00
10 衣履費　10.00
11 久季煤火　4.00
　　　　　175.00　一個住校生全年用數

图 5-1　北京清明中学学生全年用度表（1926年）

校学生之一部,[①] 通校生上下学相当一部分是骑自行车的，当时，自行车的

---

① 《北京清明中学概览》插图。

价格约为 70—80 元,① 再加上其在家的膳食费用、零花费用等,平均每年的开支也不会低于 140 元,与住校生并无太大的差别。再如天津新学书院,学生入学前须交学费 40 元、杂费 25 元,寄宿生加宿费 40 元,三年级学生还须交毕业考试费(包括毕业文凭)10 元,② 再加上购买生活必需品,合计下来亦达 130 元以上。

私立启秀中学是个设在农村的初中,条件简陋,没有电灯、自来水,只有 3 间教室,3 个班级,课程也不齐全,没有音乐与美术课,没有实验室。这样一个江苏南通地区的私立中学收费如何呢?据地理学家施雅风回忆,1931 年,该校对学生收费,每学期交费 15 元左右,加购买教科书的书籍费,走读生 20 多元就够了。如果寄宿学校,交少量住宿费与每个月的伙食费 4 元多,这样加起来,每学期花 50 元左右。③ 如此下来,住校生每年亦须开支百元。

图 5-2 清明中学骑自行车的学生

内地的如广西玉林紫泉中学、育才中学、桂林三民中学,如不在校用膳、住宿,每年须小洋 40 元,④ 如果是住校生,每人约毫洋 92 元。⑤ 山西太原平民中学在学期开学时,很多远地来的学生都身带 100 元以上的现金,学校考虑到学生将现金放在宿舍不放心,装在身上不方便,为此开办了财蓄所,方便学生存取。⑥ 尽管这些钱学生并不都能花完,但从一个侧

---

① 闵杰:《中国自行车的早期历史》,见《炎黄春秋》2003 年第 2 期,第 80 页。如果按租用,当时根据自行车的新旧不同,租金每天为 0.8—2 元,合计下来,比买车更贵。因此本书是按购买论。

② 涂培元:《我所知道的新学书院》,《天津文史资料选辑·天津租界谈往》,天津人民出版社 1997 年版,第 274 页。

③ 施雅风:《抗日战争前的中学生活》,见傅国涌《过去的中学》,长江文艺出版社 2006 年版,第 72 页。

④ 广西省政府教育厅导学室:《广西省政府教育视察团教育视察报告》(二十二年度),广西省教育厅导学室 1934 年印行,第 227 页。

⑤ 同上书,第 216 页。

⑥ 牛联棣:《怀念平民中学》,《山西文史资料全编》(第 8 卷),《山西文史资料》编辑部 1999 年印行,第 1122 页。

面反映了该校每学期一个学生准备的开销应在百元左右。

据陶孟和1927年4月对北京48家工人家庭的调查，这48家中共有220人，48家男家主月平均收入为9.8元，而妻子、子女的收入平均却仅有5.2元。48家6个月内的平均收入为（工人家主、妻、子女的工资收入及其他收入）93.45元，而平均支出却为101.45元，平均亏欠8元。① 当时的工人家庭即使是全家老少都在为生计而奔波也很难维持全家的生活。北京48户工人家庭的支出中，食品费占71.2%，加上衣服、房租、燃料费，总的生活必需开支占总支出的97%，杂费仅占3%。② 很显然，工人家庭不可能承担起孩子的教育费用，遑论年开支达百元的私立中学的学费了。

1929年，浙江大学农学院对浙江省金华、兰溪、嵊县、绍兴、衢县、东阳、江山、崇德8个县农家收支状况进行了调查，其中有14.1%的农户收支有节余；有26.41%的农户收支相抵，入不敷出的农户占59.49%。1926—1929年，李景汉对北平西郊和河北省定县农村进行了3次调查，共调查了198户农家。1922—1924年，卜凯等人对河北、山西、河南、安微、江苏、福建等6省进行了13次调查，共计调查了2370户农家。他们的调查结果是：在这总共2568户农民家庭中，亏损户占60%以上。以上材料表明，北洋军阀统治时期中国60%的农民家庭靠全家的辛苦劳动还无法满足他们生存的最低需要。不够的部分只有靠借债与典当来勉强维持生活，而且这几乎成了他们收入的固定部分。③ 数据表明，"受教育程度与家庭经济富裕程度成正比，贫穷是农民接受教育的最大障碍"，侯建新通过对清苑县11村人口受教育状况的调查发现，数量极少（30年代初约占0.11%）的高中以上学历者全部来自中农以上家庭，其中富农以上家庭又占主体。贫农及其以下家庭一般最好的教育程度是高小，只有极个别人（约0.1%）读到初中。④

以上数据表明，占中国人数最大比例的农民及工人家庭，是无法承担起私立中学高额的学费的，那么，学生主要来源于哪些家庭呢？

---

① 陶孟和：《北平生活费之分析》，社会调查所1930年印行，第30页附表。
② 同上书，第40页。
③ 张静如：《北洋军阀统治时期中国社会之变迁》，中国人民大学出版社1992年版，第274页。
④ 侯建新：《农民、市场与社会变迁：冀中11村透视并与英国乡村比较》，社会科学文献出版社2002年版，第39页。

（二）学生家庭的职业分布

私立中学生源的家庭职业分类并无全国性的统计，但私立中学一般会对学生的情况做调查，其中包括家庭职业情况，笔者从不同地区的私立中学的调查记录中选取了以下 6 个做对比，以从中了解学生的家庭背景情况。（见表 5-12 到表 5-16 和图 5-3）

表 5-12　　北京弘达中学学生家庭职业分类（1931 年）[①]

农界	商界	儒界	政界	赋闲	军界	交通界	工界	其他
24.3%	22.3%	13.3%	11.3%	5.6%	3%	2.2%	0.8%	17%

表 5-13　　南开中学家庭职业分布（1935 年）[②]

教育	政界	实业	商界	军界	赋闲	银行	交通	农
5.4%	7%	1.4%	36.3%	2.2%	18.6%	5.4%	5%	2.7%
工	矿	邮电	医	税	律师	盐业	新闻	司法
2.3%	2%	2.7%	3%	2%	1.9%	1.7%	0.3%	0.3%

表 5-14　　镇江崇实女子中学学生家长职业分布（1933 年）[③]

商界	政界	教育	邮政	传道	医	农	盐业
42	16	12	10	8	6	4	4
37%	14%	10%	9%	7%	5%	3.5%	3.5%
工程师	电报	工	律师	海关	银行	铁路	总数
3	2	2	1	1	1	1	113
3%	2%	2%	1%	1%	1%	1%	100%

[①] 《北京弘达中学十周年纪念刊》，该校 1933 年印行，第 96 页。
[②] 《河北省私立南开中学概况》，《南开校友》第 1 期第 1 卷，1935 年 10 月 15 日。
[③] 《崇实女子中学五十周年纪念特刊》，1934 年印行，教务部分第 11 页，百分比为笔者估算。

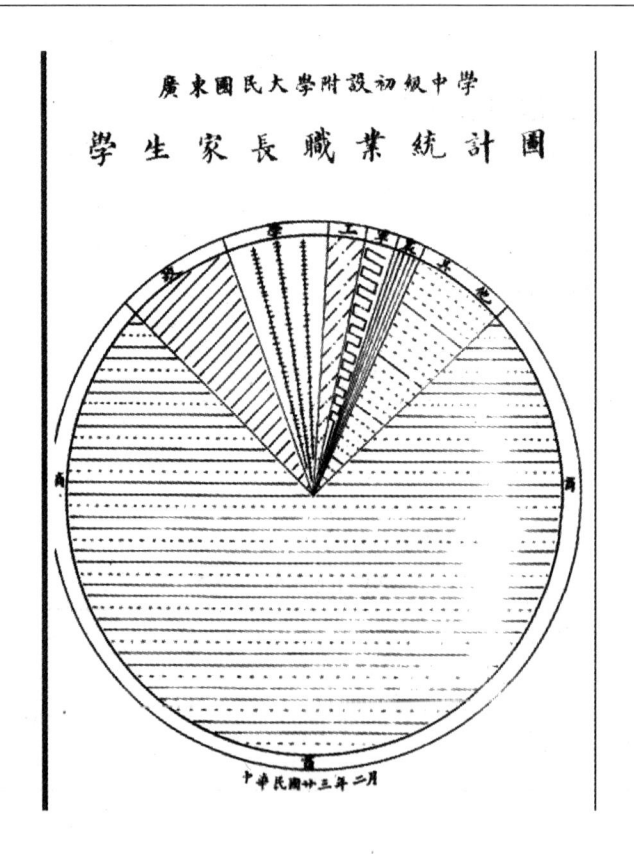

图 5-3　私立广东国民大学附设初级中学学生家长职业统计图（1934 年）①

（其中商界能占 75% 左右；政界、学界各占 6% 左右；工界、军界、农界各占 2% 左右；其他 7% 左右。）

表 5-15　　　　广西玉林私立紫泉中学学生家庭职业统计②

农	工	商	军	政	学	其他	合计
62	24	28	2	2	13	4	135
46%	18%	20%	1.5%	1.5%	10%	3%	100%

---

① 《私立广东国民大学附设中学概览》，约 1934 年印行，统计部分。
② 广西省政府教育厅导学室：《广西省政府教育视察团教育视察报告》（二十二年度），广西省教育厅导学室 1934 年印行，第 216 页。表内百分比是笔者计算得出的。

表 5-16　　　　　成都建国中学家庭职业分布（1930 年）①

商	学	政	农	军	开店	工	医	总计
79	59	55	41	31	9	4	4	282
28%	21%	20%	15%	11%	3%	1%	1%	100%

以上六校分布在京津、江苏、广东、四川、广西等地，从沿海到内地俱有，且时间都是在 20 世纪 30 年代前期，有一定的可比性，也反映了不同地区的生源的差别。

首先，在各校中占突出地位的当属商界家庭，最低的玉林紫泉中学，占 20%；高的如广东民大附中，达 75% 以上；天津南开、镇江崇实等校的商界子弟亦占到了近 40% 左右的比例，这说明沿海地区的商人子弟在中学阶段的比例是高于内地的，同时也意味着在沿海地区的社会阶层中，商人已经占了相当的比重。

其次，与上面商界家庭分布相反，农界家庭背景的学生是内地高于沿海地区，如成都建中农界家庭学生占 15%；玉林紫泉中学占 46%；广西另一所三民中学有学生 75 人，其中农界学生有 47 人，② 达到 63%；而沿海地区农界学生明显减少，一般只占到本校的 3% 左右。倒是北京弘达中学的农界背景的学生占 24.3%，有些出乎笔者意外，如果对照弘达中学学生的籍贯③看，该校学生多为外地来京就读，可能其中相当一部分是农村中的富裕农因不满当地的教育水平，故将学生送入北京学校，以求有良好前途，造成北京地区农界学生比例较高的状况。

再次，在我们现在看起来是高收入的家庭，如律师、医生、金融等领域的家庭，所占比例都不高，即便是当时较发达的天津南开，律师家庭占 1.9%；医生家庭占 3%；金融略高，占 5.4%，说明当时的服务业尚不发

---

① 根据《十九年度一学期各班学生家庭职业比较图》做表，《建中要览》，"各项重要统计图表"部分。

② 广西省政府教育厅导学室：《广西省政府教育视察团教育视察报告》，广西省教育厅导学室 1934 年印行，第 227 页。

③ 弘达中学 1932 年学生籍贯分布为：河北 303，山东 360，辽宁 250，河南 117，山西 116，吉林 172，广东 68，四川 50，江苏 43，湖北 30，湖南 29，浙江 22，陕西 23，福建 21，热河 14，绥远 11，甘南 11，广西 11，察哈尔 9，江西 12，安徽 22，黑龙江 8，云南 6，贵州 4，外蒙古 1，新疆 1。《二十一年度第二学期学生籍贯分配图》，《北京弘达中学十周年纪念刊》，1922 年印行，第 94 页。

达，故造成该类背景的学生比例较低。

最后，在各学校中，工界背景所占比例普遍较低，一般占1%到2%，入学者也大多为工厂主阶层，或称为"实业界"家庭或许更合适，因为前文我们已有结论，工人家庭背景入学的可能性很小，因为被剥夺了生产资料之后的工人，其生存状况根本无法支付其受中等以上教育的费用。

（三）私立中学并非贵族学校

前面通过对学生家庭背景的调查，私立中学的生源主要来自商界、政界、学界等市民家庭，其中不乏高官显贵的家庭，特别是一些大城市，如天津的南开、耀华中学，经常能声闻黎元洪、徐世昌等家庭子弟在其间就读，上海的中西女中也是当时社会上层送女性入学的首选，但这些家庭在整个私立中学中所占的比例还是少数。从私立中学收费的标准看，还是更符合诸如教师、中小商人、公务员等家庭的生活水平，他们属于中国各阶层的中等偏上收入家庭，从现在的观点看，大致属于中产阶级。

如果再做一个横向比较，我们会发现私立中学的学生与公立中学的学生相比，开支并不算高（见表5-17）：

表5-17　　国立中山大学附属中学全年费用表（1932年）[①]

	学费	图书费	体育费	杂费	宿费	食费	衣服费	书籍费	文具费	应酬	合计
高中部	15	2	2	5—8	10	120	约80	约50	约20	约72	约376元
初中部	20	3	3	9	10—14	120	约80	约30	约15	约60	约350元

注：本表未将军训服冬夏两套约80元计入；新生保证金高中10元，初中5元未计入。

表5-17显示国立中山大学附中的学生平均每年的开支要远远多于一般的私立中学，与前文1926年的清明中学相比，如果考虑减去从1926年到1932年的物价上涨因素和地区经济差别因素，再最大限度减去衣服费和应酬费，使其和清明中学学生持平，那么须减去总约150元左右，每生年均开支仍达到200元以上，还是高于私立中学的水平，因此称私立中学为贵族学校是不合适的。

面对私立中学是贵族学校的说法，有的学校乐于接受。如上海中西女

[①]　古楳：《现代中国及其教育》（下），中华书局1936年版，第437页。

中,为将学生培养成西式"淑女",对学生一进校就进行"奢华教育",每届秋季开学时,学校都要举行四小时的大型西式茶会,介绍新教师与社会名流及知名家长见面,礼节繁缛,铺张奢侈,美国教师常当面夸赞衣着西化、打扮富丽的教师,而衣着朴素的教师往往会遭到歧视。学生之间也相互炫耀,以家中有钱、有势,自己善于打扮、交际为荣,至于老实、朴素的学生,却不为人看重,甚至遭到老师歧视。某年有个新生因穿着朴素,被同学探知其住在小弄内的阁楼上,被传为笑料,最后新生竟被迫自动停学。[①] 该类学校培养的学生英语非常好、懂外国礼节,适应西方的生活方式,在当时深合上层社会的要求,1936年,有个家长为了把成绩很差的学生送进中西女中,托了多个"门路"说情,希望能进学校学习,哪怕一个月也行,因为有了中西女中的招牌,跻身上流社会是很容易的。当时就有许多有钱、有地位的人家就以能娶中西女中毕业生为荣。[②]

但大部分私立中学尽量避免成为"贵族学校"。同为教会中学的葆灵女中,曾用过各种方法,使不少贫寒市民的女儿入学,抗战前,每年的暑假在庐山都有一次"兰雀子"(Blue Bird sale)出售,这些就是葆灵自助生为自己膳食费绣出的餐巾、床单等,出售给来庐山避暑的游客,以解决费用问题。还有的学生代学校管图书杂志,为学校打上下课铃,对于这些学生都可免费。此外,学校还设优秀生奖,奖励那些成绩好的学生。[③]

很多名校以"勤朴"为训,力戒奢华。天津私立耀华中学就有"贵族学校"之名,一是因为校舍、设备、师资等条件在当地首屈一指,其他学校望尘莫及,更因为学生中达官贵人、富商巨贾的后代甚多,某同学是袁世凯、曹汝霖、徐世昌的后人以及哪个当政的显贵和大富商的子弟,时有所闻。但他们在学校没有丝毫特殊化,绝不敢摆阔,否则只会引来同学讥笑。在学校,一律穿校服,冬天深蓝布袍子,夏天浅蓝布袍,体育课白衣白裤,力求俭朴。同学们在成绩面前人人平等,名门后裔功课因不及格而留级也没有任何通融;学习出众者不论家境如何,都受到老师赞赏,同学

---

① 薛正:《我所知道的中西女中》,见《上海文史资料选辑·解放前上海的学校》,上海人民出版社1988年版,第308—309页。
② 同上书,第299、310页。
③ 周兰清:《南昌葆灵女中往事回忆》,见《江西文史资料选辑》(第4辑),江西人民出版社1981年版,第130页。

尊敬。① 上海私立南洋模范中小学是从南洋公学（后来的交通大学）附属学校发展而来的，当时南模的学生也大多来自富裕家庭，但由于学校养成了"生活俭朴，力戒浮华"的校风，学生穿着都非常朴素，谁要是穿得华丽一点，就会受到大家的笑话。后来很多有成就的校友回到学校时，仍然保持了俭朴的作风。②

总之，笔者认为，"贵族学校"在私立中学中只是极少的比例，就一般性而言，私立中学的兴起和发展适应了新兴阶层的需要，如新兴知识分子、新兴商人及新兴服务业阶层如律师、西医等的需求，他们本身就重视教育，并且更喜欢实用的、西方化的新事物，而私立中学恰恰就具备这些特点，它们在课程设置及教材选择上较之于公立中学更加灵活，贴近社会，也更重视外语及体育的教学，在校园氛围上亦表现出更浓厚的民主色彩。因此尽管其收费可能略高于公立中学，但仍得到了这些中产阶级家庭的青睐，成为他们送子弟入学的首选。

---

① 资中筠：《读书人的出世与入世》，中国社会科学出版社2002年版，第225页。
② 赵宪初：《南洋模范中学校史简述》，见《上海文史资料选辑·解放前上海的学校》，上海人民出版社1988年版，第242页。

第六章

私立中学的课程与教学

　　清末民国时期各种思想风起云涌、交错纷呈，可称得上是中国的又一个"百家争鸣"时期，各种各样的思想都不同程度地影响到教育观念的发展和变化，推动着教育的变革。私立中学不仅经历着历史的变革，而且在变革中不断调整着自己的办学策略，将西学与中国的实际相结合，逐渐形成了自己的优势学科。与公立中学相比，私立中学的课程设置更为灵活，尽可能适应社会的需要和自身发展的需要，20世纪前期，中国的资本主义有了较快发展，社会对专业化的人才需求进一步增强，许多私立中学纷纷加设商业科、法律科等应用课程，来满足社会的需要，因此私立中学的毕业生就业率高于公立中学。

一　私立中学的教育理念与教学方法

　　由于私立中学是个人或团体出资兴办，其经费重要来源之一就是学生的学杂费，故招收学生的多少便事关学校的发展和兴衰，而吸引学生最关键的措施便是提高教育教学质量，因此大多数私立中学在教学中不断吸收西方的教育教学理念，引进先进的教学方法，探索适合本校校情的新方法，可以说这些新观念和新方法的传播和实践，对于促进私立中学的教学质量的提高起到了非常重要的作用。

（一）私立中学的教育理念

　　私立中学的创办人很多是基于当时中国国情衰微，认为要想自强，非从改革教育不可，最典型的当属张伯苓。1897年，英国强租威海卫，而当时威海卫尚被日本人占据，于是清政府派通济轮前往接收，移交英国。当时张伯苓就在通济轮上当船员，目睹了"国帜三易"，深受刺激，经过思考后，他认为中国的自强之道"端在教育"，由此张伯苓树立了"终身从事教育之救国志愿"，① 后遇到同有教育救国之心的严修，受严之聘主持严氏家塾，开始了终身办学之路。

在办学过程中，张伯苓始终贯彻"爱国""救国"之主题，通过重视体育、提倡科学、组织团体、训练道德和培养救国力量，来医治当时中国"愚""弱""贫""散""私"之弊，并将南开校训确立为"允公允能"，目的即在"培养学生爱国爱群众之公德"与"服务社会之能力"。② 我国著名学者叶笃正回忆说"在进入中学（南开）以前，家庭观念很深，国家概念很浅薄。考入南开中学以后，才真正有了正式的国家概念。……深厚的爱国思想是南开中学给我的"。③

南开中学的爱国教育不是空洞的说教，而是从实际出发，教导学生如何爱国。正是南开将爱国意识贯彻在实际行动中，南开学生往往成为国家危难之时倡导救国的重要力量，在五四、五卅等爱国运动中还充当了领导者的角色（见第七章"私立中学的政治参与活动"）。南开中学校友刘东生谈到"南开精神"时，认为"南开精神"可解读和理解成张伯苓的"二皮（P的谐音）原则"（double P principle），其中第一个P就是爱国主义（patriotions），"爱国主义是南开精神的核心"。④ 由此可见，南开的爱国主义留给学生的印记是难以磨灭的，也正是如此，才会有周恩来"面壁十年"为"邃密群科济世穷"的爱国情怀。

1932年初，"一·二八事变"激起了海门私立启秀中学师生对侵略者的无比愤慨，同时也感到亡国之祸就在眼前。时在这个农村私立中学任中国语文兼地理课的陈倬云，在黑板上画地图，标出日军侵略地点，让学生结合实际学习知识；他在语文课上讲解与诵读岳飞的《满江红》、文天祥的《正气歌》、法国都德的《最后一课》、林觉民的《与妻书》等，极大地激发学生牺牲自我，救国救民的高尚情操。⑤

---

① 张伯苓：《四十年南开学校之回顾》，见《南开四十年》，1944年印行，第2页。
② 同上书，第2—6页。
③ 叶笃正：《南开给了我真正的国家概念》，见《重读张伯苓》，第3页。叶笃正，中国科学院院士，2005年国家最高科学技术奖获得者。天津南开中学1935级。
④ 刘东生：《学高为人师，身正为人范》，见《重读张伯苓》，第16页。刘东生，中国科学院院士，2003年国家最高科学技术奖获得者。天津南开中学1937级。
⑤ 施雅风：《抗日战争前的中学生活》，见《过去的中学》，长江文艺出版社2006年版，第72页。施雅风，地理学家，中国科学院院士，1931年在当地私立启秀初级中学学习。

在办有校刊的学校,也会通过校刊来议论时事,体现了私立中学学生对社会的关注。以 1932 年 11 月圣心中学校的校刊《圣心》为例,该刊登载的有训令《教育部朱部长九一八纪念告全国学生书》、《广东教育厅谢厅长训话"青年学生的责任"》,论文《我们应该怎样来抗日救亡和建设新中国》(武佑)、学生作文《日本承认满洲后之感想》(高二年级马殿骥)、《追悼抗日阵亡将士文》(初二年级何炳鋾)等,特别是《九一八国难一周年纪念感言》,作者李庆湘,仅是一名初一学生,在其文中既有对国军"无抵抗之威,连失吉辽黑省"的失望,也有"众志成城,定雪盘沙之耻"的信心,同时作为一个莘莘学子,表示要"读书不忘救国",爱国之情溢于言表。①

私立中学要想在社会上立足,根本还是要有过硬的教学质量,对学生学业的严格要求是教学质量的最主要保障,优秀的私立中学无不如此。

南开中学有位英语老师,姓黄,学生称呼她是米士黄(Miss Huang)。她对学生要求很严,英语作业很多,有时要写英文作文,有时要背诵课文,默写单词。有时当堂提问,答不上来就要批评。据王锡璋回忆,有一次他没有答好问题,米士黄就用英语批评:"Where are your eyes? Where are your ears? What are you doing? Are you sleeping?"这一次批评对王锡璋的教育至深,以后每天早自习的时间,差不多全用在英语上了。② 在高中还有陈同燮和顾子范两位英语老师对学生要求也很严,有一次陈同燮发现不少同学对"compound"这个词在读音时重音读错,当堂纠正多次,还是有人粗心不改,就即时宣布:谁再读错,罚站一课时,不许坐下。从那以后,再也没人读错 compound 了。③

20 世纪 30 年代,各学校对体育的重视使社会上逐渐流行一种不良风气,不少学校常常派人到各处特招运动员,有的不经考试或不管考试成绩如何即予以录取,录取后又给以各种津贴。这些人只要代表学校参加比赛,上不上课学校可以置之不问,几年后照样可以取得文凭。南开为抵制这种歪风,当时决定取消校队制,有名的运动员如果违反校规或功课不及

---

① 圣心中学校:《圣心》,1932 年 11 月,第 246 页。
② 王锡璋:《忆南开》,见杨志行等《解放前南开中学的教育》,天津教育出版社 1989 年版,第 125 页。
③ 杨肖鹏:《我对母校的几点回忆》,见杨志行等《解放前南开中学的教育》,天津教育出版社 1989 年版,第 95 页。

格，照样开除学籍或留级。①

　　教会中学在二三十年代立案后，面临更大竞争，因此在学业管理上更加严格。江西葆灵在1931年向江西省教育厅立案，成为一个由中国政府领导的教会私立学校，课程设置也相应有了较大的变动，文化课必须按照教育厅新规定的开设，并且增添了教职员。由于学校既要和其他教会中学竞争，也要与其他国人所办中学竞争，因此，学校制度较前更完善、严格，学生绝大多数住校，很少与外界接触。各科要举行严格的考试，按照百分制的计分法以75分为及格，凡必修课有一门不及格不能获得毕业证书，必须补考赶上，各年级有两门主科不及格的留级重读，任何人不得例外。② 北京汇文也有很严格的考试制度，考试分平时考、月考、学期考、补考、特考及入学考试等六种，采用比较计分法评定成绩，E为最优等；G为优等；M为中等；P为及格；C为不及格；F为劣等；×为未赴考；CH为考试欺骗。定功点E为1.2；G为1.1；M为1.0；P为0.9；C为0.7；F为0.6。凡学生于全学年平均成绩在0.8以下者，令其退学。各学科成绩有下列情形之一者重习：（1）F等者；（2）两学期俱列C等者；（3）补考仍不及格者；（4）C等而逾一学年末补齐者。在这种严格的考试制度下，学生被淘汰是很常见的。严格的选拔造就了优秀的人才，因此汇文的毕业生学业及操行成绩在中等以上者，可请求燕京、齐鲁、东吴三大学直接收录，毋庸考试。③

　　对学业的严格要求不等于抹杀个性，在私立中学的教学过程中，鼓励学生个性发展的例子还是比比皆是的。南开学生谢邦敏富有文学才华，但数、理、化成绩不佳。毕业考试时，他物理交了白卷，但心有不甘，即兴在卷上填词一首调寄《鹧鸪天》。物理老师魏荣爵在谢的卷子上也赋诗一首："卷虽白卷，词是好词。人各有志，给分六十。"于是谢邦敏顺利毕业，并考入西南联大法律系，毕业后先在北大法律系任助教，后任职法院，成绩斐然。④

　　天津新学书院重视传统文化，中国语文课基本上以文言为主，很少选白

---

① 娄光后：《记南敏排球队》，见杨志行等《解放前南开中学的教育》，天津教育出版社1989年版，第100页。
② 周兰清：《南昌葆灵女中往事回忆》，见《江西文史资料选辑》（第4辑），江西人民出版社1981年版，第131页。
③ 王振乾：《回顾北京汇文中学》，见《中华文史资料文库》（第17辑），中国文史出版社1996年版，第128页。
④ 徐百柯：《过去的中学》，见《中国青年报》2007年8月29日。

话文，学生的古文底子比较扎实。时在新学书院上学的杨宪益在初中一年级的作文课上写了一篇《论驳〈文学改良刍议〉》，洋洋洒洒好几百字，批驳胡适的主张，他认为文言文比白话文简洁、优美，层次高得多，白话文绝对代替不了文言文，并把胡适大骂了一顿。语文老师很欣赏这篇作文，给了他一百分。有一次中文老师出了一个题目要大家写篇郊游游记，杨宪益说他"懒得写"，就写了一首诗交差，老师看了这首诗觉得比自己写得还好，居然给杨宪益打了一百分。作为诗人，杨宪益从来不写新诗，只写旧体诗。直到今天他仍欣赏简洁、要言不烦的文字，不喜欢啰唆冗长的文章。①

对学生的宽容和民主是营造个性发展的重要条件。朱自清曾任教于浙江上虞的春晖中学。一次，学生王福茂写了一篇作文《可笑的朱先生》。其中写道："他是一个肥而且矮的先生……近右额的地方有一个圆圆的伤疤……最可笑的，就是他每次退课的时候，总是煞有介事的从讲台上大踏步地跨下去，走路也很有点滑稽的态度。"朱自清不以为忤，反而在这篇作文下面画了许多双圈，并在课堂上读给大家听，赞其是一个榜样，描写人让人读后如见其人。研究过春晖中学校舍的张青平评价：当教育传达出对学生的善意、信任和关爱时，唤醒的是学生的向学之心和向善之志。②

课外活动有利于学生培养兴趣和发展特长，有条件的私立中学更是积极提倡课外活动，丰富学生的课余生活，培养学生的兴趣与才能，使学生于正课之外能随个人兴趣，对于文学、科学、艺术、演说等各方面，获得充分的训练。例如浦东中学，学校各项课外活动皆由校务会议或各学科研究会议定，并推选有关教师分负指导之责。诸如秩序、乐观、审美、体育、清洁卫生演讲比赛、旅行参观、学校期刊、平民教育，均由学校推选指导员尽护育之责。凡学生根据兴趣爱好，自由发起组织的学术研究团体，如数理化、国乐、英文等研究会，皆由学生敦请校中师长担任指导。③

澄衷学校同样采取措施，以指导学生养成良好的课余爱好，学校经常举办各种观摩会，由各班级因地制宜地陈列各种学业成绩、课外作业和参考资料。课外作业包括壁报、读书、摘记、摄影、统计图表等，参考资料包括字画、雕塑、工艺品及模型、战事画片美术画片、邮票钱币香烟画

---

① 雷音：《杨宪益传》，见傅国涌《过去的中学》，长江文艺出版社2006年版，第55页。
② 徐百柯：《过去的中学》，见《中国青年报》2007年8月29日。
③ 《浦东中学简史》，《20世纪上海文史资料文库》（第8辑），上海书店出版社1999年版，第219—220页。

片、标本、书报杂志等。评判后最优秀的班级获得金色和银色的优质奖状。① 正是在课余活动中，学生能自由发挥自己的兴趣，潜能便随着兴趣逐渐转化成自己毕生的追求了。胡适在澄衷学习开始接触到梁启超的《新民说》和《中国学术思想变迁之大势》，《新民说》"给我开辟了一个新世界，使我彻底相信中国之外还有很高等的民族，很高等的文化"，《中国学术思想变迁之大势》"也给我开辟了一个新世界，使我知道《四书》、《五经》之外中国还有学术思想"。从那时候起，胡适就留心读周秦诸子，"后来做《中国哲学史》的种子就是这个时期发起来的"。② 胡适在澄衷还积极参加自治会演说，有一次，他在自治会演说，题目是《论性》，为论证王阳明的性"无善无恶，可善可恶"是对的，他用《格致读本》(The Science Readers) 中"最浅近的科学知识来证明之"，获得成功，"我也很得意"。③ 这些成为以后胡适贯通中西学的萌芽。

（二）私立中学的教学方法

在 20 世纪 20 年代之前，中国接触国外的教育观念还较少，因此教育方法基本还是沿用了传统的以老师讲演为主的授课方法，"中学教学法不但在前清毫无讲究，即民国元年至八年间也纯粹是讲演法，无何种改进"。④ 如孟禄在私立正谊中学参观两班一年级，一班教国文，一班教本国地理，又四年级一班物理，教师皆用讲演式教法教授。⑤

在 1920 年左右，美国教育家杜威、孟禄等人先后来华讲学，将美国的教育观念带入中国，特别是杜威的民主主义教育大大地冲击着中国原有的教育体制，又经其弟子胡适、蒋梦麟、陶行知等人的大力鼓吹，在中国教育界掀起改革之风。教育方法也开始由老师为本向着以学生为本的方向转化。例如春晖中学在经亨颐的管理下，对学生的教育方法则注重启发诱导，身教感化。师生关系，亲密无间，学生视教师为楷模，教师以学生为挚友。正是由于教育内容的革新，教学作风的民主，教学设备的齐全和师

---

① 张志康：《从澄衷学堂到澄衷中学》，见《20 世纪上海文史资料文库》（第 8 辑），上海书店出版社 1999 年版，第 207—208 页。
② 胡适：《四十自述》，中国华侨出版社 1994 年版，第 57—58 页。
③ 同上书，第 59 页。
④ 陈翊林：《最近三十年中国教育史》，上海太平洋书店 1932 年版，第 258 页。
⑤ 王卓然：《中国教育一瞥录》，商务印书馆 1923 年版，第 342 页。

资的优越，创立不久，学校就办出了成绩，声誉著于省内外。20年代的学生，除本省外还有来自江西、湖南、广东、四川、贵州等地的青少年，就是远在东南亚的华侨，也有人慕名送子弟前来入学的。①

浦东中学为了增长学生知识，扩大视野，经常邀请社会知名人士来校讲演，如陈独秀、沈雁冰、汪精卫、美国杜威博士（1920年6月4日）、华尔德（1925年4月13日）、恽代英（1925年4月28日）、郭沫若（1925年5月12日作"科学与文学的关系"讲演）等，均先后来校演说，深受学生欢迎。②浦东中学还提倡自学辅导法。所谓自学辅导法就是"学习、工作由学生自动为之，教师仅负辅导补助之责"。凡学生用书除课本外，教材纲要和各科参考用书都由学生自备或由学校借给，以便学生自动研究，养成学生独立学习的能力。1922年9月，校长朱叔源为了给学生提供课外"自动研究学术之机会，俾不致囿于课本之范围而阻碍其个性之发展"，着手筹建浦中图书馆。翌年4月正式开放，计有中外藏书8000余册、中西报纸8种、杂志30余种。这使学生在课余之暇，得优游其中，既养成学生良好的读书习惯，又增进了研究学术的兴趣。③

在20年代，教育家舒新城还从理论到实践对新兴的道尔顿制④教学法进行了研究，1922年10月，在舒新城等人主持下，上海吴淞中学（原中国公学中学部），先在国文和社会常识两科进行道尔顿试验，这是我国试

---

① 经遵义：《上虞春晖中学》，见《浙江文史资料》（第45辑），浙江人民出版社1991年版，第208页。
② 《浦东中学简史》，见《20世纪上海文史资料文库》（第8辑），上海书店出版社1999年版，第219页。
③ 同上书，第220页。
④ 由美国H. H. 帕克赫斯特于1920年在马萨诸塞州道尔顿中学所创行，因此得名。其目的是废除年级和班级教学，学生在教师指导下，各自主动地在实验室（作业室）内，根据拟定的学习计划，以不同的教材，不同的速度和时间进行学习，用以适应其能力、兴趣和需要，从而发展其个性。实行道尔顿制的主要措施：要布置各科作业室用以代替传统的教室。室内按学科性质设置参考图书，实验仪器、标本等教学和实习用具，并设教师指导学生学习。将学习内容分月安排，各科教师与学生按月订立"学习工约"，教师根据学生的程度，指定学生做某一个月的作业，并把它公布在作业室内。学生根据自己的能力，自由地掌握学习的速度和时间，并可与教师和同学研究讨论，学生完成本月的工约，须经教师考试，及格后才能学习下一个月的工约。道尔顿制在弥补班级教学制度的不足，发展学生个性、培养学生独立工作的能力等方面有一定的积极作用，并对程序教学、个别指导教育等曾发生过影响；但它偏重学习学科知识，过分强调个性差异，忽视了班集体作用以及德育，在推行时往往形成了教学上的放任自流。此制在20世纪20年代后曾在一些国家试行，中国的上海、北京、南京、开封等地也进行过实验。从30年代后，采用此制者就日渐减少。

验道尔顿制之始,之后,道尔顿教学法风靡全国,北京的艺文中学也成为推行道尔顿制的重要实验学校。[①] 道尔顿制体现的原则就是"自由与合作"[②],它对于传统的教学方法具有革命性的变革,遗憾的是,由于经费、设备的限制及当时理论条件的不具备,道尔顿制在中国的实验并不成功。随着主要推行者舒新城1925年进入中华书局而离开教育界,"道尔顿热"很快退潮。其实,这也反映了单纯照搬西方的教学方法往往会产生水土不服现象,即"淮南为橘,淮北为枳"也。

到30年代,经过不断的探索,各私立中学对教学方法的运用渐趋成熟,不同学校也有不同学校的方法和风格,下面对北京这时期私立中学的教学方法稍作归纳,以便我们了解当时的教学状况。

重视预习。如私立育英中学、私立弘达中学校和私立翊教女子中学校教师在授新课前指示课前预习教材中要点及参考书,私立育英中学的学生还要呈交预习作业,备教师检查。

慎选教材和辅导材料,并给以适当指导。在当时,全国教材并不统一,只要通过教育部教材审查委员会审查的,就可被选用,所以学校和教师的选择面就比较大。私立盛新中学校由教务处召集学科会议,决定教授细目,采取同一教材,并且让学生明了各科之真义,并备置合宜之书籍,让学生自修时参考;私立嵩云初级中学教师除按课本讲授外,并随时指定参考书,或实地实质令学生阅览考察,辅导学生能力不逮之处,学生就教员指定之参考,前往调查及解答各种问题。

教学中普遍采取启发式教学,以引起学生求知的兴趣,进而达到让学生自动学习,师生合作,共同发展的目的。私立求实中学校的教师,以引起学生自动研究之兴趣为原则,于课内只提示大纲,并示以参考资料及探讨方法,学生则注意札记,认真思考,师生如有问题疑点,就共同讨论加以解决。私立大同中学校的初高中部完全采用启发式教学法,讲演、问答、笔记混合应用,并特别注重学生自动学习的激励与课外研究的指导,学生除听讲作练习外,常于课外赴图书馆研究、做札记及组织各种研究会,以资互相切磋。私立中国学院附属中学校采取启发式,以单级教授法为主,兼采道尔顿制的优点,以期达到更好之效果。

---

① 王炳照:《中国私学·私立学校·民办教育研究》,山东教育出版社2002年版,第363页。
② 舒新城:《道尔顿制可有的弊端》,见《中华教育界》第13卷第2期,1923年8月。

注意直观教学法的使用。私立平民中学校的教师在指导方面，除在教室内用标本、挂图及试验使学生切实了解外，更于学生自习时轮流视察，以便质疑；师生还择课余或假期之便，共同旅行，采集标本，或赴与学业有关之机关团体参观，藉资探讨。私立弘达中学校的理化科每周实验一两次，加强对科学规律的认知。

注意因材施教，让学生能充分发展。私立崇实中学校无论何科，除以该科教员个别指导外，并由各该科主任、教员分别辅导；私立光华女子中学校教师依据学生心理指导学生学习，在现行班制中酌行个别教学，以期适合学生个性，学生则依照规定课程，分别预习、复习及实习工作，在课前课后及实验室或校外施行。

学生或自发或在教师指导下，组成各种团体，进行讲演、讨论问题、校外参观活动，以达到自我学习、不断提高之目的。私立中国学院附属中学校的学生自动组织各种学术研究会，每周举行竞赛及成绩展览会，师生还共同组织各种学术团体，研究各种问题。私立育英中学、私立崇实中学校、私立大同中学校等校均有此类组织或团体。如此学生更易明了教师之意义，教师更易洞悉学生之心理，师生之间更易沟通，不至隔阂。

注意让学生在自习、课外巩固已学知识，扩大知识面，或在假期弥补自己功课的不足。私立培根女子初级中学校就每周多给学生自习钟点，以温习教师所授各科功课。私立笃志女子中学校教师，每授毕一课，即令学生练习，并示以阅读方法，令学生笔记，广搜教材，并于课外参考其他关系学科，务求彻底明了。私立惠中女子初级中学校教师授课，注重设计、比较、联络、演绎、归纳各方法，并示学生读书时间之分配及应阅之参考书，于放假时令学生择其不及格之科目乘机补习，并予以课外作业题目，使其自作解答。

注重练习，巩固所学。私立盛新中学校每一科教师居被动地位，学生为主动，待该科明了后，教师令学生讲演、答问或练习，各生可按照自己之意志自由批评，然后由教师改正其错误，评定其优劣。私立翊教女子中学校经过若干时间，就举行各种考察，如月考、期考等，让学生对自己的学习进行阶段性检查和总结，以达到温故知新的目的。

除了以上各私立中学普遍的原则和做法之外，一些私立中学还有自己的教学方法，如实验指示法、图表模型解释法、问答法、课室演题及回讲法等等，限于篇幅，就不再一一列举和解释。①

总之，这一时期由于教师本诲人不倦之训，以启学生好学不厌之心，师生各尽其力，切实研究，切实遵行，终使私立中学教育的教学质量走在全国中等教育的前列，现在回头看 20 世纪的中国学术大师，很多都是从私立中学走出来的，显然这与私立中学采取先进的教育教学理念和方法是分不开的。

二 私立中学的课程设置

（一）私立中学的课程设置

从 1902 年至 1936 年，中国政局变化多端，社会思潮云谲波诡，国家教育部门在课程标准的制定上也深受社会局势变化的影响，每次学制的变动，都会带来中学科目和课程的变动。私立中学在课程设置上，基本遵行国家教育行政部门颁行的课程的标准，在政策的范围内还会根据本校实际和社会需求进行灵活变通。

1902 年，《钦定学堂章程》虽然出台，但并未真正推行；1904 年，《奏定学堂章程》颁布，其规定的中学堂课程表②如表 6-1：

表 6-1　　　　《奏定学堂章程》规定的中学堂课程表

	修身	读经讲经	中国文学	外国语	历史	地理	算学	博物	理化	图画	法制及财政	体操	合计
第一学年每周授课时间	1	9	4	8	3	2	4	2		1		2	36
第二学年每周授课时间	1	9	4	8	2	3	4	2		1		2	36
第三学年每周授课时间	1	9	5	8	2	2	4	2		1		2	36
第四学年每周授课时间	1	9	3	6	2	2	4		4			2	36
第五学年每周授课时间	1	9	3	6	2	2		4			3	2	36

在《奏定学堂章程》中，制订了中学的课程计划和课程标准，为私立

---

① 以上 30 年代教学法的事例根据吴廷燮《北京市志稿 5 文教志（中）》的"私立中学校"部分相关内容整理，北京燕山出版社 1998 年版，第 27—105 页。

② 陈翊林：《最近三十年中国教育史》，上海太平洋书店 1932 年版，第 106—107 页。

创办学堂提供了可以依据的法规章程。但由于制度刚刚推行,并且清政府对全国的控制日渐削弱,无法对执行情况进行严格的监督,不少私立中学并未严格按章程办理。如南开中学的课程为修身、读经、国文、历史、地理、博物、生理、英文读本及文法、外国历史、外国地理、数学、代数、几何、化学等课程,后七门课程用英文教材教授,① 通过对比,除了个别科目的名称有所变动,如将中国文学改为国文,物理和化学分别设立,算学改学数学、代数、几何等外,南开还专门开设外国历史、外国地理等课,并用外国教材教授,足见其对西方知识的重视。浦东中学在授课时也并未完全按照《章程》规定,如《章程》规定读经讲经须讲授《春秋左传》和《周礼》,而浦东则讲授群经大义。② 不过总的来说,大多数私立中学课程都是按照部颁章程安排课程的,只是细节上有所出入而已。

民国成立后,于1913年颁布新的课程标准,具体课程见表6-2③:

表6-2　　　　　　　　1913年颁布的新课程标准

	修身	国文	外国语	历史	地理	数学	博物	物理化学	法制经济	图画	手工	家事园艺	缝纫	乐歌	体操	合计
第一学年每周时数	1	7	男7女6	2	2	男5女4	3			1	1		女2	1	男3女2	男33女32
第二学年每周时数	1	男7女6	男8女6	2	2	男5女4	3			1	1	女2	女2	1	男3女2	男34女33
第三学年每周时数	1	5	男8女6	2	2	男5女4	2	4		1	1	女2	女2	1	男3女2	男35女34
第四学年每周时数	1	5	男8女6	2	2	男4女3		4	2	男2女1	1	女2	女2	1	男3女2	男35女34

新学制要求私立中学办学要按照部章严格执行,但私立学校的生存依赖于生源状况,因此,"迎合社会、家庭对教育的要求,是私立学校的努力方向"④。不少学校根据社会的实际需要,对课程的科目设置有所改变。表6-3是南开在民国初期的课程设置⑤:

---

① 朱有瓛:《中国近代学制史料》(二·上),华东师范大学出版社1987年版,第430页。
② 同上书,第747页。
③ 陈翊林:《最近三十年中国教育史》,上海太平洋书店1932年版,第249—252页。
④ 王炳照:《中国私学·私立学校·民办教育研究》,山东教育出版社2002年版,第356页。
⑤ 《天津南开学校中学部一览》,1921年印行,第16页。

表6-3 南开中学在民国初期的课程设置

		修身	国文	英文	算学	速记打字	中国史	中国近世史	中国政概要	世界史	世界近世史	中国地理	世界地理	博物	物理	化学	政治	经济	商学	簿记	图画	手工	体操	合计
第一学年		1	6	8	5		3					3									1	2	2	31
第二学年		1	6	6	6								3	4									2	28
第三学年	文科	1	3	6	6上			3下	3下	3	3				3	3							2	27
	理科	1	3	6	6					3	3				6								2	27
第四学年	文科	1	6	9	5						3						3	3					2	27
	理科	1	3	6											6	6					2		2	28
	商科	1	3	6	3上3下	3下					3							3	3	3			2	27

将南开的课表与部颁标准相比差别还是比较明显的,主要是南开学校的课程设置受袁世凯统治时期文实分科的影响,不仅分文理科,在第四学年还加入商科,并添设速记打字、商学、簿记、经济等科目,为不打算继续升学的学生毕业后的谋职奠定了基础,也显示了南开以社会需求作为办学标准的重要特点。南开等中学分科教学的成功为教育改革提供了一个良好的实验样本,1919年4月,教育部通令"中学得酌量地方情形增减部定科目及时间,于是中学自由改制的渐次增多,而实行起分科制或分组制来"①。经1922年全国教育会议讨论后,中学学制发生了大的变化,不仅四年或五年一贯制被改制成"三·三制"或"四·二制",而且高中课程还分成两组(文理),具体课表如下:

表6-4　　　　　　　1922年初中课程表②

	社会科			言文科		算学科	自然科	工艺科			体育科		选修	合计
	公民	历史	地理	国语	外国语			图画	手工	音乐	卫生	体育		
学分	6	8	8	32	36	30	16	12			4	12	16	180

表6-5　　　　　　1922年高中课程表(一组)③

科目	(一)公共必修科目									(二)分科专修科目							(三)纯粹选修科目	学分总计
	国语	外国语	人生哲学	社会问题	文化史	科学概论	体育			小计	必修				选修	小计		
							卫生法	健身法	其他运动		特设国文	心理学初步	论理学初步	社会科学之一种	自然科学之一种				
学分	16	16	4	6	6	6			10	64	8	3	3	4	4	32	56	30	150

---

① 陈翊林:《最近三十年中国教育史》,上海太平洋书店1932年版,第352页。
② 王伦信:《清末民国时期中学教育研究》,华东师范大学出版社2002年版,第100页。
③ 同上书,第101页。

表 6-6　　　　　　　　1922 年高中课程表（二组）①

科目	(一) 公共必修科目					体育			(二) 分科专修科目								(三) 纯粹选修科目	学分总计
									必修									
	国语	外国语	人生哲学	社会问题	文化史	科学概论	卫生法	健身法	其他运动	小计	三角	几何	代数	解析几何	用器画	物理 化学 生物 选习二科（每科6学分）	选修	小计		
学分	16	16	4	6	6	6		10		64	3	6	6	3	4	12	23	57	30	151

　　1922 年的新课程设置给学校和学生留下了充分的自由发挥和选择的空间，这既是受美国民主教育制度影响的结果，同时也是中学诸如南开等学校进行本土化探索的成果，是中西教育体制结合较好的典范。1922 年新学制及上述课程设置很快被全国公私立学校所接受，全国逐渐兴起了一股中学改制高潮。② 这一时期，私立中学的课程设置更加灵活，在 "三·三制" 或 "四·二制" 的框架下，各校尽可能地发挥本校特长，结合社会需求设置选修科目，为学生提供更多的选择。

　　但 1922 年课程标准由于选科过多容易导致散漫和缺乏标准，有些选修课流于肤浅，也招致一些批评之声。在南京国民政府统一全国之后，为了加强一党专制，在课程中加入了 "党义" 科目，并借机对全国中学的课程设置大力整顿，中学课程设置的自由度被大大压缩，或者说，已没有了课程设置的自由，包括教会及外人学校在内，各级各类学校须按国家制定的课程标准执行，政府对那些课程不完备或不按部颁规章教学者加以取缔或制定相应的措施使其招不到学生。如立案法则，对拒不立案者使其学生无法升学，而立案则必须按国家制定的课程标准实施，因而这个时期私立中学（包括立案的教会中学）的课程基本按照部定标准设置实施。③

　　1929 年，教育部颁布《中小学课程暂行标准》：高中取消了文理分科，虽适合了学生全面发展的需要，但另一方面也加重了学生的课业负担；"党义"课第一次出现在中学课程中，这是国民党在完成统一后，对青少年加强思想控制、进行 "党化教育" 的明显表现；为了配合学校的训

---

① 王伦信：《清末民国时期中学教育研究》，华东师范大学出版社 2002 年版，第 101 页。
② 查《京师学务公报》1923 年之后各期，有关中学申请改制的内容呈渐次增多的趋势。
③ 王炳照：《中国古代私学与近代私立学校研究》，山东教育出版社 1997 年版，第 401 页。

育，再加上时局的变化，此课程标准还要求初中开设党童军（或童子军）课程（不计学分），高中开设军训课程，为必修课，显示了政府对学校政治思想控制的加强。1929 年暂行标准公布后，于 1931 年修订完成，因"九一八"事变发生，同时因国联教育考察团来中国考察，对中学教育提出了许多批评意见，直到 1932 年教育部又重新聘请专家另行拟定，最后确定并颁布的中学课程标准如表 6-7 和表 6-8[①]：

表 6-7　　1932 年中学课程标准规定初级中学科目和教学时数表

课时\学科\学期	1 公民	2 体育	3 卫生	4 国文	5 英语	6 算学	7 植物	8 动物	9 化学	10 物理	11 历史	12 地理	13 劳作	14 图画	15 音乐	每周教学总时数	每周在校自习总时数
初一 上	2	3	1	6	5	4	2	2			2	2	2	2	2	35	13
初一 下	2	3	1	6	5	4	2	2			2	2	2	2	2	35	13
初二 上	2	3	1	6	5	5			4		2	2	2	2	1	35	13
初二 下	2	3		6	5	5					2	2	2	2	1	34	14
初三 上	1	3	1	6	5	5				4	2	2	4	1	1	35	13
初三 下	1	3		6	5	5			3	2	2	2	4	1		34	14
合计	10	18	6	36	30	28	4	4	7	7	12	12	16	10	8	208	80

表 6-8　　1932 年中学课程标准规定高级中学科目和教学时数表

课时\学科\学期	1 公民	2 体育	3 卫生	4 国文	5 英语	6 算学	7 生物	8 化学	9 物理	10 本国历史	11 外国历史	12 本国地理	13 外国地理	14 图画	15 音乐	16 军训	17 论理	每周教学总时数	每周在校自习总时数
高一 上	2	2	2	5	5	4	5			4		2		1	1	3		34	26
高一 下	2	2		5	5	4	5			2		2		1	1	3		34	26
高二 上	2	2		5	5	3		7		2				2	1	3		34	26
高二 下	2	2		5	5	3			2		2		2	2		3		33	27
高三 上	2	2		5	5	4		6			2		2				3	31	29
高三 下	2	2		5	5	2			6		2		2				3	31	29
合计	12	12	2	30	30	20	10	13	12	8	6	6	6	10	6	12	6	197	163

1932 年教育部正式颁布的课程标准，取消了学分制，改为时数单位制；将"党义"课改为"公民"课，既扩大了政治教育的范围，也更易被

---

① 王伦信：《清末民国时期中学教育研究》，华东师范大学出版社 2002 年版，第 105 页。

社会知识分子所接受；完全取消选修课程，初中将英语作为必修科目，取消选修职业科，增设劳作课为必修课目，高中取消选修科目，加重了语文、算学、史地等科分量，以升学为目标。由于此标准彻底取消选修科目，每周课时量也达到顶点，无论学校还是学生，可灵活安排的可能性很小，故有人称之为"最为硬化的课程设置"①。

1932年的课程标准给中学生带来了沉重的课业负担，社会反映比较强烈，1935年教育部又一次对课程标准进行修订，1936年2月，国民政府教育部公布修正初、高中教学科目及时数，修正要点是：注重养成学生自动研习能力，减轻其课程负担，每周教学总时数减少3小时至4小时，初中为31小时、高中为29小时；注重民族意识，于公民、国文、史地等科添增关于民族之教材；顾及学生之个性，于高中第二学年起，学生分甲、乙组学习（即又分文理科——笔者注）；兼顾不升学学生，于高中最后学年，酌设简易职业科目，以为选修科目，为就业之准备。② 1936年标准颁布后，学生的课业负担有所减轻，并且高中又分文理科学习，有利于学生个性的发挥，另外，简易职业科目的设立，也可为不再进一步升学的学生在一定程度上作了就业准备。

（二）私立中学课程设置的特点

总的来说，私立中学是在政府颁布的课程标准框架下进行课程设置的，尽管如此，私立中学还是在具体设置上根据学生特点和本校特点会做更具体的规定或进行部分调整。本书就以1922年之后的私立中学为例，了解私立中学如何设置科目和实施教学的。

首先，私立中学的课程设置体现了循序渐进的原则。

以南开的国文教学为例。从初一至高三分为三段。初一初二为第一段；初三高一为第二段；高二高三为第三段。第一段要求能阅读平易的短篇文言文，能运用读书工具（查字典、注国音等），能作简单的记叙文及应用文。第二阶段，使学生能鉴赏古代富有文学情趣之文言文，并了解其在文学史上之地位，能阅读平易之古书，并能正确理解其中所含之思想。

---

① 王伦信：《清末民国时期中学教育研究》，华东师范大学出版社2002年版，第104页。
② 《教育杂志》第26卷第4号，《中华教育界》第23卷第10期，见中央教育科学研究所《中国现代教育大事记（1919—1949）》，教育科学出版社1988年版，第338页。

使学生能运用论理方式作普通说明文，能用修辞方式作浅显的艺术文。第三阶段，要学生细究文章内容暗含的人生问题，能略知创作鉴赏的理论，写复杂的记叙文、论说文。[1]

为了保证教学目的的实现和落实，南开在教学大纲中对各学科的要求都做了详细的规定，以第一阶段初一初二的语文教学为例，语文大纲对"读、作、说、写"四个方面都作了详细规定。在读的方面又分为"精读、略读"。精读教材除对选材作了说明外，对教授法也作了详细说明：（1）预习：要求学生查生字、查作者小史、标出疑点、摘录所得感想；（2）讲授：提出注释题义、叙述作者，指示全篇旨趣，诵读，指出难生字句，解释疑问，整理大意，形式深究，内容深究等9项；（3）考查成绩：有问答、背诵、复讲、笔试、默写、检查、笔记等7项。略读教材中，分阅读注意事项、图书标准、时间分配、教育工作、成绩考查5大项17小条作了说明。在作文方面，除时间次数有规定外（每周一次），对作文的命题（题性、题数、题材）有说明，对文卷的书写格式及内容，对批改，评讲的要求，优秀作文的处理等规定有20—30条。另外有补充作文、日记、读书笔记、讲演记录、视察报告等。"说、写"两方面的要求规定得也很详细具体。说话要说国语，态度要从容，姿势要自然，内容组织要有条理等；在"写"的方面，对大小楷之笔书、字体、气势、执笔、用墨之方法都有说明及规定。教学过程中各个环节的这些规定，也是经验之总结，因而保证了工作的顺利开展，并收得较好之效果。[2]

其次，私立中学的课程设置还体现了因材施教的原则。

中学是一个求学的分水岭，学生求学目的是不相同的，有的想继续升学，有的为尽早就业，有条件的私立学校可以利用其"固系私立，学制课程，颇有伸缩余地"[3]的条件在学科设置上以满足不同需要的学生，上文提到的南开设商科即属此类。其他如北京汇文中学分文、理、商、教育四科，其文、理两科专为升学，商、教两科专为就业而设，相当于今天的职业高中。高中分科是为适应社会需要，升学与就业，学生可根据自己的经济情况而选择（当时汇文学费昂贵，学生食宿以及学杂各种费用，每学期

---

[1] 《天津南开学校中学部一览》，1929年印行，第47—70页。
[2] 同上。
[3] 同上书，第38页。

开学必备百元大洋方能入学，走读生也得三四十元）。此种灵活多样的办学方式，为汇文办学的特点之一。①

在学习的实际过程中，学生的个体素质不同，知识积累不同，学习水平有参差高低之别，统一教学难免会顾此失彼。经亨颐在筹办春晖中学时就曾经指出单一按学年制的弊端，如果"但计年限不计教材"，毕业将近之际，就会有"本无教案细目之教员必延不及授完，或略去，或草率了事"之弊，因此主张"动的教育"，② 即不能局限于学年制，应根据所学内容灵活变通。与此类似，浦东中学就采用学分制解决此问题，浦东中学1923年实行新学制后，除继续实行学期升学制外，初、高中学生升级改以学科为单位，并于第二年采用学分制。初中以习满168学分为毕业（每学期平均应习28学分），高中以习满150学分为毕业（每学期平均应习25学分）。学生升留级和毕业的年限，均以各学期选习学分的多寡而定。如初中第一学级终结时已习满22学分至28学分的，可升入初中第二学级，高中第一学级终结时已习满22学分至25学分的，可升入高中第二学级。毕业年限则视学分总数是否已达规定的毕业学分，凡提前习满毕业学分者，即可提前毕业。如自初中第三学年起，每学期以最大限度学分32分计算，初高中6年学程可于5年习毕，以最少限度学分22分计算，则需7年毕业。另外，在实施学分制过程中，凡学生对某一必修课程确有相当程度，得由学校特许免习，但仍给以学程应得的学分，以资鼓励。③在选科时，为使学生选课时事先了解有关学科的内容和特点，以决定取舍，1924年5月，浦东中学各学门教授研究会（相当于现在各学科教研组）编订了各学程教材纲要，内容包括每周教授时数、学分数、教学年限、选习程序、教学目的等，汇印成册，以供学生选择。④

对于后进生，如何让他们能跟上班？北京汇文在编班上设有正班、补习班、专修班三种班别。各科均及格按期升级的学生，编入正班学习；某门不及格，在假期交费补习之学生编入补习班；专修班原名特班，此班乃

---

① 王振乾：《回顾北京汇文中学》，见《中华文史资料文库》（第17辑），中国文史出版社1996年版，第128页。

② 经亨颐：《春晖中学计划书》（1919年3月），见《经亨颐教育论著选》，人民教育出版社1993年版，第178页。

③ 《浦东中学简史》，见《20世纪上海文史资料文库》（第8辑），上海书店出版社1999年版，第219—220页。

④ 同上书，第218页。

为单科不及格而降班的学生所设,以后及格,即可升级。① 补习班与专修班的设立,可以补救学年制的弊端,有利于后进生的进步。

三 从外语和体育看私立中学的学科教学

私立中学在办学过程中,根据本身的特点,发挥自身优势,逐渐在某些学科教学上显示出超强的实力,在私立中学普遍比较突出的是外语教学和体育教学。

(一) 外语教学

出于和洋人打交道的需要,1863 年,京师同文馆成立。这是一所培养外语翻译人才为主的学校,初设英文馆,以后次第增设俄文馆、法文馆、德文馆、日文馆,美国传教士丁韪良曾任总教务近 30 年。随后两年,上海、广州先后成立了性质相类的广方言馆。以后中国与西方交流逐渐增多,"洋务"也成为中国社会最时尚的事物,外语不可避免地从教育的边缘走到了中心,成为一种"改变着人们世代沿袭的成见和信念"的工具。② 私立中学的外语教学在整个中国的教育体系中有重要的地位。

私立中学包括两大类,一类是教会中学为主的外国人设立的中学;一类是国人设立的中学,这两类学校出于不同的目的,对外语教学都是重视有加。

1890 年新教传教士第二次大会上,为了更好地传播基督教,大会作出了推广英语课程、以英语为教会学校的教学语言的决定,甲午战后,学习西方蔚然成风,英语的重要性进一步显现,再加上进入 20 世纪后,清政府和北洋政府相继实行学制改革,新式中学纷纷设立,为了在教学质量上超过公立中学以吸引生源,教会中学更加重视英语教学,使其走向普及,教学水平大大提高。1902 年 11 月 4 日,美国监理会传教士海淑德(Laura A. Haygood)创办的苏州景海女塾正式开学,美国监理会传教士贝厚德(Marthe E. Pyle)为第一任校长。景海女塾的办学宗旨,是对中国"上等

---

① 王振乾:《回顾北京汇文中学》,见《中华文史资料文库》,(第 17 辑),中国文史出版社 1996 年版,第 128 页。

② 陈旭麓:《近代中国社会的新陈代谢》,上海人民出版社 1992 年版,第 113 页。

社会"的女子进行基督化的教育。学校分高、初中,课程除国文课外,全用英文课本和美国式的教学方法。①

天津新学书院按英国办学方式,除国文、中国史地使用中文教材外,其他如数学、物理、化学、生物、世界史地等一律采用英文教材,并用英语讲授,实验报告也用英文。小学毕业生上该校初中,一般跟不上班,该校特设预备班,学制三年,集中补习英语。该校英文课时多,课程多,每周十二节,英文分为:英国文学课(每天一节)、作文课(要求一节课写一篇英语文章)、翻译课、会话课、听写课等。该校英国教师多,高中英文全由外国教师任教,教授的是牛津式纯英文,为给学生创造一个学习使用英语的环境,学校一切应用公文、张贴的规则、条例是英文,写信、写假条等用英文,学校经常召开英文讲演会,还排演英文戏,早在20年代就演出《威尼斯商人》。②杨宪益在新学书院除了学习英文课之外,还读了大量英文原著和英译的西方文学作品,"我读的书多得难以列成一个完整的书单,几乎读完了所有的著名欧美小说和诗集"。他在19岁(中学毕业)前就已具备很高的英文水平和扎实丰富的西方文化知识,中学的学习经历为他成为翻译家打下了基础。③新兴书院的毕业生不需补习英语,可以直接留学英美。该校毕业生除升学外,多在开滦矿务局、海关、邮政、铁路等单位工作,因英语水平高,颇受用人单位欢迎。开滦矿务局早年处长以上的职员,几乎全是"新学"毕业生。④

葆灵女中的课程设置,在1931年立案前,其宗旨是以宣传基督教为本,在文化课方面重英语,轻汉语,学生从初小就开设英语课,且全是由美国人教,数理化都是采用英文本。历史读的是希腊罗马史,地理课本全

---

① 江贵云:《我任苏州景海女师校长的回忆》,见《上海文史资料选辑》(第19辑),上海人民出版社1964年版,第170页。
② 张绍祖:《天津新学书院简史》,见《天津和平文史资料选辑》(第2辑),天津市和平区文史资料委员会1989年印行,第54页。
③ 雷音:《杨宪益传》,见傅国涌《过去的中学》,长江文艺出版社2006年版,第53—57页。
④ 张绍祖:《天津新学书院简史》,见《天津和平文史资料选辑》(第2辑),天津市和平区文史资料委员会1989年印行,第55页。

是世界地理，以方便美国教师授课。① 与此类似，英华承天中学在开办阶段，仅开设国语、英语两课。英人为灌输崇英、亲英思想，把英语作为学校的第一语言，国语作为第二语言。后来，学生增加，学校扩大，课程也随之增设，于是有理化、史地、数学、修身等课程，但各科全部采用英文本，学生一进校门，样样都读英文。②

在教会中学立案前，学生的英文不及格不能毕业，但中文不及格照样可以领到文凭。这是当时教会学校的普遍情形。③ 将英文学习与毕业资格挂钩的做法无形中督促学生将精力放在英文学习上，也是造成教会中学英语教学成绩普遍较好的原因。

1932年，教育部督学钟赞道对湖北教育视察，结论之一就是"教会学校，尤其是女子中学，英文程度过于注意提高，初中每周七小时，超过高中程度，高中超过大学，与一般高中及大学毫不衔接。上课时间，平均每天七小时，分量太重，均应改正"④。说明教会中学对英语的重视是一种普遍的现象。

国人办的私立中学需要较全面介绍西方的科学知识、社会制度及思想观念，不可避免要使用英文或其他外语，尤其英语几乎是世界通行的语言，"用之可以达到明了世界各国生活、思想、习惯、文化等等的目的"⑤。加之中国与外国的交涉事务增多，外语人才缺乏，外语好的学生更容易找到工作，即英语教学也要兼顾"职业上应用的英语知识"⑥。

以下笔者选取了1922年⑦前的南开中学和江苏省立一中的英文授课比例作对比（见表6-9和表6-10）：

---

① 周兰清：《南昌葆灵女中往事回忆》，见《江西文史资料选辑》（第4辑），江西人民出版社1981年版，第130页。

② 陶永铭：《承天中学简史》，见《绍兴文史资料》（第2辑），浙江省绍兴县文史资料研究委员会1984年印行，第159页。

③ 王炳照：《中国私学·私立学校·民办教育研究》，山东教育出版社2002年版，第338页。

④ 钟道赞：《教育部督学视察湖北省江西省教育报告·视察湖北教育总报告》，1933年印行，第9页。

⑤ 《南开学校中学部一览》，1929年印行，第80页。

⑥ 同上。

⑦ 由于1922年之后，全国学校纷纷向新学制转型，课程设置趋于统一，因此，本书选取的是之前的课程结构，因为民国成立后虽制定了课程标准，但由于国内战乱不断，短时间内很难推行，各校纷纷制定自己的授课时数标准，差异性才有所体现。

表 6-9 南开 1920 年三主课每周时数对比①

	第一学年	第二学年	第三学年		第四学年		
			文科	理科	文科	理科	商科
国文	6	6	3	3	6	3	3
英文	8	6	6	6	9	6	6
算学	5	6	6	6		5	3

表 6-10 江苏省立第一中学校三主课每周授课时数（1917 年）②

	第一学年	第二学年	第三学年	第四学年	总计
国文	8	8	6	6	30
英文	7	7	8	8	30
算学	6	6	6	6	24

对照表 6-9 和表 6-10，在英文课时总数上，两校比较接近，但南开中学的英文课时在本校课时结构中的比例明显较高，可见南开中学对英语学科的重视。

不仅南开如此，其他地方的私立中学也都很重视英语教学。私立成德中学校的英语是三门主课之一，各年级每周各六小时，学期考试英语不及格者须补考。学校对英语学科抓得很紧，英语科每天都有很多作业。四年级毕业班的学生上西洋史、西洋地理，也都用的是原文（英文）课本。③

各私立中学除了重视英语科教学外，还尽可能为学生创造学习英语的良好环境，如由外籍老师任教、各科使用原版教材等。

天津新学书院的教材诸如英语语文读本《我的国家》（*My Country*）、《纳氏文法》（*Nelson English Grammar*）、《修辞学》（*A Book on Rhetoric*）、《推销术》（*Salesmanship*）、《零售商知识》（*Retail Selling*）、《商业英语》（*Commercial English*）、《簿记》（*Bookkeeping*）《英文打字练习本》（*Prac-*

---

① 《天津南开学校中学部一览》，1921 年印行，第 16 页。
② 《江苏省第一中学校周年概况》，见《中国近代学制史料》（三·上），华东师范大学出版社 1990 年版，第 399—400 页。
③ 田克恭：《西安教育史的重要篇章》，见《西安文史资料》（第 4 辑），西安市文史资料研究委员会 1983 年印行，第 128 页。

tice in Typewriting）等均为英美原版书。英语、文法、修辞学、商业知识、经济学要义、英文打字课等均由美籍老师或留美归国的老师主讲。课堂讲课、问答题、簿记作业均用英语。另外，《物理》、《化学》也都是原版，文学课本有《悲惨世界》（英译本）和《纺织者，赛拉斯玛那尔》（原版），讲课及问答均用英语。① 山西成成中学校数理课本普遍采用外文本。为了强调外文学习，除加强英语课外，并加授第二外语"德文"。学校规定学生下课后回宿舍，必须先用英语会话后才能各就床位休息，老师们讲外文课本，尽量用外语讲话。②

表6-11是江苏省立第一中学各科教科书③与南开中学教科书④的部分对比，从中也可看到南开学生几乎就是一直在与英文打交道。

表6-11

	江苏省立一中使用的教科书	南开中学使用的教科书
数学	一年级：共和国算术教科书（商务版）寿孝天 代数教本（中华书局）王永灵 二年级：代数教本（中华书局）王永灵 三年级：新代数学教科书（东亚公司）长泽龟之助 几何学新教科书（商务）秦沅、秦汾 四年级：平面三角法大要（商务）黄元吉 几何学新教科书（商务）秦沅、秦汾	一年级：代数：Hawkes-Wuby-Touton：Compete School Algebra 二年级：代数：同上 几何：Betz and Webb：Plane Geometry 三年级：上学期：代数几何同上，完。 下学期：Hawkes：Higher Algebra Betz and Webb：Solid Geometry 四年级：（理）Passano：Trigonometry Bocher：Plane Analytic Geometry （商）Moore and Miner：Concise Business Arithmetic
地理	各级：中学新地理教科书（中华图书）姚明辉、张国维	一年级：本国地理（商务） 二年级：Taw and Mcmurry：Geography of World

---

① 李相辰：《天津汇文中学和中西女中简介的补充》，见《天津市河东区文史资料》（第4辑），天津市河东区文史资料委员会1993年印行，第125页。
② 秦建基：《太原成成中学》，见《山西文史资料全编》（第6卷），见《山西文史资料》编辑部1999年印行，第459—460页。
③ 《江苏省第一中学校周年概况》，见《中国近代学制史料》（三·上），华东师范大学出版社1990年版，第406—407页。
④ 《天津南开学校中学部一览》，1921年印行，第18—19页。

续表

	江苏省立一中使用的教科书	南开中学使用的教科书
物理	三四年级：共和国物理教科书（商务）王季烈	三年级：物理教科书（王兼善） 四年级：Millikan Galeand Pyle：Laboratory Physics
化学	三四年级：共和国化学教科书（商务）王季烈	三年级：化学教科书（王兼善） 四年级：Brownlee：First Principles of Chemistry
历史	一二年级：本国史教科书（商务）赵玉森 三年级：中国历史教科书（商务）陈庆年 四年级：西洋史教科书（商务）傅运森	一年级：本国史（商务） 二年级：Renouf：Outline of General History 三年级：中国近世史（讲义） 四年级：Robinson：Introduction to The History of Western Europe vol. II
经济	经济大要（商务）贺绍辛	Ely and Wicker：Elementary Peinciples of Economics
商学	无	H. S. Chow：Handbook of Business Training
簿记	无	Klein：Bookkeeping and Accounting

关于英语的教学方法，私立中学也是率先变革。早期中学的英语教学主要采用翻译法，即通过汉英互译学习和掌握英语，强调文法和作文，如苏州桃坞中学正科将英语分为读本、文法、作文三门课，对作文和语法极为重视，中学一、二年级要求作短篇记事，三、四年级作时事摘评。[①] 翻译法强化了学生的书面表达能力，但在教学过程中，易侧重于死记硬背，以教师灌输为主，因而缺陷也是十分明显的。后来直接教学法被引入中国，直接教学法侧重于训练学生听、说、读的能力，要求教师在教学中尽量不使用汉语，语句亦不必拘泥于文法结构。最早提倡直接教学法的是长沙雅礼中学校长 B. Gaze，1915 年他编写了《实用英语教科书》和《中国学校英语教学法》，完全采用直接教学法。[②] 20 世纪 20 年代以后，翻译法一统天下的局面被打破了，直接教学法逐渐成为私立中学英语教学方法的主流。南开中学要求"尽量采用直接英语教学法"，因为直接教学法的好

---

① 胡小君：《浅论民国时期教会中学的英语教学》，《安徽师范大学学报》（人文社科版）2002 年第 2 期。

② 李良祐：《中国英语教学史》，上海外语教育出版社 1988 年版，第 209 页。

处是"一面使实体的事物,生活,和语言文字发生相互的直接关系;一面又从讲解及讨论中学习并熟练日用的英语"。① 为了能贯彻这种教学观点,南开中学对每个阶段、每个学级的英语教学都做了非常详细的纲要指导。

到了30年代,辅仁大学附属中学为了规范英语的教学,也制定了较为详细的分解目标和教法指导,如对初中教法的指导是:分期练习听、说、看、写四种工作,第一期为听说;第二期为看;第三期为写。注重反复练习,使纯熟温习旧课,团体练习与个人练习相辅而行;尽量用英语少用国语。② 高中的教学方法分讲书、会话、背诵、练习四项,每项又分别列有更详细小项。以讲书为例,在老师讲书前,要求学生先预习,标明书中不明白之字句,并须查妥生字,老师还须逐一视察,以使学生"得到阅书之能力";老师讲书时,应先朗诵,再让学生先讲,"发现错误,立即改正",凡有重要字句,老师须指给学生,并指导学生归纳主旨,以"养成作文立意之善习";老师讲书要循序渐进地使用直接教授方法,即从一年级到三年级要越来越多地用英文讲书,直至全用英文,每授一课,还"必使学生将其大意用英文述出",以锻炼学生的表达能力和对课文构造的感知能力。其他会话、背诵、练习等三项亦如此类,都有详细的规定。③

为加强学生的英语练习,一些私立学校还要求学生在课余或非英语课上使用英语,以求达到熟练应用的目的,如广州培正中学学生在运动场上,把球叫作"波"(ball),球出界叫作"欧西"(outside),争发球权时说"拉史"(last)、"色根"(second);童子军训练中,全小队到齐叫作"阿路排力臣"(all present),一个队员缺席就说"温鸭臣"(one absent),两个队员缺席就说"吐鸭臣"(two absent)。④ 这种习惯一直保持到收回教育权之后。

由于私立中学重视外语教学并采取一系列有效的方法去规范教师的"教",加强学生的"学",因此能取得不错的效果。1932年,教育部督学钟赞道在视察湖北教育时,留心了当时公私立各中学校的英文教学情况:省立高级中学、省立第三中学校、省立第四中学、省立第八中学、省立第

---

① 《天津南开中学校中学部一览》,1929年印行,第81—82页。
② 《私立北平辅仁大学附属中学概况》,1936年印行,第74—75页。
③ 同上书,第76—79页。
④ 冼子恩:《六十年间私立广州培正中学的变迁》,见《广东文史资料》(45),广东人民出版社1985年版,第279—280页。

一女子中学等公立中学的英语教学不同程度存在着"讲解欠扼要与精确"、"语音欠佳,讲解亦差,对于引证词气,多未能详为解释"的缺点,乃至于使某些学生"英文发音都欠正确",甚至使部分毕业生升学时,"往往发生功课不衔接问题",有的学校如省立四中不得不每周"加授二小时,以资补习"。① 他几乎没有对省立中学的英语教学加肯定之词,作为鲜明对比的是在对私立中学的英语教学评价时,几乎没用贬义的词语,特别是对私立武昌中华大学附属中学、私立文华中学的英文教学,做了"教学方法及内容,均无懈可击"、"英文会话等系西人教授,方法优良"②的评价。所以当时一些好的私立中学在学生高中毕业时的读、听、写作、会话水平,能"大概高于今天的英语 6 级标准"③也就不显奇怪了。

(二) 体育教学

从甲午战争以后,"强国必先强种"观念越来越被人们所接受,从清末到民国,从"尚武"到"军国民"都表明统治者也开始重视读书人的身体锻炼了,在这种大环境下,私立中学对体育教学的重视更是普遍现象。私立中学中,国人办的私立中学,其校长往往由熟知教育规律的人员担任,他们大多能体察到"文弱"已是中国读书人的一大缺陷,因此,用体育训练弥补身体的"弱不禁风"就成为办学者的共识;以教会中学为主的外国人办的中学,将西方近代教育制度不自觉地引入中国,近代西方已将体育作为一门重要的学科普遍开展起来了,因此以教会中学为主的外国学校将体育列为必修课程是很自然的事。

南开校长张伯苓认为,中国传统是重文轻武,鄙弃劳动,加之鸦片、早婚之害,使"民族体魄衰弱,民族志气消沉",因此,在办学中,他将"重视体育"放在了办学方针之首。④ 他在 1898 年任教严氏家塾(南开前身)时,就指导学生各种运动,如跳绳、跳高等(用两把椅子架一鸡毛掸

---

① 钟道赞:《教育部督学视察湖北省江西省教育报告·视察湖北教育分报告》,1933 年印行,第 6—27 页。
② 同上书,第 89—99 页。
③ 叶笃正:《南开给了我真正的国家概念》,见沈卫星等《重读张伯苓》,光明日报出版社 2006 年版,第 7 页。
④ 张伯苓:《四十年南开学校之回顾》,见《南开四十年》,1944 年印行,第 2—3 页。

子，作为跳高的用具）。① 在他筹办南开时，就以计划将体操（当时尚未有体育之说）列入课表，并准备聘请三位体操教习任教。② 南开学校在每周三都设有两个小时的修身课，这也是全校性的聚会，专门传授体育的事情。1914年4月张伯苓在修身课讲话中说，"三育（指德智体）并进而不偏废"③，他认为"德智体三育之中，我中国人所最缺者为体育"④，要求学生重视体育，发展体育不仅能够使得身体强健，而且与各种事情都有密切关系，"读书佳者宜有健全身体，道德高者宜有健全身体"⑤。南开中学采取"普及主义"，强迫体育运动，要求学生下午四点之后必须到操场上活动，人人参加体育锻炼，培养良好的学校体育风气。

除了学校的重视，学生对体育的爱好和兴趣也是促使私立中学学校体育发展的原因。在南开就有一个南敏体育会，这个组织是学生自由结合组织起来的，一切经费均由会员自筹。在事务上有热心队务的同学任干事，这些同学不计名不计利，任劳任怨做好后勤工作，无论训练或比赛，每场必到，事前事后还为队员们按摩包伤兼作护理工作。外出比赛时为本队安排好食宿交通工具等。必要时还代本队向社会上的热心人士募集球队出征外地的经费。向新闻界报道比赛消息也是他们的兼职。⑥

高水平教员是发展学校体育不可或缺的条件。南开中学有历史上非常有名的"篮球五虎"（唐宝堃、王锡良、李国琛、魏蓬云和刘建常），在"五虎"的背后，就有一个重要的指导老师，他就是我国第一位篮球留学生——董守义。1923年5月，董守义被青年会推荐到美国麻省斯普林菲尔德市学院（春田学院）留学，两年的留学生活使他深深感到，中国人并不缺乏运动的天赋，所缺乏的是练习的机会。1925年7月，董守义毅然回到

---

① 王文田：《张伯苓先生与南开》，见《天津文史资料选辑》（54），天津人民出版社1991年版，第43页。
② 张伯苓：《致严范孙》（1904年9月3日），见崔国良《张伯苓教育论著选》，人民教育出版社1997年版，第1页。
③ 张伯苓：《三育并进而不偏废》（1914年4月29日），见崔国良《张伯苓教育论著选》，人民教育出版社1997年版，第8页。
④ 张伯苓：《中国人所最缺者为体育》（1916年5月10日），见崔国良《张伯苓教育论著选》，人民教育出版社1997年版，第21页。
⑤ 张伯苓：《本学期之政策》（1916年8月23日），见崔国良《张伯苓教育论著选》，人民教育出版社1997年版，第27页。
⑥ 娄光后：《记南敏排球队》，见杨志行等《解放前南开中学的教育》，天津教育出版社1989年版，第100页。

天津，并开始担任青年会体育部主任。1928年董守义被聘为南开中学篮球队教练，每周一、三、五下午到校指导。经过董守义的悉心指点，这支已有一定技术基础和实践经验的队伍，素质有了进一步提高。1929年至1930年间，以南开中学5个主力队员，配合其他人组成天津篮球代表队，参加在杭州举行的全国运动会篮球锦标赛，董守义和李清安任教练的天津队实力雄厚，所向无敌，获得冠军。① "南开五虎"遂名闻天下。

图6-1 南开中学"篮球五虎"及其导师

其他国人所办私立中学，虽从程度上不如南开之先进，但大多也对体育重视有加，如浦中对学生教育，主张智育、体育并举，"精神、体魄强固而不摇"，"若弛然放松，筋骨疏懈，即非有用之材。"② 因此浦东中学除在智育教学方面采取一系列措施外，特别重视体育教学，如规定体育成绩不及格者不得毕业，毕业时体育成绩在丙等以下者，不得享受升学补助费。清末，《奏定学堂章程》规定中学体操（即体育）课为每周2课时，上海私立浦东中学由于重视体育课，每周体操课多达4课时，是《奏定学堂章程》规定的体操周课时的两倍。③ 学校的体育设施比较完备，有晴雨操场、足球场、篮球场、垒球场、排球场、网球场、跑冰场以及乒乓房、弹子房、游泳池（增涛池），还设单双杠、沙坑、掷铅

---

① 李清安：《董守义与天津篮球运动》，见《天津文史资料选辑》（第54辑），第105页。
② 杨斯盛：《杨斯盛宣布浦东中学校宗旨书》，见朱有瓛《中国近代学制史料》（二·上），华东师范大学出版社1987年版，第465页。
③ 江山野：《中国中学课程设置》，河北教育出版社2001年版，第288页。

球区域、秋千架、天平板等，体育设施的规模为上海中学中所少见。① 浦东中学的体育活动不光在操场进行，还不定期进行远足活动，1907年8月，黄炎培就率学生42人，编为8队，往返7日，"计步行八十三里，小船行六十三里，汽船行百二十七里，都凡二百七十三里"②。通过远足，锻炼了学生体格，增长了知识，并通过苦乐与共，激起了学生"爱校、敬师、爱群种种观念"，还有利于养成"独立自治之精神与绵密之思想"，③益处可谓多矣。

教会中学因用国外的教育制度培养学生，自然也将体育课引入中国，即便是条件不具备的学校，锻炼身体的意识也已形成，据蒋梦麟回忆1906年在益智学校时，每班只有五人至六人，不穿制服，也没有军训，固定的课外活动也没有。学校前有一片广场，下课后学生可以去游戏。至于做什么游戏，如何游戏，校长林格尔夫妇是不管的。后来，他们弄到一个足球，大家乱踢一通。④ 在清末，随着兴学高潮的到来，教会中学对体育的教学逐渐重视，并逐渐将篮球、足球等项目引入中国。民国时期，教会中学的体育教学日渐发达，以昌黎汇文中学——一个北方普通的教会中学为例，可以看出教会中学对体育的重视。留学美国归来的徐维廉1926年7月到昌黎汇文中学主持工作后，把提倡体育运动作为学校的一个重要工作来抓，他以身作则，带头参加体育活动，有时他在操场上领着学生们踢足球，在他的影响和带动下，汇文中学体育运动气氛活跃起来。为了提高汇文中学体育运动的水平，徐维廉还聘请体育专家到校工作。他几次写信给在美国留学时结识的牧师文安思，请他到汇文中学专做体育教学工作。文安思是美国人，获英国牛津大学文学硕士学位，擅长体育，也热心教育工作。文安思于1928年12月偕妻子，漂洋过海来到中国，到昌黎汇文中学担任体育主任。文安思天性和蔼，不以"洋人"自居，每天热心指导学生参加各项体育运动。当时，昌黎汇文中学校设有体育委员会，领导和指导全校的体育活动。1930年秋天，学校投资一万多元，专门开辟了现代式的

---

① 《浦东中学简史》，见《20世纪上海文史资料文库》（第8辑），上海书店出版社1999年版，第221页。
② 黄炎培：《远足日记》（1907年），见朱有瓛《中国近代学制史料》，（二·上），华东师范大学出版社1987年版，第483页。
③ 黄炎培：《致学生家长远足之趣旨书》，见朱有瓛《中国近代学制史料》，（二·上），华东师范大学出版社1987年版，第475页。
④ 蒋廷黻：《蒋廷黻回忆录》，岳麓书社2003年版，第39页。

体育运动场。运动场内有足球场1个,篮球场4个,排球场1个,网球场1个,垒球场1个,有双杠两架、吊环、爬绳、吊杠各一,还有爬墙一垛、单杠一架,设备可谓齐全,体育运动门类也应有尽有。冬季,将汇文湖辟为滑冰场,除开展滑冰运动外,还举行冰球比赛。[①]

由于私立中学普遍重视体育,不仅开设了近代体育课程,还不断举办各种类型的体育比赛或运动会,扩大了体育运动在中国的传播范围,推动了中国近代体育事业的发展。因此在中国近代体育史上,其应占有重要的地位。

首先,私立中学对于传播近代体育项目起到了作用。近代中国体育运动的开展,与基督教在中国的传播密切相关,特别是20年代之前,中国重要的体育活动几乎都由基督教会学校主导,其中的教会中学更是功不可没。英国基督教公谊会会员、重庆广益中学校长陶维义(英国人)是英国皇家足球队第二队队员,是他携带第一个足球入川,1905年,他在重庆广益中学建起了中国西南地区最早、最好的足球场,培训了该地区最早的优秀足球运动员,并形成了该校重视足球运动的百年传统。[②]

新学书院是天津最早开展足球、篮球运动的学校。1905年前后,成立了学校足、篮球队,该校足球队曾在东局子足球场屡与实力雄厚的法兵、意兵、英兵足球队交锋。自发性的"新学"足球队是天津市最早的足球队。1907年,该校与通县协和书院举办校际足球对抗赛,为我国最早的校际足球对抗赛之一。自1908年起,天津开始出现了校际足球比赛,由于新学书院足球运动开展比较早,所以他们的实力较强,曾数年保持冠军。后卫袁庆祥、守门员丁阳春在1915年前后,曾作为中国足球队员参加远东运动会。后来,新学书院又有多人参加天津队,代表华北区出席全国足球赛,"镇三山"孔思敬还于1930年加入国家队,参加第十届远东运动会。[③]

北京汇文中学的体育运动,也相当活跃。汇文有当时北京规模最大的

[①] 董宝瑞:《昌黎汇文中学二三十年代的体育运动》,见《昌黎文史资料选辑》(第4辑),河北省昌黎县文史资料委员会1995年印行,第74—75页。

[②] 曾正气:《广益中学的足球运动》,见《重庆南岸文史资料》(第9辑),重庆市南岸区文史资料委员会1993年印行,第115页。

[③] 张绍祖:《天津新学书院简史》,见《天津和平文史资料选辑》(第2辑),天津市和平区文史资料委员会1989年印行,第56页。

体育场，1916年的第四届、1920年的第八届、1928年的第十三届华北运动会就在北京汇文的操场举行比赛；学校网球队、足球队、篮球队、冰球队和田径队内健将如云。①

其次，私立中学不断组织参加各种类型的竞赛活动或运动会，培养了体育人才，推动着中国竞技体育水平的提高。

很多私立中学每年都要举办学校运动会。早期如浦东中学利用中学生年少好动的天性，"以战胜社会疲荼之习惯"，根据其年龄身体特征，召开体育大会。在大会上的体育项目计有枪操、平行架、木马、拳舞、铁连球、运枪、判枪、大刀舞、单刀舞、双刀舞、棍舞、凳舞、平台、铁杠、拳对舞、木连球、云梯、天桥、行军等项目。②从上述项目中，可以看到早期国人举办的校运会还是以传统活动为主的，西式的球类运动、田径运动主要是在教会中学进行，这也反映了不同私立中学在发展过程中的差异。

新学书院重视体育活动，每年举办一次春季运动会和秋季运动会。春运会在民园体育场举行，规模宏大，田径赛的裁判员、发令员、检录员、计时员等工作人员，均由大会聘请历届毕业的校友、著名老运动员来担任。运动会上最引人注目的是该校在全国领先的项目，如30年代初的吴必显的跳高，刘福英的铅球、铁饼、标枪，金富贵的五千米、万米长跑等，这些项目实际上是一场精彩的表演赛。该校为了普及体育运动，为更多的运动员创造献技的机会，在每年秋季，还要组织一次秋季运动会。③

体育教学好的私立中学还不断组织和参加校外比赛，包括校际比赛、地方运动会或全国运动会等。天津汇文有个大面积操场，足球场、篮球场、网球场、垒球场分布在当中。环绕足球场四面有正规跑道，每边长度约为80米，北边百米跑道可跑直线。不仅春秋两季在本校操场开学生运动会，而且足篮球也同外校比赛，如南开、新学等校，互有胜负。④

---

① 王振乾：《回顾北京汇文中学》，见《中华文史资料文库》（第17辑），中国文史出版社1996年版，第129页。

② 《浦东中学校体育大会节目》（1907年11月10日），见朱有瓛《中国近代学制史料》（二·上），华东师范大学出版社1987年版，第485页。

③ 张绍祖：《天津新学书院简史》，见《天津和平文史资料选辑》（第2辑），天津市和平区文史资料委员会1989年印行，第57页。

④ 李相辰：《天津汇文中学和中西女中简介的补充》，见《天津市河东区文史资料》（第4辑），天津市河东区文史资料委员会1993年印行，第127页。

校际比赛扩大之后，往往会形成区域性质的运动会，这些运动会上，私立中学多会取得优异成绩。大约在1929年秋天，津东联合运动会在昌黎汇文中学操场举行，参加运动会的，除昌黎汇文中学之外还有开滦中学、河北省立第四中学、滦县师范学校、山海关田氏中学。这是昌黎地面有史以来举办的第一次体育运动会，这次运动会上，昌黎汇文中学的高中学生董鹤年（字寿彭）一个人就参加了9项比赛，获得了6项第一，3项第二，列个人总分第一名，成了这届运动会的明星，昌黎汇文中学体育代表队荣膺这届运动会的冠军称号。后来又举办了六次津东中等学校联合运动会（后改为津东区运动会），昌黎汇文中学又夺4次冠军。在此期间，昌黎汇文中学涌现了大批体育运动尖子人才，有不少人参加了河北省和华北地区的运动会。1933年，全国举行运动会，河北省代表队就有昌黎汇文中学选送的两名运动员。[①] 浦东中学因有良好的运动基础，在当时多次参加校外竞赛，每每载誉而归。从1915年到1924年，在参加江苏省和分区运动会上，连续多年获得冠军。[②]

　　在全国性的比赛中甚至是远东运动会上，私立中学也是业绩不俗。1924年5月，浦东中学学生彭棠、黄志勤两人参加在武昌举行的第三届全国运动会，黄志勤获1500米游泳第二名，彭棠得撑竿跳高第二名。1925年5月，黄志勤作为国家运动员还参加在菲律宾举行的第七届远东运动会。[③] 新学书院有著名跳高运动员吴必显在1932年青岛举行的第十七届华北运动会上，以1.82米的成绩夺魁，打破全国跳高纪录。吴必显还是奥运会上的第一位天津选手，参加了在柏林举行的第十一届奥运会。1930年在杭州举行的第四届全运会上，周思德获4×200接力冠军、200米第三名，杨春泰获男子十项全能第三名、铁饼第三名、标枪第二名（后来蝉联全国三铁冠军）。[④] 在第二届远东运动会上，南开中学有郭毓彬、崔云等七人代表中国参赛，郭毓彬获880码和1英里比赛第一名，崔云获跳高第

[①] 董宝瑞：《昌黎汇文中学二三十年代的体育运动》，《昌黎文史资料选辑》（第4辑），河北省昌黎县文史资料委员会1995年印行，第76页。

[②] 《浦东中学简史》，见《20世纪上海文史资料文库》（第8辑），上海书店出版社1999年版，第221页。

[③] 同上。

[④] 张绍祖：《天津新学书院简史》，见《天津和平文史资料选辑》（第2辑），天津市和平区文史资料委员会1989年印行，第55—57页。

二名。①

最后，私立中学还推动了中国体育走向世界，代表人物是南开校长张伯苓。张伯苓是中国早期奥林匹克运动的倡导者。1907年10月24日，张伯苓在天津基督教青年会礼堂举行的第5届联合运动会闭幕典礼和颁奖仪式上发表题为《雅典的奥运会》的演说，他认为"中国人应该加紧准备，在不久的将来也出现在奥运赛场上"，他是中国第一个明确提出中国要参加奥运会的人。②1908年8月，张伯苓到欧洲考察教育，正值在英国伦敦举行第四届奥运会，他前往赛场亲眼目睹了大会盛况，回国后，他向学生介绍了伦敦奥运会的盛况，使学生们对奥运会表现出浓厚的兴趣。1909年10月9日至13日，南开中学与天津基督教青年会联合举办年度运动会，张伯苓在发奖大会上再次以《中国与国际奥委会》为题做了演讲，进一步推动了西方体育和奥林匹克运动在中国的传播与开展。1912年，张伯苓与天津基督教青年会干事葛瑞（Gray）、菲律宾体育协会主席布朗（E. S. Brown）及日本青年会美籍干事克朗（F. K. L. Crone），发起组织远东业余运动协会和远东运动会。由于中国积极筹办和参与远东运动会，从而与国际奥委会发生了最早的联系。1920年，国际奥委会正式承认远东运动会和远东体协，远东体协成为世界上第一个与国际奥委会发生联系的区域性国际体育组织。中国的奥林匹克运动得到了初步的发展。③

以上只是对私立中学在近代中国体育发展史上的地位做一简要介绍，如果翻阅近代史料，会发现近代体育项目的推广、体育人才的培养等各个方面，无不和私立中学重视体育发展体育的教学观念和教学活动密切相关，不夸张地说，私立中学的体育教学正是中国近代体育的基石，也是近代体育发展的沃土。

四 教学成绩与毕业生的出路

（一）教学成绩的考察

在20世纪20年代之前，中国并无全国性的统一考试，对学校的考察

---

① 阮蔚村：《远东运动会历史与成绩》，上海勤奋书局，出版时间不详，第52页。
② 孙海麟：《中国奥运先驱张伯苓》，人民出版社2007年版，第8页。
③ 同上书，第8—9页。

主要是通过教育部派员视察做出评价。在1913年的视察学务报告中,与私立中学相关的有:

(直隶)中等教育颇似发达景象,就中尤以天津南开中学校最为美备。

(江苏)视察七所,属私立者五,在江宁曰钟英中学,曰上江中学,在上海曰南洋,曰民立,曰浦东。就中惟上江中学兵后续办,设施尚未完备,此外四校类皆各具专长。至于女子之有中学程度者无锡竞志女校之中学两级,上海爱国女校之专修科与中学三级及务本之高等二级,各科成绩均有可观。

(浙江)私立者曰宗文中学校,曰安定中学校,二校创办最早,各职教员亦多久于其事,校风纯朴,宗文尤为特长。女中学校现无特设,惟绍兴成章女学校设有中学两级,程度训练尚各有方。

(湖南)长郡中学规模较宏大,明德中学办理较得法。

(江西)私立中学以心远中学、韦江中学开办较早,成效颇著。洪都中学校舍太少,积习颇深。吉安中学学期考试漫无规则,设备缺乏,管理废弛。

(云南)另有私立学校一所,由省会学界捐资创设,经费常无着,恐难持久。

(贵州)私立南明学校开办已历八年,校舍规模宏大,实较省立者为上。管理教学均属平平,学生程度参差,教员给分过宽。①

从上述报告中可知,在教育较为发达的几个省份如直隶、江苏、浙江、湖南、江西等地,私立中学的办学成绩还是相当不错的,几个名校如南开、明德、心远在当地都是执中学教育之牛耳,况且此时教会中学尚未纳入政府的视察范围,如果加上教会中学,领中学教育风气之先的更属私立中学无疑。除此之外,女子私立中学在这时更是女子中等教育的重要力量,无锡竞志、上海务本、绍兴成章等女中便是办学的典范。在上面报告中还能看出私立中学是良莠参差的,如部分私立中学存在的经费不足、教

---

① 《1913年教育部视察各学区学务报告书——关于中学校》,见朱有瓛《中国近代学制史料》(三·上),华东师范大学出版社1990年版,第492—497页。

法平平、管理松懈、设备缺乏等问题也是较为普遍的现象。

在20年代，中国兴起办学高潮，私立中学的数量迅速增多，为了在竞争中生存，它们无不注重教学质量，提高教学水平。以山西私立中学为例，如山西成成中学不断通过竞赛的形式推动学习的气氛，师生比背诵课文，比解答问题，比外语会话，比演练写作……或挑战、或擂台、或展览、或出刊，形形色色，气氛高涨。各年级主编的板报专刊，也如雨后春笋似的应运而生，出现了以学科分类的各种园地刊物等等。① 其他山西私立中学也大致若此，因此，二三十年代的山西，私立中学进入一个黄金发展时期，经过竞争淘汰，抗战爆发前仅太原就有私立中学20多所，私立中学不仅数量多，更重要的是质量好。太原私立中学中成绩卓著的有平民中学、进山中学、成成中学三所中学，加上孔祥熙创办的太谷铭贤中学，被称为山西四大名校。②

为了管理数量急剧增长的中学，南京国民政府从1932年开始了会考制度。我们也可从会考统计中了解私立中学所占的位置。山西第一届中学学生毕业会考的统计，高中级别合格的学校如下

　　乙等四校（该年无甲等——笔者注）：
　　平民中学77.38分；铭贤中学76.99分；进山中学70.90分；成成中学70.61分。
　　丙等四校：
　　新民中学67.37分；三晋中学65.08分；云山中学64.76分；铭义中学64.43分。③

以上八校均为私立中学，山西私立中学的教学成绩可见一斑。其中尤以平民中学最佳，1933年、1934年、1935年的《山西教育厅年鉴》统计数据显示平民中学高初中连续三年没有一个留级或补考的，是全省近百所

---

　　① 秦建基：《太原成成中学》，见《山西文史资料全编》（第6卷），《山西文史资料》编辑部1999年印行，第460页。
　　② 王立远：《廿年代太原私立中学兴衰谈》，见《大同市新荣区文史资料》（第3辑），山西省大同市新荣区文史委员会1996年印行，第143页。
　　③ 山西省教育厅：《山西省第一届举行中学学生毕业会考工作报告书》，1933年印行，第85页。

中等学校中唯一高初中全部及格的学校。特别是1933年全省会考高中部的前10名中有平中6名，而且第一、二名均是平中学生；1934年平民中学赴北平报考北师大的十一名学生，全部录取，而且均列甲等；1935年平民中学高中部除在全省会考获得第一名外，有程尔谔等廿二人到北平投考，全部考入山西教育厅指定可以享受奖学金的公私立大学。①

由于私立中学的教学成绩在本地往往是出类拔萃的，因此成为家长择校的首选。近代私立中学办学最为成功者当属南开中学，在二三十年代，南开在全国都享有盛誉，学生以入南开学习为荣。1936年，华北局势恶化，张伯苓准备在重庆建南渝中学，以做学校转移之准备，在尚未正式开校之时，就已有上千人报名应考。② 另如上虞春晖中学在1930年发生了范寿康③校长被绑架事件，董事会以为学校招生会大量减少，然而风波过后，"来春晖报名投考的不但不见减少，且比往年还盛"，而且到了预备开学之际，远道学生要求入学的，还是络绎不绝，"或托人说话，或效"哭秦庭"，弄得新校长黄树滋君只是说三百六十个抱歉，以校舍不能容纳，只好请他们原谅"。④

私立中学良好的教学成绩为学校赢得了信誉，也越来越得到社会的信任，加之私立中学在课程方面设置的应用性科目较多，这就为毕业生的就业创造了条件。

（二）毕业生的出路

私立中学生花费不菲的开支求学，大多数都是想在毕业之时找到一个较好的工作，每月几十元的收入，也是很多家庭认为值得为之投资的。蒋廷黼回忆1906年就读于湖南湘潭长老会办的益智中学时，说"二伯送我们进入教会学校的想法很简单，主要是要我们学英语、数学和一些其他的

---

① 王立远：《廿年代太原私立中学兴衰谈》，见《大同市新荣区文史资料》（第3辑），山西省大同市新荣区文史委员会1996年印行，第144页。
② 张伯苓：《创办重庆南渝中学募款经过》（1936年12月3日），《张伯苓教育言论选集》，南开大学出版社1984年版，第216页。
③ 范寿康，中国著名教育家、哲学家。1896年出生于浙江上虞。1913年留学日本，1923年获教育与哲学硕士学位。1927年任春晖中学校长。1930年夏不幸遭歹徒绑架（同被绑架的还有春晖中学教师和学生各一），赎回后即辞职离开春晖。
④ 胡之之：《从中学生出路问题想到中国的教育制度》，见中学生社编《中学生的出路》，开明书店1935年版，第47页。

课程。他认为这些课程可以在未来的新中国谋生"①。这应该是大多数求学者及其家庭的想法。

正是因为求学者的功利性,也促使有条件的私立中学能根据社会需要设置容易求职的科目,如商科、簿记、英语等科目的开设和加强都与之有关。如天津汇文中学的商科毕业学生学会并掌握了一整套从事外贸和在外国银行工作的本领,就容易在银行公司等机构任职,据李相辰回忆,商科第一班的魏文海毕业后进入美商美丰银行任高级职员,津行关闭后移到香港分行继续工作;天津名流雍涛之子雍泰毕业后经营大来贸易行,在天津外贸界成为先进人物,知名度很高。李相辰本人进入北京德商兴华公司,数年后即升任该公司沈阳分行经理。② 让我们通过统计数据从整体了解私立中学学生的去向。见表6-12③:

表6-12　　　　　江苏省中学校历届毕业生调查表

校名	毕业次数	人数	升学大学	专门	师范	其他	就事教育	实业	行政	其他	其他在家	未详	死亡
省立第一中学校	8	212	12	37	20	10	23		6	2	99		3
省立第二中学校	7	145	10	25	15	11	42		3	4	22	4	9
省立第三中学校	11	238	16	38	5	31	80	8	5	5	19	26	5
省立第四中学校	8	146	11	18	5	12	50	9	4		15	15	7
省立第五中学校	11	349	35	57	32	28	54	12	4	2	29	89	7
省立第六中学校	4	78	1	12	5	1	40		5	2	12		
省立第七中学校	5	146	22	12	18	4	30	5	18	3	22	16	1

---

① 蒋廷黻:《蒋廷黻回忆录》,岳麓书社2003年版,第37页。
② 李相辰:《天津汇文中学和中西女中简介的补充》,见《天津市河东区文史资料》(第4辑),天津市河东区文史资料委员会1993年印行,第125页。
③ 刘永昌:《江苏全省中学师范毕业生调查表》,见《教育杂志》1919年第11卷第2期,专件1—3页。

续表

校名	毕业次数	毕业人数	升学大学	升学专门	升学师范	升学其他	就事教育	就事实业	就事行政	就事其他	其他在家	其他未详	其他死亡
省立第八中学校	4	101	10	10	17	8	17	6	5	9	12	6	1
省立第九中学校	3	120	19	17	7		46	2	4	1	21	2	1
县立吴江中学校	3	22	3	3	4	2	3	1	1		5		
公立中学小计		1557	139	229	128	107	385	48	52	26	157	257	34
占毕业生比例(%)			8.9	14.7	8.2	6.9	24.7	3	3.3	1.7	10	16.5	2.2
私立钟英中学校	6	96	15	18	8	4	11	10	6	8	11	3	
私立民立中学校	7	108	20	14	2		16	24	16	3	1	11	1
私立浦东中学校	5	87	13	26	9	2	13	7	1		5	11	
私立海门中学校	4	42	6	19	2		7	2		3	2	1	
私立彭城中学校	4	36	5	10	7	2	6			1	4	1	
私立中学小计		369	59	87	28	8	53	43	23	15	23	27	1
占毕业生比例(%)			16	23.6	7.6	2.2	14.4	11.7	6.2	4.1	6.2	7.3	0.2

注：本表在原表基础上加入了公立和私立中学的小计及比例，以利读者对比。

表6-12是1919年刘永昌对江苏省主要公私立中学历届毕业生出路的调查，数据比较完整，有较高的参考价值。从表中反映出，公立中学升学比例在38.7%，私立中学的升学比例在49.4%；公立中学就业比例在32.4%，私立中学就业比例在36.4%。两者对比，说明私立中学在升学和就业方面都高于公立中学。具体分析，私立中学与公立中学相比，其学生在技术性的出路方面比例更高，如在升学选择中，私立中学选择最多的是专门高校，即以应用为主类型的学校，比公立中学的学生要高出9个百分

点；在就业领域，私立中学选择实业的占 11.7%，[①] 远高于公立中学的 3% 的比例。这与私立中学在课程的开设上更注重社会的实际需要有密切关系（从上文江苏省立一中与南开的对比知道，南开设有商学、簿记等科目，而江苏省立一中没有，因此表中江苏省立一中从事实业的学生为 0）。

另据浙江省私立安定中学校的调查，到 1918 年，该校历届毕业生有 421 人，在教育界 96，肄业各校 82，留学外国 34，商界 41，政界 24，军界 13，法界 7，其他职务 6，家居 44，未详 62，已故 12，[②] 就业者共有 187 人，占 44.4%，升学者 116 人，占 27.6%，其他 118 人，占 28%。升学和就业共占 72%，略低于江苏省私立中学的平均水平。

笔者还找到 1927—1930 年江西省公私立中学历年毕业生统计表[③]，以资参考（见表 6-13）：

表 6-13　　1927—1930 年江西省公私立中学历年毕业生统计表

	公立中学		私立中学	
毕业生	5838	100%	6330	100%
升学	1818	31.14%	2326	36.75%
就业	838	14.35%	2389	37.74%
闲居	312	5.35%	1067	16.86%
其他	2870	49.16%	674	10.65%

与前表相比，本表的统计数据显得有些粗糙，特别是公立中学的"其他"栏内，比例竟达 49.1%，显然这是公立中学未对毕业生出路认真做统计的结果，这也造成了公立中学在就业比例上的 14.35% 显得过低，笔者估计与实际是不相符的。因此，本表只是作为一个参考供大家比较。

教会中学的毕业生出路与国人办的私立中学相比，略有不同。1919 年，基督教会对中国所有的教会中学进行了一次范围很广的调查，共涉及

---

① 原调查表后有"民立毕业生之就实业者占 22.22%"的数据，但笔者计算只是 11.7%，疑为原作者计算失误。
② 朱有瓛：《中国近代学制史料》（三·上），华东师范大学出版社 1990 年版，第 515 页。
③ 《第一次中国教育统计年鉴·丙编·中学概况》，开明书局 1934 年版，第 217—218 页。

265所中学，其中也涉及对毕业生去向的调查。见表6-14①：

表6-14　　教会中学（新教）毕业生出路统计表（1919年）

省份	中学学生中毕业生百分数 百分数的差别范围	中位数（%）	大学预科	教牧工作	护士	律师	教师	商业	受聘在教会工作的毕业生人数	有校友会的中学数目
华北	3—90	44	672	121	62	3	427	291	555	4
华东	20—87	49	488	57	29	29	278	128	193	17
华中	10—90	54	202	51	24	2	154	20	272	6
华南	0—99	46	253	57	11	15	190	103	315	6
华西	21—50	38	105	10			44	23	88	1
各省总计	21—99	38	1720	296	126	49	1093	565	1423	34

注：表中的中位数并不是平均数，而是一系列数据的中间数，调查者认为，中间数更接近实际情况。

教会中学比较明显的是有较多学生在毕业后参加了与教会事业有关的工作，上表显示直接当教会牧师的和受聘在教会的人数有1719人，和升学人数基本持平，占毕业生总数的32.7%。教会中学毕业生中，去政府机关任职的比例很少，以从事服务性行业的居多，这大概与教会的教育宗旨有关。不过这种情况到了30年代，随着宗教课程在教会中学的减少，教会中学和国人所办的中学越来越同质化，毕业生的去向也无大的差别了。

从上两表还可得出一个结论，就是整体上说，私立中学（含教会中学）对学生毕业后的去向比较留心，如江西省统计表，在公立中学对毕业生的统计中，"其他"项占49.1%，也即这近一半的学生去向如何，公立中学并没有统计出来，而私立中学对未知结果的统计仅有10.65%，大大低于公立中学的数据。教会中学毕业生统计表也显示，教会中学在统计时，将是否有校友会作为一项统计指标包含在调查中。在笔者翻看各私立中学年刊一览时，发现好多学校都辟有专栏，对历届毕业生的姓名、班别、数量都做有记录，详细些的还留有他们的去向及通信地址。

---

① 中华续行委办公调查特委会：《1901—1920年中国基督教调查资料》，中国社会科学出版社1987年版，第1088页。

私立中学很重视与毕业生的继续联络,其作用一是可以加强学校的凝聚力和向心力,营造和谐的校园传统文化,如南开师生间同学间之情谊,"素极笃厚",因有"家庭学校之称"。① 教会中学也认为,保持和毕业生的联系"可以帮助毕业生维持他们学生时代的理想和志趣",而"保持和增强毕业生对母校的忠诚对于学校是有价值的"②。二是扩大学校在社会的影响,1929 年,是南开办校 25 周年纪念,当时从南开出校的师生服务各界者,不下数千人,升学及留学者,遍布海内外各地,每逢学校周年纪念,则"各地之贺文寿笺,络绎不绝",对校庆周年的宣传不仅可使校友增加自豪感,还是对学校声誉的无形宣传。三是可通过校友会的捐募扩大学校的建设,1929 年南开计划在中学建筑科学馆,同时做校友总会会所,并纪念创办人严修,乃定 10 月 17 日建校 25 周年纪念会时,由各地分会代表正式组织校友总会,并行该楼之奠礼,此计划得到各地校友的积极支持。③ 南开成立 30 周年之际发起的"三六"募款活动,所募款额超过计划的三分之一以上,张伯苓认为亦是"赖诸位校友的共同努力"的结果。④

---

① 《天津南开学校中学部一览》,1929 年印行,第 243 页。
② 中华续行委办公调查特委会:《1901—1920 年中国基督教调查资料》,中国社会科学出版社 1987 年版,第 1088 页。
③ 《天津南开学校中学部一览》,1929 年印行,第 245 页。民国十七年秋,各地出校师生"为谋爱护母校,联络感情,砥砺学行起见",先后在各地成立校友分会,并于天津设校友总会筹备处。当时已成立的校友分会有:天津分会、南京分会、上海分会、北平分会、唐山分会、北票分会、辽宁分会、吉林分会、黑龙江分会、大连分会、锦州分会、洮南分会、哈尔滨分会、青岛分会、济南分会、山西分会、彰德分会、开封分会、浙江分会、福建分会、安徽分会、江西分会、武汉分会、成都分会、留美分会、留英分会、留法分会、留比分会、留德分会、留日同学会等三十余个。
④ 张伯苓:《对于南开校友的展望》(1935 年 4 月 18 日),见《张伯苓教育言论选集》,南开大学出版社 1984 年版,第 204 页。

第七章

私立中学的社会参与

作为社会的组成部分,私立中学不可避免地参与到社会中去。鸦片战争以降,民族危机刺激了中国民族主义的膨胀,现代国家逐渐取代了旧的帝国,臣民身份亦向公民身份转化,社会转型的速度日益加快,而知识分子的忧国忧天下的传统依然延续下来,特别是进入民国之后,伴随着私立中学的数量和师生人数的较快增长,其参与意识越来越强,带来的影响也越来越大。私立中学的政治参与起着唤醒民众、培养革命力量的作用。但学生过多地参与社会政治运动,往往会因知识储备的不足而流于形式上的浮浅。

一 近代私立中学参与社会的形成条件

(一)"经世"与"笃行"观念的延续

知识分子在古代中国属于"士",孔子曰:"士志于道"①,"道也者,不可须臾离也,可离非道也"②。朱熹解释说:"道者,日用事物当行之理,皆性之德而具于心,无物不有,无时不然,所以不可须臾离也。若其可离,则为外物而非道矣。"③ 孔子还说:"道不远人,人之为道而远人,不可以为道。"④ 可见儒家认为"道"是存在于"日用事物"之中的。庄子也认为,道是"无所不在"⑤,既然道在世间,那么有道之人须"以与世

---

① 《论语·里仁》。
② 《中庸》第一章。
③ 朱熹:《四书章句集注》,中华书局1983年版,第17页。
④ 《中庸》第十三章。
⑤ 《庄子·知北游》。

俗处"① 才能追寻到道,由此会逻辑地延伸出"经世"的观念,庄子在《齐物论》中认为:"六合之外,圣人存而不论;六合之内,圣人论而不议;春秋经世,先王之志,圣人议而不辩。"这是史籍中首次出现"经世",王先谦注释为"经纬世事"②。"经纬世事"即"纬人伦而经世道",可以理解为治理国家,含义非常明确。"经世"观念要求人们积极入世,适应客观现实的要求,以实现天下太平为己任,追求理想的治国效果,"其精义在于引导人们经邦治国,建功立业"③。"经世"精神上起先秦,下及清末,始终贯穿在中国知识分子的传统之中。及至近代随着中国形势的变化,经世之学也产生了新的特点,"夷务成为一个重要内容,是经世之举在近代演变的特点,是近代经世之学与传统经世之学的不同之处。这种变化,一方面反映了夷务在实际政治生活中已经同中国的前途连在一起了;另一方面又反映了中国对西方的认识在不断深化"④。

知识分子不仅要认识"道",还有如何实践"道"的问题。《尚书》中有:"非知之艰,行之惟艰"⑤的提法,说明了"行"的重要性和艰巨性。之后的孔子明确论述了知与行关系,例如:

君子耻其言而过其行。⑥
君子欲讷于言而敏于行。⑦
君子欲敏于事而慎于言。⑧

孔子认为,"君子"应当是言行一致,以行为本。孔子主张将知识运用于实践,读书人应该学以致用,注重实践能力。《中庸》一书,将修学的过程分为5个阶段:博学之、审问之、慎思之、明辨之、笃行之。前四者,可视为求"知"的范畴,最后一条"笃行"是前四者的落脚点。近代

---

① 《庄子·天下篇》。
② 王先谦:《庄子集解》,上海书店出版社1987年版,第13页。
③ 冯天瑜:《文化守望》,武汉大学出版社2006年版,第141页。
④ 陈旭麓:《近代中国社会的新陈代谢》,上海人民出版社1992年版,第57页。
⑤ 《尚书·说命》。
⑥ 《论语·宪问》。
⑦ 《论语·里仁》。
⑧ 《论语·学而》。

孙中山辩证地分析了"行"和"知"的关系,"以行而求知,因知以进行"①,表明了"行",即实践,对人的认知能力提高具有重要作用,这使他的思想更贴近社会实践,理论和实践联系更为密切。

中国知识分子的"经世"观和"笃行"观的延续不可避免地影响到私立中学的广大师生。如南开中学的办学目的是"痛矫时弊,育才救国"②,应算"经世"思想的高境界运用了。在办学过程中,张伯苓多次给南开中学生灌输"学行并重"的观念,③强调要"能务实,不尚空谈"④,是要有苦干的精神。明德中学的校歌有"毋忘坚苦真诚,期相于修齐治平"⑤,显然是儒家"经世"观的反映。

(二) 私立中学参与社会的时代条件

私立中学频频参与社会活动首先是中国民族意识和民主意识兴起的推动。

20世纪初,民族主义日益流行,成为辛亥革命的理论基础,成为唤起人们危机意识、收回利权运动的指导思想,并形成了第一波民族主义运动高潮。清帝退位后,孙中山曾认为"民族、民权两主义俱达到"⑥,今后的奋斗目标只是民生主义的实现。然而,接踵而至的"二十一条"、中日共同防敌军事协定、巴黎和会、五卅惨案、沙基惨案,又将民族问题中资本帝国主义与中华民族的矛盾突现出来,"这就形成了民族主义高涨的又一浪潮"⑦。与民族主义同时兴起的还有民主意识的觉醒。甲午战争后,西来的政治文明使"国民"意识开始出现,陈天华说:"国以民为重,故称国民。国民的讲法,是言民为国家的主人,非是言民为国的奴隶。"⑧这些早期"国民"意识的宣传对于当时的中国起了民主启蒙的作用,人们对民主自由的追求也愈来愈强烈。然而,直到民国初年,真正的民主社会并没有

---

① 孙文:《建国方略》,中州古籍出版社1998年版,第103页。
② 张伯苓:《四十年南开学校之回顾》,见《南开四十年》,1944年印行,第2页。
③ 张伯苓:《学行合一》,见王文俊等编《张伯苓教育言论选集》,南开大学出版社1984年版,第149页。
④ 张伯苓:《要务实,不尚空谈》,见王文俊等编《张伯苓教育言论选集》,南开大学出版社1984年版,第176页。
⑤ 《明德校歌》,见《湖南私立明德中学校一览》,1930年印行,第2页。
⑥ 陈锡祺:《孙中山年谱长编》(上),中华书局1991年版,第683页。
⑦ 姜义华:《论二十世纪中国的民族主义》,见《复旦学报》(社会科学版)1993年第3期。
⑧ 陈天华:《国民必读》,《陈天华集》,湖南人民出版社1982年版,第184页。

建立起来,"原来是我们传统的文化在作祟,是国家整体主义观念在作祟,于是新文化运动发现了作为个体的人的价值。在新文化运动的初期,知识分子对个人利益的追求、对个人自由的张扬可谓前不见古人后不见来者"[1]。

正是由于民族民主思想的传播,使年轻的一代发生着转变,从驯服转变为反抗。蒋梦麟回忆说,"受到国父革命理论熏陶和鼓励的学生们则热血沸腾,随时随地准备发作"。这种反抗可说是新兴的知识分子对向旧势力和旧制度的反抗,这种反抗"不但是知识上的反抗,而且是社会的和政治的反抗"[2]。

其次,私立中学学生群的形成为其参与社会提供了群众基础。

从清政府新政开始,特别是1905年宣布次年废止科举制后,新式学堂取得长足发展。[3] 其中私立中学的发展尤为突出,1912年全国有私立中学54所,学生数6672人,[4] 约占所有中学生数的11.1%,此后到1916年一直在12%强。进入到20年代,随着新一轮的兴学高潮的到来,私立中学的数量迅速增加,到1929年,私立中学已达到434所,学生97463人,占全部中学生数量的39.19%,[5] 1933年全国共有私立中学1030所(其中已备案的私立中学有575所,未备案私立455所),学生数私立中学共有212633人(其中已备案私立142071人,未备案70562人)。[6] 单纯看学生的绝对数虽然不是很多,但这些私立中学绝大多数是分布在省会一类的大中城市,相对集中,况且当时的私立中学很多是当时中等教育的佼佼者,在当地学界的地位很高,如天津南开、广州南武、长沙明德、南昌心远等等,由这些名校发起的活动往往更容易引起人们的注意。

我们再从表7-1和表7-2看为什么私立中学学生容易发起运动:

---

[1] 陈永森:《告别臣民的尝试》,中国人民大学出版社2004年版,第20页。
[2] 蒋梦麟:《西潮》,辽宁教育出版社1997年版,第42页。
[3] 学生总人数1902年为6912人,1912年增加到2933387人,十年增加424.39倍,如果加上同期的教会学校,学生总数超过300万人。民国之后,学生人数继续增加,1922年较1912年增加超过200万人,在20年代的末学生人数已达8331990人,加上教会学校的学生数,大致可以达到1000万人。
[4] 王伦信:《清末民初时期中学教育研究》,华东师范大学出版社2002年版,第216页。笔者疑此数据未包括未立案之私立中学和教会中学。
[5] 同上书,第217页。
[6] 教育部统计室:《中华民国二十二年度全国中等教育统计》,1936年印行,提要部分第1—2页。

表 7 - 1　　　　　　　　私立弘达中学学生年龄分布

年龄	12	13	14	15	16	17	18	19	20	21	22	23	24	25	26	27	28	29	30
人数	2	10	18	27	69	193	291	302	314	206	104	43	18	10	2	2	0	0	1

资料来源：《二十年度第二学期学生年龄比较图》，见《北京弘达中学十周年纪念刊》，1932年印行，第102页。

表 7 - 2　　　　　　　　私立弘达中学学生籍贯分布

河北	山东	辽宁	河南	山西	吉林	广东	四川	江苏	湖北	湖南	浙江	陕西	福建
303	360	250	117	116	72	68	50	43	30	29	22	23	21

热河	绥远	甘南	广西	察哈尔	江西	安徽	黑龙江	云南	贵州	外蒙古	新疆	学生总数
14	11	11	11	9	12	22	8	6	4	1	1	1614

资料来源：《二十一年度第二学期学生籍贯分配图》，见《北京弘达中学十周年纪念刊》，1933年印行，第94页。

从表7-1看，学生的年龄集中在17岁到22岁，正处于青年的叛逆期，并且有了自己的独立判断，很容易对当时落后的中国产生既爱又恨的心理，希望中国能早日摆脱积贫积弱的局面，而年轻人的冲动和浮躁又耐不得相对耗时的改良运动，因此进入20世纪之后，随着私立中学人数的增多，私立中学学生在各种社会事务中发言的声音也越来越大了；从学生的籍贯看，弘达中学（一个普通的北京私立中学）学生的籍贯分布是很分散的，很多学生是跨省求学，原因一是为了寻找更好的教育资源，北京地区的教育资源相对于其他地区来说要好很多；二是私立中学的入学手续相对简单，便利了经商人士等流动性较强的阶层的子女的入学。学校一般是以寄宿制的形式管理外来学生，这样，处于叛逆期的青年学生在一起聚集，相似的年龄、相似的经历和相似的心理，很容易被发动起来参加群体性的运动。

随着学生群的扩大和稳定，其独立意识日渐鲜明，对社会事务的参与便是自我表现的重要形式。并且近代学生群体（特别是中等教育的学生群体）既充满近代政治意识和民族精神，又具有广泛的社会联系，是沟通知识精英和下层民众的天然中介（五四学生运动能促成新文化运动与群众反帝爱国运动的结合，便是中介作用的体现）。桑兵对近代学生运动的特点进行了三方面的总结：一曰先进性，学生思想活跃，眼界开阔，处于大都市和传媒中心，其敏捷的反应不仅很快变成舆论传向社会，而且迅速转化为大规模群体行动；二曰坚定性，学生很少既得利益，又怀抱牺牲精神，用不着瞻前顾后，畏首畏尾；三曰自觉性，是指学生具有近代先进思想的指导，能够保证运动沿着民主轨道发展，防止下层群众自发斗争的盲动破坏性。①

再次，报刊媒体的发展使学生多了解社会和参与社会的途径。

甲午战争之后，是中国近代思想文化发生急骤变化的时期。当时国内有志之士为振兴本国民族的出版事业，积极自办新式印书局。据1906年的统计，入上海书业商会的民营出版业（不含教会办）有二十二家，出版业的重心已由教会和官书局移到民营的出版业了。②随着民营书局的增多，"人民始有言论著作刊行的自由"③，新思想得以更快的速度传播，为新文化运动的发生准备了重要条件。

出版企业的增多，使一系列以反映近代国内外社会政治情况和揭露官场黑暗为主要内容的通俗文艺著作问世，如《官场现形记》等；翻译著作的内容大致是鼓吹变法或者提倡革命的，《天演论》、《法意》、《原富》、《民约论》等，都是震动当时思想界的名著。④期刊方面，据统计，从1895年至1912年，中国人创办的近代期刊共有238种，涵盖了科学技术、工商业知识、文艺小说、教育、民权思想等领域。⑤

辛亥革命后，南京临时政府保护言论出版自由，使全国范围内出现了一个前所未有的办报高潮。在武昌起义后的半年内，全国的报纸由十年前的100多种，陡增至近500种（包括杂志在内），总销数达4200万份。新创办的报纸多数集中在北京、天津、上海、武汉、广州等大城市。⑥五四运动以后，报刊出版更加繁荣，仅1919年和1920年两年中，新创办的杂志近百种。据《第二届世界报界大会纪事录》记载，到1921年，全国共

---

① 桑兵：《晚清学堂学生与社会变迁》，广西师范大学出版社2007年版，第10页。
② 庄俞等：《最近三十五年之中国教育》（卷下），商务印书馆1931年版，第263页。
③ 同上书，第266页。
④ 曹予庭：《中国近代出版事业概述》，见《中国近现代出版史学术讨论会文集》，中国书籍出版社1990年版，第78页。
⑤ 同上。
⑥ 张静如：《北洋军阀统治时期中国社会之变迁》，中国人民大学出版社1992年版，第155页。

有各类报刊1114种。① 其中不乏各党各派和各种政治团体为了宣传自己的政治主张而创办的杂志。

中国新闻出版事业的发展，使学生很容易能得到那些革命书刊，且学生处于心理的叛逆期，对禁书能以阅读为乐事，"学校里很多禁书都流行着"，"学校当局也无可如何"。② 有的学校本身就支持学生阅读新报刊，长沙唯一学堂建校后就暗设一间阅览室，备有《孙逸仙》、《新湖南》、《警世钟》等进步书刊供学生课外阅读。③ 在澄衷学堂，教师们经常把当时的进步思想介绍给学生，如澄衷学堂的教师们就在课堂上讲述《天演论》，以激发学生奋发自强的思想。时在澄衷就读的胡适就是受到《天演论》"适者生存"的启迪而改名的。私立中学不仅订阅新报刊，有条件的学校还动手自己办报，以南开为例，"为练习学生写作之能力，增加学生发表思想之机会，自始即鼓励学生编辑刊物"，当时"会有会刊，校有校刊。或以周，或以季，种类甚多"④。由于近代传媒的出现和壮大，整个社会思想文化领域更加活跃，尤其是大量民间报纸及资产阶级革命派所办刊物的出现，成为宣传新思想、新文化的主力。

最后，政治力量的介入成为私立中学参与社会的直接动力。

近代中学生力量能成为革命势力争夺的目标，并不是偶然的，一是因为中学生在当时已是较高级别的知识分子了，接触的新知识和新思想较多，已经基本脱离了相对迷信愚昧的民众底层，更容易被革命宣传发动起来；二是中学生毕业后，往往因其知识的丰富而成为某个小团体的核心或主要成员，让他们接力去发动广大民众会更容易成功；三是先期步入革命的领导者往往具有较好的学习背景，要么是国内的高等学校毕业，要么有出国留学的经历，因此他们对有知识的人更看重，也更容易交流，而当时中国的高等学校的人数较少，小学生的年龄则相对较小，处于两者之间的中学生既有较高的知识水平，人数也较多，且比较集中，更利于革命运动的发动。因此近代中学生参与政治活动的事例不绝于当

---

① 张静庐：《中国现代出版史料》（丁编，上册），中华书局1959年版，第15页。
② 李健侯：《武昌首义前后忆事八则》，见《辛亥革命回忆录》（二），中华书局1962年版，第79—82页。
③ 《湖南省志·教育志》（上），湖南教育出版社1995年版，第341页。
④ 张伯苓：《四十年南开学校之回顾》，见《南开四十年》，1944年印行，第4页。

时的报刊记载。

私立中学由于是个人投资建设，因此在发展过程中独立性较强，特别是清末民初之际，各项规章制度都不健全，即便有相关的法律法规存在，但在实施过程中由于国内政治动荡、南北分裂、军阀混战等因素，很难对私立中学特别是教会中学做有效的监督和管理，从而为革命势力无形中提供了一个潜伏力量的场所。因此在不同时期，我们都可找到革命力量在私立中学进行宣传发动的事例，（详见后文"私立中学的政治运动参与"部分）。这些革命力量的宣传和发动也是促使私立中学师生进行社会参与的重要原因。

二 私立中学的社会参与

近代中国的学生与社会的联系途径增多，参与性越来越强，当社会发生较大事件，每每会将学生的爱国意识、民族意识和民主意识激发出来，从而产生很大的社会影响。私立中学因其是私立，政府部门干涉得相对较少，在各种运动中发挥的作用更为突出。

（一）私立中学的政治运动参与

在私立中学的社会参与活动中，政治运动是其最重要的参与部分。根据私立中学在1902年至1936年政治参与的特征，可以将其分为三个阶段。

1902年至1912年为私立中学参与政治运动的第一阶段，属萌发期。这一时期私立中学的校数和学生数相对较少，学校规模较小，且斗争也多属各校自行组织，缺少联合，造成的社会影响还较小。即便如此，私立中学在某些政治运动中的作用已经有所体现，特别是因美国排华法案导致的1905—1906年抵制美货和拒约运动中，私立中学的表现值得一书。

1905年5月22日，上海清心书院、中西书院学生为抵制美国"禁约"，一律退学，[①] 率先发起运动，圣约翰书院学生也迫使校方通电废约，进而带动了上海抵制美货风潮，5月27日，上海学界举行大会，各校代表

---

① 陈学恂：《中国近代教育大事记》，上海教育出版社1981年版，第147页。

签名拒购美货,并函请商会同力协助。① 6月中旬,上海南洋中学学生同盟会宣布:"需行购买洋货者,必先向店铺询明是否美物。苟其是也,虽贱勿贪;苟其否也,虽贵勿吝。"② 正是以私立中学在内的学界推动,一度停止抵制活动的商会也被迫继续行动。当时有媒体评论:"上海之拒约会,其主力在学界。"③ 时在上海海关税务司供职的粤人何剑吴参加了1905年沪上的拒约活动,事为税务司所悉,被撤职,又逢家中变故,便回到广州,被南武校董聘为南武学校的校长,继续带领南武学校在广州发起抵制美货运动,并组织学校教员在8月份办起专门为抵制禁约的《美禁华工拒约报》(即《广州旬报》)。南武学堂还组织举行了冯夏威④的追悼会,在当时民气逐渐低落的时候起到了很大的鼓动作用,"诚一发千钧之举"⑤。在福州,鹤龄英华书院学生于6月2日要求校方电请美国政府删除限禁华工条约中的苛刻条款,并请回电答复,否则全体退学。他们先后与主理及美国领事进行了辩论,宣告:反对美约是"保护我们的权利,维护我们的尊严"⑥。6月11日,包括英华、格致等私立中学校在内的17所学校学生与各界人士500余人集会,演讲捐款,并成立抵制机关。各校均停购美货,而且表示,如果"美约果行,凡美办学堂学生一律退学"。⑦ 6月18日,天津由敬业中学(即后来的南开中学)发起联络,在合津会馆集合了数百人,人们争相上台演说,决议学生一律不购美货,"堂下应者如雷鸣"。报纸评论曰:"我中国前途之幸福实未可量也!"⑧

由包括私立中学学生在内的学界推动的抵制美货运动维持了一年多的时间,私立中学学生在这场运动中通过他们的言传身教,把民族主义和爱国思想传递给了广大民众,为以后群众性爱国运动的爆发创造了一定条件。

---

① 桑兵:《晚清学堂学生与社会变迁》,广西师范大学出版社2007年版,第220页。
② 《学界同盟会实行禁买美货约》,《大公报》1905年6月15日。
③ 起卓:《上海之拒约会与广州之拒约会》,《拒约报》1905年11月3日。
④ 冯夏威是菲律宾华侨,广东南海人,1905年7月16日冯在美驻上海领事馆前自杀,死前留有遗书,激励广大的民众继续抵制运动。
⑤ 《南武学堂开冯夏威先生追悼会与广州拒约现象之关系》,《有所谓报》1905年8月26日。
⑥ 《福州鹤龄英华书院全体公议抵制美国禁工事》,《大公报》1905年7月15日。
⑦ 桑兵:《晚清学堂学生与社会变迁》,广西师范大学出版社2007年版,第220页。
⑧ 《学界之大会议续志》,《大公报》1905年6月20日。

1912年至1927年为私立中学政治参与的第二阶段，也是高潮期。北洋军阀时期，中央权威逐渐衰落，地方势力相对强大，私立中学的自由度相对较大，加上各种社会思潮的此起彼伏，学生被煽动参加的社会活动相对就多些；这一时期私立中学的校数和学生数迅速增多，从占整体中学的11%强发展到近40%，学生数发展到近十万人，使之更容易组织社会运动；新的民族危机显现，"二十一条"、巴黎和会的外交失败、五卅惨案等等新的国耻国难，激发了私立中学的学生挽救民族危机的爱国热情，特别是教会中学参与"收回教育权"运动成为20年代革命参与的一大内容；从斗争形式看，学界联合斗争的趋势不断加强，"特别是大城市学生的联合罢课，影响巨大，成为学生干预重大社会政治问题的重型武器"[①]。有些地区的私立中学在学界联合会中居主导地位。现以天津私立中学在五四运动的斗争为中心，看学界进行政治运动的新走向。

"五四"事发之后，南开中学校长张伯苓听说有学生在运动中被捕，很快就代表南开全体教职员学生给总统徐世昌发电，认为"京师学生因爱国热诚，致有被逮之事，情有可原"，并"吁请即为释放，以顺舆情"[②]。由于南开中学在京津地区的影响较大，因此在运动中充当了领导者的角色。5月6日晚，南开中学校等十所学校的代表二十九人聚会，初步形成了一个学界临时联合团体，[③]翌日晚，天津中等以上各学校学生代表二十四人又聚会，选举了天津学生临时联合会职员，南开中学学生马骏当选为副会长。[④] 5月14日下午五时，天津学生联合会举行成立大会。到会者有包括新学书院、育才中学、成美中学、南开中学、孔德中学等私立中学在内的十余校，每校代表六人。当场公推马骏为临时主席，大会遵照秩序选举职员，谌志笃当选为正会长，马骏当选为副会长。[⑤] 大会发布《天津中等以上学校学生联合会简章》，定联合会名称是"天津中等以上学校学生联合会"，"以实行学生对于国家应尽之义务为宗旨"。[⑥]

天津中等以上学校联合会成立后，很快组织起各种斗争。5月23日上

---

① 桑兵：《晚清学堂学生与社会变迁》，广西师范大学出版社2007年版，第9页。
② 《南开学校致北京政府电》，见《益世报》1919年5月8日。
③ 《十学校代表集会　议决声援办法四项》，见《益世报》1919年5月9日。
④ 《各校代表选举学生临时联合会职员》，见《益世报》1919年5月10日。
⑤ 《天津学生联合会开成立大会》，见《大公报》1919年5月16日。
⑥ 《天津中等以上学校学生联合会简章》，见《醒》1919年5月26、27日。

午八时天津学校联合会全体罢课，并散布宣言书。其罢课者包括南开中学、孔德中学、成美中学、育才中学、新学书院在内的十五学校学生，共万余人。① 一些没有参加罢课的私立中学学生，也用自己的行动来支持罢课，中西女校学生认为天津学生联合团体"需款必殷"，于是"全体女学生减去早餐，储资捐助学生联合团体公用"。②

天津学联发动各校上街演讲，宣传爱国思想。私立中学纷纷响应，积极组织。新学书院学生，仿照北京十人团之例，组织演说团，③私立孔德中学分甲、乙二组演讲，"沿途听者甚众，内中有一苦力，亦宣言抵死不买日货云"。私立育才学校组织演讲员十五人在大舞台（地名）演讲，"听者颇形踊跃。内有老者，闻之欲泣，嗟叹不已"。当演讲员演说完毕离开时，还有人力车夫"追索本团所印之传单云"④。南开中学学生认为"城镇人民智识日开，而乡间仍为闭塞"，故每日分发若干队往南北各村讲演，颇受"人民欢迎"，即便是"困守家园、无知无识之妇人"，听至痛切处，"亦无不泪下"。记者感叹："我中国之同胞何尝不爱国，惧在无人以醒之耳。"⑤

天津学联积极组织抵制日货，提倡国货活动。各私立中学学生也都尽己之力，支持抵制日货活动。私立成美学校令各学生一律不用日货，各学生将校内所用"凡属日货一律焚毁，以表抵制之坚决云"⑥。南开学生不仅自己禁售日货，还准备调查天津商品中日货的比例，以便下一步发动宣传，"惟恐各商场多有不知敝团调查之意而不表同情者"，于是在做调查前的5月24日，南开学生救国团致函天津总商会，希望"贵会将敝团之宗旨报知全津商家，庶免临时有不便之虞"。并强调了"贵会素抱爱国之热忱，定为尽力而允其所请也"。⑦ 显示了学界与商界联合推动抵制日货的趋向。

在天津学联的鼓动下，6月8日，天津召开了数万人的公民大会，提案公决罢市，要求北京政府惩办曹、章、陆，以及明令各省当局保护爱国

---

① 《最先罢课之十五学校》，载《申报》1919年5月26日。
② 《中西女校全体学生捐助罢课学生》，载《益世报》1919年5月25日。
③ 《新学书院组织演说团》，载《益世报》1919年5月20日。
④ 《孔德、高工、育才三校赴街头讲演》，载《益世报》1919年5月24日。
⑤ 《南开日刊》第二号，1919年5月27日；《南开学校赴各村讲演》，《南开日刊》第七号，1919年6月3日；《南开学校讲演员赴郊区讲演》，载《益世报》1919年6月4日。
⑥ 《成美学校决定一律不用日货》，载《益世报》1919年5月14日。
⑦ 《南开学生救国团为调查日货事致总商会函》，见《五四运动在天津——历史资料选辑》，天津人民出版社1979年版，第72页。

学生等条件，并公推马骏代表向天津总商会进行办理。天津总商会接受了马骏代表公民大会的意见后，遂于6月9日召开行会董事紧急会议，决定于6月10日罢市；[①] 但商会在北京政府和直隶省长曹锐的干涉下，又公决11日复市。[②] 开市那天，马骏在商会会议上发言，要求商会继续罢市，当被商会董事质疑动机时，马骏说"我在天津虽无财产，但我有生命，情愿牺牲，以谢国人"。说着扭头离席，奔向会议厅的明柱撞去，意欲撞死。[③] 全场董事被马骏行为感动，表示"不达目的决不罢休"。发布了二次罢市的布告，[④] 6月13日，全市商号一律关门停业。市面车马全无，繁华市场顿呈萧条气象，"天津的罢市斗争达于高潮"[⑤]，向北京政府施加了一定的压力。

以上以天津地区的私立中学为代表分析学生运动联合斗争的趋势，如果查询当时的主要报纸，就会发现不仅天津，其他大中城市或地区如北京、上海、湖北、安徽、山东、河南、江西、湖南、江苏、福建、陕西等地都有学生联合斗争，组织学生联合会的事例，在这些地方的私立中学往往是积极响应学联的号召参加诸如罢课、游行示威、抵制日货等活动，在很多地区的私立中学也起着如南开在天津那样的领导作用，为挽救民族危亡写下了壮丽的一笔。[⑥] 私立中学在之后的"五卅运动"中，同样也是积极组织和参加学生联合会，在学联的领导下，与商界、工人联合斗争，取

[①] 《总商会议决罢市》，载《大公报》1919年6月10日。
[②] 《天津总商会发布复市布告》，载《天津商会档案汇编》，天津人民出版社1992年版，第4727页。
[③] 据《益世报》（一九一九年六月十二日）载，马骏撞在石阶上。但李学智老师考证的结果是《益世报》记载有误。详见李学智：《马骏"以头撞石阶"辨正》，《史学月刊》1995年第2期。
[④] 《天津商会档案汇编》，天津人民出版社1992年版，第4728—4729页。
[⑤] 李学智：《五四运动中天津商人罢市、抵制日货问题考察》，《近代史研究》1995年第2期。
[⑥] 例如，据屈武回忆，五四时的西安私立成德中学亦起着领导组织的作用。"五四那年，我正在西安私立成德中学读书。西安学生响应北京学生的爱国运动，各中等以上学校开了学生代表联席会议，我代表成德中学参加会议。……在示威游行之后，为了使学生运动组织化、经常化，我们又在西安学生代表联席会议的基础上，组成了陕西省学生联合会，我被选为会长。……为了表达陕西省学生的决心和意志，并和全国各地学生运动取得直接联系，陕西省学生联合会推选我和李伍亭为代表到北京请愿，我们俩便在六月初联袂北上。……在北京，我被推为十个学生代表之一，接受徐世昌的接见。"见屈武《激流中的浪花——五四运动回忆片断》，载中国社会科学院近代史所《五四运动回忆录》（下），中国社会科学出版社1979年版，第860—865页。

得了众多的斗争成果。

在这一阶段,私立中学在收回教育权的斗争中的表现值得一书。教育权的收回是中国收回利权运动发展的必然结果。① 在民国成立后,北京政府就曾经打算将教会学校纳入国家统一管理的框架内,1915 年,教育部发布布告,称"只要教会学校请求考核承认",政府可以"准予依照私立学校手续办理"②。1917 年,北洋政府又制定了《私立各种学校考核待遇法》,考核"中外人士设立的各种私立学校"。不过当时国内政局不稳,使得这种考核在实践中流为具文。1919 年巴黎和会上中国外交的失败,进一步激发起中国人民的民族主义情绪,从民间开始的收回教育权的运动逐渐高涨起来。除了爱国因素之外,还有一个事关教会中学学生自身利益的问题。1924 年,北京政府教育部规定:凡教会学校未经核准备案者,其毕业生投考国内各大学概不收录。这样在教会中学读书有很多是为了考取大学进一步发展的学生,其前途就与教会中学的是否备案(备案意味着要接受政府的管理)紧密联系在一起。因此 1924 年之后是教会中学发起夺取教育权的高潮时期。

1924 年 4 月,英国圣公会在广州办的"圣三一"学校学生因英籍校长禁止学生组织学生会,禁止举行"五九"国耻纪念并一再无端开除学生,进行罢课并两次发表宣言。宣言提出"在校内争回集会结社自由"、"反对奴隶式的教育"、"反对帝国主义的侵略"等口号。③ 5 月,因不许学生纪念"五九"国耻,广州"圣心",徐州"培心",南京"明德",福州"协和"等十几所美国、法国教会所办学校师生与学校当局展开斗争。学生们提出:"反抗'洋奴化'底教育!""与其为奴,勿宁失学。""绝不容许帝国主义者趾高气扬于中国教育界中。"许多学生罢课或愤然退学离校。在此之后,全国各地的教会学校,特别是湖南省内美国教会办的大学和中学、河南、四川各省的教会中学,都掀起罢课、退学等反抗奴化教育的浪潮。④ 6 月 18 日,广州学生会发表《广州学生会收回教育权运动委员会宣

---

① 杨天宏:《民族主义与中国教会教育的危机》,《社会科学研究》2006 年第 5 期。
② 李清悚等:《帝国主义在上海的教育侵略活动资料简编》,上海教育出版社 1982 年版,第 21 页。
③ 中央教科所:《中国现代教育大事记(1919—1949)》,教育科学出版社 1988 年版,第 83 页。
④ 同上书,第 85 页。

言》（以下简称《宣言》），《宣言》指出："教育侵略，比任何形式的侵略都要厉害得多。""收回一切外人在华所办学校之教育权"是关系民族之大事。8月、11月、12月，广州、开封、长沙等地教会学校学生大批退学，广州学生会发表宣言劝中国青年勿入教会学校学习。[1] 11月、12月，开封济汴、长沙雅礼两所教会学校学生因不堪忍受校长压迫，激起退学风潮。两市教育界人士组织收回教育权促进会、教育主权维持会，援助退学学生。[2]

1925年也发生了诸如1924年的教会中学学生要求收回教育权的运动，在北京有笃志女学、慕真女校、萃真女校、萃文学校、崇德学校、培英学校，在武汉有文华中学、三一学校，在汉口有圣约翰学校、圣约瑟女校、三一学校等，这些学校几乎都是因"校长禁止学生参加五卅惨案运动"而导致学生全部或者部分退学。[3]

从上述事例中我们还可发现，教会中学的斗争往往采取直接退学的方式，这也有其特定的原因，一是退学能给教会中学带来更大的压力，造成更大的社会影响力，迫使教会中学妥协；二是退学的学生出于实际的考虑，退学后直接转到已经立案的教会或非教会中学读书，可以避免在斗争中耗费更多的时间和精力。因为运动毕竟只是手段，读书考学才是目的。在社会和本校学生的巨大压力下，迫使大部分教会中学向政府备案，被纳入国民教育的序列中，逐渐完成了其本土化和世俗化的转变。

1928年至1936年为私立中学政治参与的缓和期。这一时期，虽然私立中学的校数和学生数增长更快，但因为南京国民政府完成了统一，在全国范围内革命趋于低潮。国民政府以三民主义为教育宗旨，利用党化教育不断加强对私立中学的控制，"校内外尤不得容许任何团体，为煽动罢课或干涉学校行政，或妨碍社会秩序之举，地方军政机关，查有从事此种煽动行动之团体，应即予以制裁。"[4] 私立中学参与社会的自由度被大大压缩；国家对私立中学的管理更加规范，私立中学被纳入统一的管理体系中，加之训育课程的加强，使该阶段学生示威游行活动大大减少；再者，

---

[1] 中央教科所：《中国现代教育大事记（1919—1949）》，教育科学出版社1988年版，第85页。
[2] 同上书，第91页。
[3] 古楳：《现代中国及其教育》（下），中华书局1936年版，第197—198页。
[4] 《严加整饬全国校风》，载《晨报》1936年1月29日。

南京国民政府完成统一，社会趋于稳定，经济有所恢复，人们对社会发展看好，故私立中学抗议性的社会参与活动也大为减少。在该阶段，日本帝国主义对中国的侵略日甚一日，抗日成为私立中学参与的主题，兹举数例说明。

早在"九一八"事变前，张伯苓为警醒国人，揭露日本对我国东北地区的侵略意图，在校内组织"东北研究会"，积累了许多资料，编著了一部《东北地理》，并在南开中学开班授课。1934年10月在第18届华北运动会上，南开大学、南开中学、南开女中的学生900人在看台上用黑白两色小旗组成"毋忘国耻、收复失土"八个大字，全场中国人为之欢呼！[①]据张伯苓回忆，"在平津陷落以前，华北学生之爱国运动，大半由我南开学生所领导，因此深遭日人之嫉恨。后此我南开津校之惨遭炸毁，此殆其一因"[②]张伯苓在国势危殆的情况下，支持第四子张锡祜弃学从军，后张锡祜参加空军，在抗战爆发后失事殉国。

"九一八"事变后，上虞春晖中学师生、江西葆灵女中学生用自己的力量支持抗日，他们散发传单、作街头演讲，并动员群众抵制日货，救亡图存。葆灵女生还将编织的毛衣、毛袜，毛背心等寄往前线，[③] 为抗日贡献了自己的一份心力。"一二·九"运动期间，天津新学书院学生组织"国语辩论会"，该会还请罗隆基来校做讲演，当时会场群情激愤，不断高呼"打倒日本帝国主义"的口号。为宣传抗日，该校出版《新学校刊》，还请人教唱《义勇军进行曲》、《大刀进行曲》等歌曲，[④] 力所能及地支持中国的抗日。

（二）私立中学与庆祝性社会活动

在辛亥革命之后，民国成立，定10月10日为国庆日，因此在国庆日举行各种活动，成为各私立中学一项重要的社会参与内容，学校也"将国

[①] 叶笃正：《南开给了我真正的国家概念》，见沈卫星等《重读张伯苓》，光明日报出版社2006年版，第5页。

[②] 张伯苓：《四十年南开学校之回顾》，见《南开四十年》，1944年印行，第6页。

[③] 经遵义：《上虞春晖中学》，见《浙江文史资料选辑》（第45辑），浙江人民出版社1991年版，第208页；周兰清：《南昌葆灵女中往事回忆》，见《江西文史资料选辑》（第4辑），江西人民出版社1981年版，第136页。

[④] 张绍祖：《天津新学书院简史》，见《天津和平文史资料选辑》（第2辑），天津市和平区文史资料委员会1989年印行，第60页。

庆活动作为对学生进行思想教育及宣传启发民众的重要时机",这在1915年之后表现得更为突出。①

大多数私立中学会借国庆日活动进行对学生的教育,其中必不可少的一项是演讲和宣传。1917年国庆日,上海振中中学师生齐集礼堂,校长、教师分别演说,谆谆告诫诸生须"永志我先烈于脑中,则此双十节永能永保云云"②。上海育英学校学生制作了各种国耻纪念物,摆放在课堂内,"以资警醒";校长唐梦兰在纪念大会上演讲,将"先烈缔造之艰难,武人破坏之险狠,发挥尽致,闻者动容"③。学校的这些国庆活动充满鲜明、浓厚的思想教育色彩。演讲的地点不仅在校内,很多时候是在社会上进行,这样还能起到向民众宣传的作用。在1920年的国庆活动中,上海育才学校组织学生在新闸路杨树浦一带各处演讲,题目有"国庆日的感想"、"民国之不易得来"、"北政府的卖国"等,"每处演讲,工人等环而听者有数百人,均为之动"。④

如果说演讲是一种"静"的庆祝方式,那么晚间的提灯游行则属于"动"的庆祝方式,这种热闹也更符合中学生的口味,当然,仅有热闹是不够的,还有在游行时的宣传。"夫国庆之举行,所以唤起国民爱国之精神也。固当于提灯庆祝之时,乘国民国家思想冲动之际,或用讲演,或分小册,将诸先烈手造共和之事实一一灌输之,印入之,然后可以使知当时创制共和之艰难,吾侪后死者当如何保持之,发扬之,光辉之,……则爱国之心油然而生,勃然以发矣。"⑤ 1922年南开学校在校内举行国庆活动后,晚间又提灯游行,沿途向民众散发传单。其中一则题为《十一年双十节后人民应具的态度》,勉励人们要"做一个新国民",一是要多关心国家的事,"民主共和的国民,是负着监督政府的责任的",如果人民不去管国家的事,"那些督军、省长们自然无惧无怕去胡作非为了";二是"不要

---

① 李学智老师研究国庆日活动后认为,从1915年起,国庆日庆祝活动发生了官民分离的趋向,各团体、学校及各界民众自主自发地筹备、组织,表现出空前的积极性和主动精神,与官方的平静形成鲜明的对比,亦由此改变了以前国庆活动主要由官方出面组织、各界民众参加、官民一体进行庆祝的格局。李学智:《政治节日与节日政治——民国北京政府时期的国庆活动》,《南京大学学报(哲社人文版)》2006年第5期。
② 《祝贺国庆纪念之盛况》,载《申报》1917年10月11日。
③ 《育英学校庆祝共和记》,载《民国日报》1917年10月13日。
④ 《欢祝国庆纪念补志》,载《民国日报》1920年10月13日。
⑤ 《杂言一·国庆之形式与精神》,载《申报·国庆纪念增刊》1921年10月10日。

［只］有五分钟的热心"①。"河北达仁女学校教职员于是日上午扮演新剧，下午率各学生各执红旗出发……河东各学校、培英、育英、模范女学、新民等八校下午共结一对联络出发，手执国旗游行出市……晚间联络本庄绅商学各界，举行提灯会，藉资唤醒乡人焉……"② 1924年国庆活动中，湖南学生联合会决定，长沙各校印刷传单，"前往城厢内外各街巷散发"，各校"组织讲演团沿街讲演，唤醒群众"③。

1923年的国庆日时，因曹锟贿选总统，影响恶劣，时人对政治前景颇不看好，"民国成立之纪念日……军政各界方不暇于庆贺新总统，于是日除各机关放假、悬挂国旗外，对国庆则毫无表示；而工商两界向例无庆祝之举动。"但是在天津，打破这种沉闷气氛的就是以南开中学等私立中学为核心的学界庆祝，"南开中学校举行大游行，及中西女学、汇文学校、养真社……皆开庆祝大会"④。及至晚上，提灯游行大会仍旧进行，"南开中学校……全体学生于是日晚举行国庆提灯大会，……并有种种滑稽化装者随行以为点缀云；扶轮中学校……全体学生于是晚举行提灯大会……汇文中学校……全体学生是晚出发游行，由童子军维持秩序……"⑤ 以上仅为私立中学国庆庆祝之一斑，这些例子反映了在中国危难之际，私立中学的师生以"唤醒乡人"为己任，以达观的面目向民众不懈地宣传着中国所需要的爱国救国、民主共和、平等自由等思想及科学意识。

学校不同，纪念形式各异，除上述之演讲、宣传、游行之外，部分私立中学还通过举办运动会来强调健身之作用，并借此扩大在社会的影响。1917年的政治局面"黯淡无色"，于是上海南洋中学发起"中学之联合运动会"，"各中学几无不加入会场"。这次运动会尽管"设备（时间）颇匆促，故颇简略"，但"运动员及观者兴致之淋漓至为可喜"，"会场取放任主义，无论何人均能入场，故人山人海，极为热闹，统计不下万人"⑥。此次运动会的结果是南洋中学得第一，通过运动会的形式，既以一种独到的方式庆祝了国庆日，也加强了学校的凝聚力，提高了学生强身健体的意

---

① 《南开学校庆祝国庆情形》，载《大公报》1922年10月12日。
② 《双十节各界庆祝之情形》，载《大公报》1922年10月10日。
③ 《学生联合会昨日会议纪》，载《大公报》1924年10月7日。《双十节之点缀》，《大公报》1924年10月9日。
④ 《学界庆祝国庆之盛况》，载《大公报》1923年10月10日。
⑤ 《今年国庆日学校之庆祝者》，载《大公报》1923年10月12日。
⑥ 《国庆日之运动会》，载《民国日报》1917年10月11日。

识，更进一步扩大了学校在社会的影响，为以后的招生做了一个效率极高的广告宣传。

上述是以国庆日为中心对私立中学的庆祝式的社会参与活动进行了考察，还有其他一些庆祝日的活动，如校庆日、国家对外作战胜利等等，学校也往往会组织学生进行庆祝，如第一次世界大战以协约国的胜利宣告结束，中国是协约国成员，于是在1918年11月28日，"北京各校又放假三天，更大规模地参加北京各界庆祝协约国胜利大会"①。这些庆祝活动与国庆日的庆祝方式基本相同，不外演讲、游行等形式，此不赘述。

（三）私立中学与中国早期话剧活动

话剧是从西方引入的戏剧类型，早期在中国被称为"新剧"。甲午战争之后，民族主义高涨，一些爱好文艺的学生，便利用新剧抒发自己对清政府统治的激愤情绪。上海是新剧的发祥地，而私立中学（包括教会中学）则是当时新剧的主力军，从1899年开始，圣约翰书院就开始演出《官场丑史》，② 1900年有南洋公学演的时事新剧《六君子》、《经国美谈》、《义和团》三个戏；1903年育材学堂演出了《张文祥刺马》、《英兵掳去叶名琛》、《张廷标被难》、《监生一班》四个戏。③ 汪优游当时在上海民立中学就读，他在圣约翰学校观看了西洋剧《官场丑史》的演出后，对新剧产生了浓厚的兴趣，1905年，汪优游等组织文友会，演出了《捉拿安德海》、《江西教案》两个戏。④ 1906年，汪优游、朱双云等提出新剧的六大改良："一、政治改良（演五大臣出洋考察宪政）；二、军事改良（练新兵）；三、僧道改良（破迷信）；四、社会改良（禁烟赌）；五、家庭改良（诫盲婚）；六、教育改良（嘲私塾）。"⑤ 由于私立中学新剧的带动，社会上也很快出现了春柳社、春阳社、进化团等新剧剧团。新剧将民众关心的

---

① 陈学恂主编：《中国近代教育大事记》，上海教育出版社1981年版，第313页。
② 欧阳予倩的《谈文明戏》说圣约翰学校演出该剧是1889年，汪优游回忆为1899年，汪优游出生于1888年且看过该剧，故推测应以汪优游的回忆为准。
③ 欧阳予倩：《谈文明戏》，见《中国话剧运动五十年史料集》（第1辑），中国戏剧出版社1958年版，第49页。
④ 汪优游：《我的俳优生活》，见梁淑安编《中国近代文学论文集1919—1949 戏剧卷》，中国社会科学出版社1988年版，第314页。
⑤ 欧阳予倩：《谈文明戏》，见《中国话剧运动五十年史料集》（第一辑），中国戏团剧出版社1958年版，第49页。

政治问题、社会问题直接搬上舞台,暴露了社会黑暗,讽刺、嘲弄了旧习俗,对于推动社会进步起到了积极作用。

在上海新剧发展的同时,北方的话剧活动也开展起来了,其中最引人注目的要数天津南开中学的新剧活动。1908年校长张伯苓到欧美考察教育,被西方各国普遍开展的学校演剧所吸引,回国后他立即着手编写剧本,他认为可以"藉演剧以练习演说,改良社会,及后方作纯艺术之研究"①。南开中学的新剧活动始于1909年。在南开中学成立五周年(1909年10月17日)大会上,师生们共同演出了由张伯苓编导的第一出新剧《用非所学》,张伯苓在剧中扮演主角贾有志,校长演剧"使外界观之惊骇不置,认为有失体统",但张伯苓"不为世俗所动摇",继续倡导新剧,"其后逐年发展",② 以后每年校庆都要编演新剧目。1913年,周恩来考入南开中学。1914年11月,南开新剧团在张伯苓等的支持及周恩来等人的积极倡导下正式成立。周恩来指出新剧有"感昏聩"、"化愚顽"、"开民智"、"进民德"的社会功效。③ 周恩来在1916年撰写的《吾校新剧观》奠定了南开新剧团的理论基础,也是我国最早的话剧理论文章之一。南开新剧团特别强调演出要依据剧本,并十分注意编写和选用适当的剧本。从1915年直到"五四"期间,南开新剧团先后编演的剧目有《箴言起废》、《新少年》、《一元钱》、《一念差》、《华娥传》、《五更钟》、《仇大娘》、《新村正》等十多出多幕剧和独幕剧,其中《新村正》从一个侧面批判了辛亥革命的不彻底性,获得校内外的好评。胡适评论说"天津的南开学校有一个很好的新剧团。……以我个人所知,这个新剧团要算中国顶好的了"④。

新剧除了能反映现实、针砭时弊外,还能在国难时期起发动民众的作用。五四运动期间,就有很多私立中学走上田间地头,以新剧的形式向群众传播爱国思想和民族主义。嘉兴秀州中学的爱国学生在五四运动时期,除了组织宣传队到大街上去贴标语讲演以外,还组织了一个爱国剧团,有

---

① 张伯苓:《四十年南开学校之回顾》,见《南开四十年》第4页,1944年印行。
② 胡适:《校长先生演话剧》,见夏家善等编《南开话剧运动史料》,南开大学出版社1984年版,第60页。
③ 周恩来:《吾校新剧观》,见夏家善等编《南开话剧运动史料》,南开大学出版社1984年版,第5页。
④ 胡适:《论译戏剧》,见《新青年》第6卷第3期,1919年3月。

二三十人参加，他们排演了《朝鲜亡国恨》、《云南起义》、《中国魂》、《打倒卖国贼》等几个戏，在校内受到同学们和同学家属们的热烈欢迎。以后又请学校附近的群众来看，于是学校爱国剧团的名声就传开了，嘉兴附近四乡城镇的教育会都派人来邀请他们去演出，在某地演出《朝鲜亡国恨》一戏时，演到最沉痛的时候，"台上台下哭成一片，台下高呼口号，全场响应"[①]，收到了很好的宣传效果。

（四）私立中学与革命力量的培养

1901 年，清廷开始"新政"，其中包括"兴学"的内容，于是 20 世纪第一波办校热潮在中国各省区纷纷出现，这些办学者中有的是同情革命的，有的本身即是革命党人，他们借办学之机，宣传革命思想，培养革命力量，为以后斗争做准备。被毛泽东称道的"时务虽倒，而明德方兴"的长沙明德中学即为典型一例。明德学堂是湖南省第一家私立中学。1903 年，胡元倓（字子靖）在举人出身的龙璋和龙绂瑞的帮助下，创办了明德学堂，延聘周震麟、张继、王正廷、苏曼殊、黄兴等人为教员，使明德学堂成为当时新思想的摇篮。张继初入长沙时，受聘于明德，"任历史一科，开宗首讲法兰西大革命史"。[②] 黄兴在明德任教期间，平日"恂恂若儒者，绝口不谈政治"，暗中却向学生教员进行革命宣传，并开办华兴公司，"以兴办实业为名，号召同志。会员皆教习学生"[③]。明德学生受到革命教育，倾心革命者甚众。1903 年 11 月黄兴借过三十岁生日为名，邀陈天华、宋教仁、张继等二十余人筹商成立秘密革命团体华兴会，次年 2 月 15 日华兴会正式成立，以"驱逐鞑虏，复兴中华"为革命口号。黄兴在成立大会上发表了著名的《革命发难之方法》的演说。首批参加同盟会的明德师生有 19 人，黄兴、陈天华、张继、秦毓鎏等明德师生后来成为同盟会骨干，积极宣传鼓吹革命，使明德中学成为"辛亥革命的策源地"[④]。以致后来涌现出"故旧明德学子如宁调元、姚宏业等殉身国事者数十人"，张继感叹

[①] 顾仲彝：《一个教会中学的学生爱国活动》，见中国社会科学院近代史所编《五四运动回忆录》（下），中国社会科学出版社 1979 年版，第 785 页。
[②] 张继：《明德学校略史·序》，见《明德中学略史》，1922 年印行。
[③] 龙绂瑞：《武溪杂忆录》，见《中国近代史料丛刊——辛亥革命》（一），上海人民出版社 1957 年版，第 512 页。
[④] 新华社：《历史的丰碑——纪念辛亥革命 80 周年》，载《人民日报》1991 年 10 月 10 日。

明德中学"为国家储备革命人才,为社会造廉耻基础,岂但教子弟以谋生业、养妻孥、钓虚誉为职志者所可同日语哉"。①

华兴会成员、同盟会员禹之谟是近代资产阶级革命家、实业家,他在1906年领导了湖南铁路废约改归商办的运动,得到长沙商、学界的热烈支持和拥护。禹之谟在长沙创办了"湘乡旅省中学堂",自己还出资创办了"唯一学堂"。由于威信日高,不久,湖南教育会和商会都公举他担任会长。1906年夏,陈天华与姚宏业②的灵柩运回长沙,禹之谟主张把两人遗体"公葬于岳麓山,以表崇敬"。当时官方禁止举行公葬,禹之谟不顾禁令,发动全城学生万余人整队送葬至山陵,震动了长沙的官绅,他们认为:"民气伸张至此,殊于政府及官绅不利;非严加制裁不足以杜绝祸根。"③后来,因禹之谟参加并领导湘乡学界抗争盐商浮税,被加以"哄堂塞署"的罪名被捕,禹之谟在狱中《遗书》中说:"身虽禁于囹圄,而志自若;躯壳死耳,我志长存!同胞,同胞!其善为死所,宁可牛马其身而死,其毋奴隶其心而生!"④在受尽酷刑之后,于1907年1月5日被绞杀于靖州。当时能涌现出明德、唯一这样的私立中学,主要是长沙"数十公私立学校皆为革命党所居,一时……诸君子四方来集,人材称盛,数千学子精神焕发,皆有任大难、肩大事之慨"⑤。

设在武昌的私立武汉中学,是几个抱有革命宗旨的人创议办起来的一所私立中学。董必武是创始人之一。在五四运动后,董必武和几个革命同道认为要唤醒民众,老一套搞军事政变的革命方法,行不通了,应改为一种能唤醒群众、接近群众的方法。商谈中他们得出一个结论,"一致认为目前能够做的是办报纸和办学校两件事"⑥。但办报纸因资金问题中途放弃。当时武汉公私立中学不多,招生较易,办学所需资金较少,因此董必武等人就准备"从办中学开始,然后徐图扩充"⑦。经过一段时间的准备,

---

① 张继:《明德学校略史·序》,见《明德中学略史》,1922年印行。
② 他们都因所志不遂,愤而自杀:陈是在日本因反对日本政府颁布取缔中国留学生而投海;姚是在上海创办公学失望而投海,姚曾是明德学校的学生。
③ 姚渔湘:《禹之谟就义记》,《中国近代史料丛刊——辛亥革命》(二),上海人民出版社1957年版,第533页。
④ 禹之谟:《遗书》,《湖南历史资料》1961年第1期,第119页。
⑤ 张继:《明德学校略史·序》,1922年印行。
⑥ 董必武:《私立武汉中学简记》,见《董必武选集》,人民出版社1984年版,第504页。
⑦ 同上。

完成了备案手续，私立武汉中学校于1920年春季招考了两班学生，开始照章教课。同年，陈潭秋被聘为级任兼英文教员。三个月后，董必武、陈潭秋等人成立武昌马克思学说研究会，"有会员二十余人，各学校教职员居多数"，旋成立社会主义青年团，"团员十余人，以武汉中学及一师学生居多数。党组织绝对秘密"。后来，陈潭秋在武汉教职员和学生中开展了研究苏俄、研究马克思主义的活动，并吸收进步教员入党。他还创办《武汉星期评论》，反抗旧势力，传播新思想，在当时教职员学生中颇有威信。[1] 1921年7月，董必武和陈潭秋作为武汉代表出席了中国共产党第一次全国代表大会。返回武汉之后，董、陈在武汉中学通过党和团的组织，领导学生办平民夜校、办识字班，于寒暑假期中回家时去做农村调查工作，接近农民，帮助农民组织起来，有的后来发展为农民协会。[2] 据董必武回忆，私立武汉中学师生，在第一次国共合作时期大多数同情国民党和加入国民党，学生加入共产党或共产主义青年团者亦不少。所以在1925年至1927年大革命时期，他们参加革命工作很活跃，直到1928年私立武汉中学被封闭为止。

中国其他地区，类似明德、唯一、私立武汉等校的由革命者或倾向于革命的人士办起的还是不少的，再以开封为例，中州公学成立于1905年，1909年，同盟会员杜潜等在开封组织同盟会分部，设秘密机关于中州公学，同盟会员杨源懋任校长，暴式彬任教务长，杨汉光等任教职员，学生几乎全部加入同盟会，学生在年假返乡后又发展了不少会员。[3] 20年代的中州学院、北仓女中、现代中学等校，均为进步和开明人士主办，为革命培养了人才，对革命做出了贡献，在当时社会也产生了较好的影响。[4] 还有上海浦东中学，学生不仅自己学习、接受民主革命思想，而且还将其转化为行动，向周围的普通底层民众进行宣传。浦东中学创办之初，正是国难深重，政局动荡，革命风暴迭起之际，时任浦东中学教师的黄炎培当时已参加孙中山领导的同盟会，在校主杨斯盛的保护下进行反清斗争。为了

---

[1] 包惠僧：《回忆陈潭秋》，见中国社会科学院近代史研究所编《五四运动回忆录》（续），中国社会科学出版社1979年版，第389页。

[2] 董必武：《私立武汉中学简记》，见《董必武选集》，人民出版社1985年版，第509页。

[3] 邹鲁：《河南举义》，见《中国近代史资料丛刊——辛亥革命》（七），上海人民出版社1957年版，第354—355页。

[4] 吴筠盘：《解放前开封市私立中学的发展及概况》，见《开封文史资料》（第6辑），河南省开封市文史资料研究委员会1987年印行，第74—75页。

向六里桥一带工农宣传新思想，学校师生利用课余，举办平民夜校，黄炎培亲自带头，和进步学生"每周定期……各带小黑板，分向附近村落，招集男女老幼，从识字中间讲到国家情况、国民责任，教得六里桥一带人心兴奋起来"①。

革命者不仅自己开办学校宣传革命思想，有的甚至在反对革命的军阀开办的私立中学内开展活动，发展力量。山西私立川至中学是阎锡山投资兴办的学校，尽管该校经费充足，但由于地理闭塞，思想控制较严，学生只能读《论语》、《孟子》一类的书，连五四运动以来的一些白话文小说和刊物也很少看到。结果，学校死气沉沉。②"九一八"事变后，安徽爱国志士张崇礼步行200多里，从太原来到河边村，断指血书"打倒日本帝国主义！"要求阎锡山领导国民一致救国，并在川至中学礼堂登台演讲，激起学生的救亡热忱。③事后，进步学生冲破学校的思想禁锢，积极宣传抗日主张和革命思想。"互济会"、"读书会"等中国共产党的外围组织先后成立。1934年，川至中学党支部建立，从此，川至中学有组织的党的活动开展起来。川至中学成为共产党的地下重要活动场所，为革命培养了大批人才，不少学生在川至中学入了党，走上了革命道路（川至中学的学生赖若愚、朱卫华在新中国成立后先后任中共山西省委书记）。④

不仅国人建立的私立中学能积极融进革命的洪流，一些与外界接触较少的教会中学也在进步力量的影响下政治态度不断倾向革命，南昌葆灵中学即属此类。葆灵中学历来因生活舒适，校规严格，学生只晓得埋头读书，不问国事。但是，五四运动惊醒了学生的迷梦，在中国教师刘岱青的领导下，葆灵学生开始参加了一系列的爱国政治活动，学生对中国革命支持的热情也在不断高涨。1926年国民革命军北伐路过南昌时，由于北伐军多系南方来的，衣被单薄。葆灵的中国教师和全体学生，踊跃捐献自己的毛衣，并开辟教室为临时伤兵医院，师生为他们缝补衣服进行慰劳，还唱

---

① 《浦东中学简史》，见《20世纪上海文史资料文库》（第8辑），上海书店出版社1999年版，第224页。
② 《创办"川至中学"》，见《山西文史资料全编》（第6卷），《山西文史资料》编辑部1999年印行，第689页。
③ 徐崇寿：《张崇礼转呈血书求抗日》，《山西政协报》1989年1月13日。
④ 《创办"川至中学"》，见《山西文史资料全编》（第6卷），《山西文史资料》编辑部1999年印行，第689页；朱卫华：《川至中学革命活动纪实》，见《山西文史资料全编》（第2卷），《山西文史资料》编辑部1999年印行，第1174页。

欢迎歌迎接北伐军,歌词写着:

> 唯我革命大军,努力同心。自从广州出发,攻克湘鄂名城。南昌人民倒悬待解,壶浆箪食欢迎。一朝大军云集,万众鼓舞欢欣。①

1927年春,南昌市青年举行反对帝国主义文化侵略大会,号召教会学校带人参加民族革命运动,葆灵女教师黄巧云带领学生起来革命,领导高三学生姚敏秀、章满玉、傅维玉等参加了国民革命军,到武汉进入军事学校学习。②

三 关于私立中学社会参与的认识

(一) 私立中学社会参与的特征

总的来说,近代私立中学的社会参与具备如下特征:从单独的自发参与到自觉地联合,开始的时候以各校的独自运动为主,后来逐渐形成联合运动的局面,特别是随着近代政党的出现并参与其中,这种自觉联合的趋势更为明显;参与的领域广泛,笔者认为私立中学本身就是社会的组成部分,是多种社会需求和社会矛盾的集结,因此,社会发展的大小震荡无不导致私立中学的参与活动,从校庆国庆到抵制洋货,从办国民学校到抗日救国,从以新剧演社会到争夺教育权等等,可以说政治、经济、文化各领域无不涉及;参与的方式多种多样,上文已经介绍的内容中我们可以看到私立中学在庆祝或抗议中不仅采取了较多的演讲、游行、罢课、退学、演剧等方式,而且还有开运动会、办国民学校、请名人演讲、与其他社团(如商会)联合等方式,加大了参与的力度,带来更有冲击力的影响。

还值得注意的一点是,因投资人、董事会和校长的政治旨趣或文化倾向的差别,不同的私立中学在对待社会参与的态度和方式上,会有很大的不同。政治态度较为激进的,或接受西方文化较多的学校往往会积极地

---

① 周兰清:《南昌葆灵女中往事回忆》,见《江西文史资料选辑》(第4辑),江西人民出版社1981年版,第136页。

② 同上。

参加社会活动，而政治态度较为保守的私立中学往往禁止师生参与社会活动，这类学校以军阀办的学校和教会中学为代表。

正志中学学生在"五四"时期被校长徐树铮严禁参加学生运动，与当时火热的形势相比，正志中学的学生因不参加运动而被嘲讽为"冷血团"。为使学生避开五四运动，徐树铮特在北戴河租借德国军营处的房子，带师生们去度暑假，所以自始至终，正志中学师生都没有参加五四运动。他还专门写了一首《赠正志诸生》勉励学生以学业为重：

> 敛才宜就范，道德发文章。莫恃聪华秀，空嬉岁月长。古今都修习，贤智亦荒唐。惟有千秋业，名山不可忘。匹夫兴亡责，不后不我先。群儿竞逐逐，君子独乾乾。大道直如发，千钧任一肩。鸡鸣天欲晓：珍重组生鞭！①

与徐树铮以攻心为上的方法相比，教会中学则直接以"禁止"作为干涉学生的手段。1919年当全国风起云涌的爱国学生运动也冲进了一个美国教会办的旧制中学（嘉州秀州中学）时，学生们几次发动罢课都没有成功，秘密组织学生会也被美国校长知道了，校长出布告命令解散，禁止活动。② 圣约翰大学附中的学校管理者听说附中学生要参加上海学生的反帝示威游行感到大为愤怒，并设法进行干涉，不准学生前往，而美其名曰"免得荒废我们的学业"。并采取集中打击其中的领导和分化学生队伍的方式压制学生的反帝活动。③

（二）私立中学社会参与的作用

对于学生社会参与的作用，应从积极和消极两个方面看。积极的一面，由于中学生（尤其是高级中学阶段）接近成年，在当时属于中等知识分子，有一定的社会地位，已能较准确地表达自己的意识（在当时主要是爱国意识），这不得不迫使政府当局考虑他们的正当的要求，从而推动着

---

① 徐道邻：《徐树铮先生文集年谱合刊》，台湾商务印书馆1989年版，第85页。
② 顾仲彝：《一个教会中学的学生爱国活动》，见中国社会科学院近代史研究所编《五四运动回忆录》（下），中国社会科学出版社1979年版，第783页。
③ 周培源：《在教会学校的爱国斗争》，见中国社会科学院近代史研究所编《五四运动回忆录》（下），中国社会科学出版社1979年版，第640—643页。

社会的变革；私立中学还起着联结社会精英和民众的中介作用，它们通过各种方式接触民众，向社会民众宣传先进的、科学的思想和观念，这也是民主意识和科学精神普及的重要途径，从这个意义上看，中学是精英教育和大众教育的结合点；私立中学的社会参与活动还为中国革命培养了潜在的力量，私立中学往往成为革命者的潜伏之地，革命者以之做据点，宣传革命思想，联络革命势力，为中国革命发展创造了条件。

但是，学生如果过多地参加社会运动，会滋生出不好的习惯，导致产生消极的一面，比如好高骛远、不切实际；耽误学业、虚度年华；还会让部分热衷于运动的学生产生投机社会的政客心理等。这促使人们对学生参与社会的现象进行反思：一是反思学生的社会参与与学习知识的矛盾。在五四运动中，学生群体表现出巨大的能量，学生的影响和作用非常突出，但也养成了一种"学生万能"的观念，"以为我们什么事都能办，所以什么事都要去过问，所以什么事都问不好；而且目标不专，精力不粹，东冲西突，自己弄得筋疲力尽，而敌人也得乘机而入"[1]。之所以出现这种情况，因为学生们忽略了对知识的学习，没有了学术的积累，学生在运动中"奔走呼号，东击西应，对于新的知识一点不能增加进去，那里还有再来倾倒出来的呢？"若是长此下去，"不但人才破产，而且大家思想一齐破产"[2]。二是反思参与社会的方式。当学生参与运动成为习惯，运动的形式往往显得单一，"如今则一举一动，都仿佛有一定的形式。有一件事情出来，一定要打一个电，或是发一个宣言，或是派几个代表，而最无聊的就是三番五次的请愿，一回两回的游街"。这就是一方面"困于万能的表示，无论什么事都想有一种表示"；一方面又"限于思想的破产，想表示也想不出什么表示的方法"。于是"于无法表示之中，想出一种无聊的表示"。[3] 张伯苓也认为，中国的问题，在内政不良，如果不抓根本，"只以手持旗帜游行于街市为爱国，是亦不免过于肤浅矣"。他表示中国的问题如果不从根本上解决，"所谓'运动'者只贴标语、喊口号、闹打倒，都

---

[1] 罗家伦：《一年来我们学生运动底成功失败和将来应取的方针》，见《新潮》第2卷第4号，1920年5月。
[2] 同上。
[3] 同上。

是些只知责人不知责己的不收实效举动"①。如何纠正上述在学生运动中学生表现出的浮躁举动，"从找自己缺点上下工夫，来引咎自责，勉励本身。……自己改良本身的缺点，才是真觉悟"②。张伯苓经常说，成就的要诀是"不责旁人，责自己。……现在中国要脚踏实地，我认为这真是最重要的觉悟。最大的进步"③。这些反思应该也是20世纪30年代私立中学社会参与运动趋于缓和的因素之一。

---

① 张伯苓：《在河北省新生活运动成立会的演说》，见《南开高中学生》第3、4期合刊，1934年6月15日。
② 同上。
③ 张伯苓：《南开的目的与南开的精神》，见《南大半月刊》第15期，1934年10月17日。

余 论

近代私立中学的地位及启示

中国近代私立中学是中国社会早期现代化的产物，同时私立中学的发展与壮大，也推动着中国现代化的发展，具体在带动教育普及、开创教育管理新模式及教育法治化等方面尤为突出。私立中学在发展过程中，充当着教育现代化领跑者的角色。近代私立中学的成功办学又为今天民办学校的发展提供了宝贵的经验。

一 带动了近代中国教育的普及

无论清末还是民国，普及教育渐成社会共识，如1905年2月，学部《奏请宣示教育宗旨折》中明确指明教育"不在造就少数人才，而在造就多数之国民，……令全国之民众无人不学"[①]。民国成立，临时大总统孙中山认为，"四万万之人皆应受教育"，"惟教育主义，首贵普及"[②]，他甚至主张"凡为社会之人，无论贫贱，皆可入公共学校，不特不取学膳等费，即衣履书籍，公家任其费用。尽其聪明才力，各分专科……以尽所能"[③]。尽管孙中山的设想在当时的中国还难以实现，但这种普及教育的思想已初步体现了义务教育的观念，代表了现代教育发展的方向。

当时中国由于长期战乱，教育经费往往很难到位，尽管"教育独立"的呼声此消彼长，然而教育经费还是多被挪作他用，社会对教育需求的渴望和经费匮乏的矛盾，为私人资本进入教育领域提供了条件。出于传教的需要，教会中学成为中国中等教育的开拓者，在19世纪七八十年代就在

---

① 《文牍》，《教育世界》1906年第3期。
② 《孙中山全集》（第2卷），中华书局1982年版，第253页。
③ 同上书，第523页。

中国开办了中学性质的学校。在进入20世纪前后，爱国心的驱动和政府的鼓励褒奖，使商人、士绅等较早进入国人中学教育领域，创办了中国早期的私立中学，之后家族、军阀、大学毕（肄）业生等，出于各自的需要，也纷纷开办私立中学。私立中学在抗战前的30年间发展非常迅速，1902年为私立中学制度化开始，其在中学中的比例仅为12%左右，到1936年私立中学已占中学的约50%，与公立中学平分秋色，推动了中国教育事业发展。

女子教育是普及教育的重要环节。孙中山就认为女子教育是实现男女平权的重要途径，"女界知识普及，力量乃宏，然后始可与男子争权，则必能得胜也"①。在中国女子教育发展史上，私立女子中学较之于公立女中更为出色。安徽第一所女子中学是私立，创建在民国十二年（1923年），直到1927年公立女中才在安徽出现。②据十九年度统计，河北全省共有女子中学7校，其中公立女中2校，私立女中5校。③学生数公立女中为459人，私立中学866人。④表1是民国时期公私立女子中学发展对照表⑤：

表1　　　　　　民国时期公私立女子中学发展对照表

		1912年	1913年	1914年	1915年	1916年	1925年	1928年	1929年	1930年
校数	公立	4	7	4	3	4			76	119
	私立	10	4	7	6	4			69	167
学生数	公立	122	286	300	327	261	4268	15403	19658	29406
	私立	556	184	656	621	463	3688	9467	13415	30533
毕业数	公立	0	0	33	20	36			2203	5280
	私立	35	40	40	16	29			1791	3813

从表1我们可以发现，私立女中在整个民国时期基本优于公立女中的发展，20年代虽然公立女中因政府的提倡曾一度超过私立女中，但在

---

① 《孙中山文集》，团结出版社1997年版，第695页。
② 《历年安徽全省普通中学校数统计表》，见《第一次中国教育年鉴·丙编·教育概况》，开明书局1934年版，第206页。
③ 《第一次中国教育年鉴·丙编·教育概况》，开明书局1934年版，第261页。
④ 同上书，第263页。
⑤ 同上书，第193—194页。

1930年之后，私立女中无论是校数还是学生数再次超过公立女中。其中湖南省私立女中的发展比较典型，1914年，美国基督教会在长沙创办福湘女子中学，其他县亦有私立女子中学出现。1922年长沙有5所独立女子中学，衡阳亦设有独立女子中学，均为私立。① 据湖南省1924年度统计，私立及教会立女中共有学生594人，而公立学校女生仅60人；到1928年，私立及教会立女中共有学生1009人，公立学校为1062人；1929年，私立及教会立女中共有学生1209人，公立学校为1079人；1930年，私立及教会立女中共有学生1898人，公立学校为1684人。②

总之，由于近代中国政府教育经费的"缺位"，为私人办教育提供了时机，并且由于私立中学管理严格，办学高效，很快成为中国中等教育的生力军，为中国教育的普及做出了巨大贡献。

二　开创了中国教育管理新模式

私立中学与公立中学相比，在管理方面最大的不同是私立中学采用董事会作为全校的最高权力机构，由董事会聘请校长对学校进行管理，再由校长聘任各科室主任，负责教务、训育、庶务等各项事务。据笔者了解，这种管理模式最早由私立中学采用，如1903年长沙明德、1904年天津南开均是这种模式的雏形。之后，随着中国教育事业的发展，一些公立、私立大学才陆续使用董事会管理模式。因此，私立中学是近代中国现代学校管理模式的开创者。

学校由私人投资兴办，学校董事会必须考虑学校的生存问题，在选择校长问题上，肯定会优先考虑既有办学热情，又有办学经验的人选，例如浦东中学聘任黄炎培、南开中学聘任张伯苓、春晖中学聘任经亨颐等，校长要对董事会负责，而董事会又主要根据校长的业绩决定其去留，因此校长必然想办法将学校管理到位，否则只会被解聘。这与公立中学校长由教育行政机关直接委派，校长只需对上级官员负责相比，可以最大程度地杜绝任人唯亲的现象。可以说，一个校长就代表一个学校，校长的风格即为学校之风格，校长的才识影响着学校发展的水平。近代成功的私立中学无

---

① 《湖南省志·教育志》，湖南教育出版社1995年版，第287页。
② 《第一次中国教育年鉴·丙编·教育概况》，开明书局1934年版，第224—225页。

不和其校长的成功管理密切相关。

私立中学因其经费不易筹集，故在人员的聘用上要追求效率的最大化，特别是职员与学生的比例更是低于公立中学。关于私立中学教职员所占的比例，我们可以用1937年初北京市的数据来看（见表2）：

表2　　　　　　　　北京公私立中学教职员所占比例对照表①

	教职员总数	教员数	教员百分比（%）	职员数	职员百分比（%）
公立中学	281	179	63.70	102	36.30
私立中学	1468	1072	73.02	396	26.98

从表2我们可以看出，私立中学的职员所占比例平均为26.98%，大大低于公立中学的36.30%，主要原因在于私立中学的经费来源有限，为了降低开支，它们要尽可能地减少冗员，通过对比可知私立中学的人力资源使用效率高于公立中学。甚至在北京私立成城中学校，职员只有4人，仅占教职员总数的13.79%。② 闲人的减少，往往带来效率的提高，南开中学的良好运转，除了张伯苓校长的运筹帷幄之外，孟琴襄、伉乃如、华午晴和喻传鉴四大台柱的高效工作也是功不可没。

私立中学的管理成功还离不开详尽的校规。如大多数私中的校规对学生的入学、毕业、请假及旷课等项都做了详细的规定，学校图书室、食堂、宿舍等处也都有相关规则，这些规定明确了学生和职教员在学校各种场合应遵循的行为规范，对于违反校规者，学校有相应的惩戒措施，以达到依法治校的目的。如南开，"惩罚规定"载明了有8级纪律处分：申斥，停学，通知家长申斥，记小过，记大过，请家长或保证人来校会同训诫，勒令退学，斥革。③ 这些措施保证了私立中学的教育教学秩序。

当代西方学校管理，以校董会治校已成大势，然而我国大陆地区的公立学校管理还基本是政府—校长—学校管理模式，其中的弊端不言而喻。尽管我国现在的民办教育也有校董会，然而大多还处于摸索阶段，我们也

---

① 本表根据《北京市市立私立中学调查表》综合而成，见吴廷燮等《北京市志稿5 文教志（中）》，北京燕山出版社1998年版，第105—128页。

② 吴廷燮等：《北京市志稿5 文教志（中）》，北京燕山出版社1998年版，第123页。

③ 王炳照：《中国私学·私立学校·民办教育研究》，山东教育出版社2002年版，第406页。

缺乏专门的诸如《私立学校校董会条例》之类的法规文件，我们应从近代私立中学吸取管理经验，以提高当代民办教育的管理水平。

三 推动了教育法治化进程

法治取代人治是社会趋向现代的重要特征。随着私立中学的发展，与私立中学相关的立法也经历了从无到有、从依附其他法令到拥有专门规程、从不完善到完善的过程，成为中国近代教育法治化的重要组成部分。

对于与私立中学相关的立法，从不同层次规范了私人办学的行为，既有教育部（学部、大学院）颁布的诸如《私立中等学校及小学立案条例》、《私立学校条例》、《私立学校规程》等专门的规程、条例，也有不同级别的教育行政主管部门根据实际情况随时发出的训令、指令、方法等布告。这些规程、条例、布告对于私立中学的立案、备案、开办、停办、校董会等事项都做了越来越具体的规定，操作性亦越来越强，逐渐将无序的私人办学行为变得有序，从而保证了私立中学的办学质量。

我们不能将与私立中学相关的立法仅仅看成是对私立中学的约束和限制，从法律意义上看，这也是对私立中学权利的保护，例如1902年清政府在《钦定中学堂章程》中规定私立中学堂学生"卒业出身应与官立者一律办理"[1]，1904年清政府不仅在《奏定中学堂章程》继续强调私立中学学生"毕业出身应与官立者一律办理"，还添加了"平时并由地方官严加监督，妥为保护"等内容，将其地位等同于官办中学，对于学校用地紧张者，还准其"借用地方公所、寺观"等处办学。[2] 民国成立之后，教育总长蔡元培在1912年5月13日的《向参议院宣布政见之演说》中强调："私立学校，务提倡而维持之。"[3] 在私立中学发展过程中，凡是按照政府规定办学且成绩较好者，均可获得政府的相应补助，从教育部到地方教育行政机构还制定相关的法令，使国家对私立中学的补助以法律的形式固定下来。这些规定意味着符合法律规定的私立中学和官办中学一样，被纳入

---

[1] 《钦定中学堂章程》，见璩鑫圭《中国近代教育史资料汇编·学制演变》，上海教育出版社1991年版，第264页。

[2] 同上书，第318页。

[3] 蔡元培：《向参议院宣布政见之演说》，见《教育杂志》第4卷第3号，"杂纂"栏，1912年6月。

国民教育序列，有着同样的地位，两者的教师和学生享有同样的待遇。以法律保护办学的自由，这才是现代法治化根本意义之所在。

正是由于私立中学的出现和壮大适应了中国社会对中等层次人才的需要，弥补了政府办学力量的不足，政府部门也意识到私立中学对国家教育的意义，因此，通过制定相关的法规法令，一方面规范了私立中学的发展，保证了教学质量；另一方面保护私立中学，使其发展更具有稳定性。与私立中学相关的立法活动，成为中国近代依法治国的组成部分，推动了教育法治化进程。直至现代，台湾地区的私立中学的相关法规仍是当时法规的延续和改进。大陆地区近二十年民办教育的发展，也需要借鉴清末民国时期的私立教育的立法情况，尽快完善相关立法，以使民办教育的发展得到规范和保护。

四 对当代民办教育的启示

《中国教育改革和发展纲要》要求"逐步提高国家财政性教育经费支出占国民生产总值的比例，本世纪末达到4%"[①]。而实际情况是：1991年为2.85%；1992年为2.73%；1993、1994年为2.52%；1995年为2.46%；1996年为2.44%。[②] 即使近年来政府强烈宣示了优先发展和投资教育的理念，教育投资也越来越多，然而我们国家财政性教育经费占GDP比例4%的目标也只能在2010年"有望实现"[③]。政府对教育投入的不足，造成教育经费短缺，严重影响了日常教育的维持和教育改革发展的进行。如要改变上述局面，我们只有打破政府办学的垄断局面，解放思想，"鼓励和规范社会力量兴办教育"[④]，支持私人或法人资本进入教育领域，弥补政府教育经费投入的不足，以推动我国教育整体的发展。

民办教育的地位问题，是当前民办教育迫切需要解决的问题之一。从

[①] 《中国教育改革和发展纲要》（1993年2月13日），见《中华人民共和国教师法 中华人民共和国义务教育法》，中国法制出版社1994年版，第57页。

[②] 高世荣：《涛声依旧：中国社会年报（2000年版）》，兰州大学出版社2000年版，第215页。

[③] 杨东平：《2007年中国教育的发展与改善》，见汝信等《2008年中国社会形势分析与预测》，社会科学文献出版社2008年版，第77页。

[④] 胡锦涛：《在中国共产党第十七次全国代表大会上的报告》（2007年10月15日），人民出版社2007年版，第38页。

缺乏专门的诸如《私立学校校董会条例》之类的法规文件，我们应从近代私立中学吸取管理经验，以提高当代民办教育的管理水平。

三 推动了教育法治化进程

法治取代人治是社会趋向现代的重要特征。随着私立中学的发展，与私立中学相关的立法也经历了从无到有、从依附其他法令到拥有专门规程、从不完善到完善的过程，成为中国近代教育法治化的重要组成部分。

对于与私立中学相关的立法，从不同层次规范了私人办学的行为，既有教育部（学部、大学院）颁布的诸如《私立中等学校及小学立案条例》、《私立学校条例》、《私立学校规程》等专门的规程、条例，也有不同级别的教育行政主管部门根据实际情况随时发出的训令、指令、方法等布告。这些规程、条例、布告对于私立中学的立案、备案、开办、停办、校董会等事项都做了越来越具体的规定，操作性亦越来越强，逐渐将无序的私人办学行为变得有序，从而保证了私立中学的办学质量。

我们不能将与私立中学相关的立法仅仅看成是对私立中学的约束和限制，从法律意义上看，这也是对私立中学权利的保护，例如1902年清政府在《钦定中学堂章程》中规定私立中学堂学生"卒业出身应与官立者一律办理"[1]，1904年清政府不仅在《奏定中学堂章程》继续强调私立中学学生"毕业出身应与官立者一律办理"，还添加了"平时并由地方官严加监督，妥为保护"等内容，将其地位等同于官办中学，对于学校用地紧张者，还准其"借用地方公所、寺观"等处办学。[2] 民国成立之后，教育总长蔡元培在1912年5月13日的《向参议院宣布政见之演说》中强调："私立学校，务提倡而维持之。"[3] 在私立中学发展过程中，凡是按照政府规定办学且成绩较好者，均可获得政府的相应补助，从教育部到地方教育行政机构还制定相关的法令，使国家对私立中学的补助以法律的形式固定下来。这些规定意味着符合法律规定的私立中学和官办中学一样，被纳入

---

[1]《钦定中学堂章程》，见璩鑫圭《中国近代教育史资料汇编·学制演变》，上海教育出版社1991年版，第264页。

[2] 同上书，第318页。

[3] 蔡元培：《向参议院宣布政见之演说》，见《教育杂志》第4卷第3号，"杂纂"栏，1912年6月。

国民教育序列，有着同样的地位，两者的教师和学生享有同样的待遇。以法律保护办学的自由，这才是现代法治化根本意义之所在。

正是由于私立中学的出现和壮大适应了中国社会对中等层次人才的需要，弥补了政府办学力量的不足，政府部门也意识到私立中学对国家教育的意义，因此，通过制定相关的法规法令，一方面规范了私立中学的发展，保证了教学质量；另一方面保护私立中学，使其发展更具有稳定性。与私立中学相关的立法活动，成为中国近代依法治国的组成部分，推动了教育法治化进程。直至现代，台湾地区的私立中学的相关法规仍是当时法规的延续和改进。大陆地区近二十年民办教育的发展，也需要借鉴清末民国时期的私立教育的立法情况，尽快完善相关立法，以使民办教育的发展得到规范和保护。

四　对当代民办教育的启示

《中国教育改革和发展纲要》要求"逐步提高国家财政性教育经费支出占国民生产总值的比例，本世纪末达到4%"①。而实际情况是：1991年为2.85%；1992年为2.73%；1993、1994年为2.52%；1995年为2.46%；1996年为2.44%。② 即使近年来政府强烈宣示了优先发展和投资教育的理念，教育投资也越来越多，然而我们国家财政性教育经费占GDP比例4%的目标也只能在2010年"有望实现"③。政府对教育投入的不足，造成教育经费短缺，严重影响了日常教育的维持和教育改革发展的进行。如要改变上述局面，我们只有打破政府办学的垄断局面，解放思想，"鼓励和规范社会力量兴办教育"④，支持私人或法人资本进入教育领域，弥补政府教育经费投入的不足，以推动我国教育整体的发展。

民办教育的地位问题，是当前民办教育迫切需要解决的问题之一。从

---

① 《中国教育改革和发展纲要》（1993年2月13日），见《中华人民共和国教师法 中华人民共和国义务教育法》，中国法制出版社1994年版，第57页。

② 高世荣：《涛声依旧：中国社会年报（2000年版）》，兰州大学出版社2000年版，第215页。

③ 杨东平：《2007年中国教育的发展与改善》，见汝信等《2008年中国社会形势分析与预测》，社会科学文献出版社2008年版，第77页。

④ 胡锦涛：《在中国共产党第十七次全国代表大会上的报告》（2007年10月15日），人民出版社2007年版，第38页。

当前现状看，民办教育长期处于配角的地位，在学生升学就业、教师待遇等许多方面受到不同程度的歧视，是制约和束缚民办教育发展的主要原因。因此着眼长远，民办教育的健康发展亟须一个公平、公正、透明的依法行政、依法办学的良好环境。只有维护了民办教育的地位和相关人员的合法权益，才能促进它的发展。2002年制定通过的《中华人民共和国民办教育促进法》和2004年制定通过的《中华人民共和国民办教育促进法实施条例》虽然从法律地位上使民办中学和公立中学获得了同样的地位，但在现实中，人们的思维定势并未打破，人们为子女选择学校一般还是以公立学校为主，在不得已的情况下才会选择民办中学，在招生方面，这种实事上的不平等还会持续相当长的时间。同样，民办中学师生的待遇和权利问题与公立中学的不平等并没有得到有力的解决，法律规定和现实状况之间的落差也非短期所能改变。因此政府部门如何改变自身的观念，真正为公私立中学教育提供一个公平的竞争环境，就显得非常重要了。

在学校管理方面，民办中学应尽快建起董事会制度，并在董事会管理体制的基础上，增设监事会，使董事会、校务委员会、监事会各司其职，三者之间相互制约、彼此牵制。董事会为校务委员会筹措办学经费，宣传学校发展方略，审议校务委员会办学经费预算，向校务委员会提议校长候选人名单并任命校长，但它不能直接干涉学校内部的行政事务。同时，它向监事会提供办学资金投入情况。校务委员会在向董事会提出办学经费预算、学校发展的具体措施的同时，向监事会提交办学与资金使用等情况。监事会监督董事会办学资金的到位情况和校务委员会资金的使用等情况；且在董事会和校务委员会产生越权行为或违法行为时，有责任及时向他们双方通报并向上级教育主管部门报告以追究其责任。上述民办中学的内部组织结构，既可以避免过去举办者与管理者合为一体时易产生的高度集权问题，也可避免举办者对管理者越俎代庖行使职权的弊端。[①]

关于民办教育的营利问题。在本书第五章谈到，近代私立中学的举办基本体现了公益性原则，《教育法》也规定"任何组织和个人不得以营利为目的举办学校和其他教育机构"[②]。但现在随着市场经济的发展，人们的

[①] 本部分观点参考了《董事会、校务委员会、监事会各司其职》的有关内容。《中国教育报》2002年1月24日。

[②] 《中华人民共和国教育法》（1995年3月18日），法律出版社1995年版，第8页。

办学观念也发生着变化，在市场经济的大环境下，办学者要求取得合理回报的要求非常突出。从实际情况看，举办民办学校，捐资办学者为数不多，多数人是投资办学，大多数举办者希望拥有所投入部分的产权，并得到相应的回报。为了鼓励社会力量积极出资办学，促进民办教育的发展，《中华人民共和国民办教育促进法》规定："民办学校在扣除办学成本、预留发展基金以及按照国家有关规定提取其他的必需的费用后，出资人可以从办学节余中取得合理回报。"[1] 合理回报有利于当前民办中学的发展，但应该防止暴利，在私立学校刚刚兴起时出现的"贵族学校"，现在大都销声匿迹了，这也给我们提供了教训：民办中学应在办学质量上打造自己的品牌，如果瞄准的是暴利，学校肯定是没有前途的。民办教育要规范办学行为，加强自我约束能力，招生要在政府的统一管理下按程序进行，严格执行物价部门核定的收费项目和收费标准，自觉规范收费行为，接受社会有关部门的监督。

  教学质量是民办教育生存和发展的根本保证。民办学校要建立先进的用人机制，组建一支师德高尚、结构合理、水平较高、相对稳定的师资队伍，引入优良的教育教学传统，结合学校的实际，形成自己的办学特色。民办教育要在激烈的竞争中立于不败之地，应在教育改革、全面推进素质教育上进行更多的探索与实践，既要教学生知识，更要教学生做人，从而使学生得到全面发展。

---

[1]《中华人民共和国民办教育促进法》，中国民主法制出版社2002年版，第11页。

主要参考文献

（一）报纸、期刊、索引

1. 《大公报》。
2. 《晨报》。
3. 《东方杂志》。
4. 《民国日报》。
5. 《中学生活》，1934年。
6. 《教育杂志》，1909年创刊。
7. 《京师学务局教育行政月刊》，1919—1926年。
8. 吴保障：《教育杂志索引》（第一卷至第二十三卷），1936年。
9. 吴保障：《教育杂志索引》（第二十四卷至第二十五卷），1936年。
10. 北京图书馆：《民国时期总书目·教育体育卷》，北京：书目文献出版社1995年版。
11. 《〈文史资料选辑〉篇目分类索引》（第1至100辑），北京：中国文史出版社1986年版。

（二）年鉴、统计、汇编

12. 王世杰：《第一次中国教育年鉴》，上海：开明书局1934年版。
13. 教育部教育年鉴编纂委员会：《第二次中国教育年鉴》，上海：商务印书馆1948年版。
14. 《大清新法律汇编》，杭州：麟章书局1909年版。
15. 《中华民国教育新法令》（一至六），上海：商务印书馆，1912年12月—1914年5月。

16. 《教育法令》（民元至民四），《北京高等师范学校校友会杂志第一辑》，印行时间不详。
17. 《安徽现行教育法规》，安徽省政府教育厅1929年12月印行。
18. 《中华民国教育法规汇编》，《近代文史资料丛刊三编（101）》，台北：文海出版社1919年影印。
19. 陈礼江：《江西省教育厅现行教育法规续编》，江西省教育厅公报编辑处编印，1928年。
20. 河北省教育厅编印：《河北省现行教育法规辑要》，1929年版。
21. 江苏省教育厅秘书室编辑：《江苏省现行教育法令汇编》，1932年印行。
22. 《北平市教育法规汇编》，1933年3月。
23. 教育部编订：《中学教育法令汇编》，上海：商务印书馆1935年版。
24. 广东省教育厅：《中等学校训育实施纲要》，上海：商务印书馆1935年版。
25. 《中华民国法规大全》（第七册），上海：商务印书馆1936年辑印。
26. 《教育法令汇编》，上海：商务印书馆1936年版。
27. 《教育部督学视察山西省教育报告》，1933年印行。
28. 广西省教育厅编：《民国二十一年度广西省督学视察报告》，印行时间不详。
29. 广西教育厅设计委员会：《广西教育改革方案全稿》，1933年印行。
30. 广西省政府教育厅导学室编：《民国二十二年度广西省政府教育视察团教育视察报告》，1934年印行。
31. 广西省政府教育厅编印：《广西全省中等教育视导总报告》，1935年。
32. 广西省政府教育厅：《民国二十二年度上学期广西省教育概况统计》，1935印行。
33. 广西省政府教育厅编印：《广西全省中等教育视导总报告》，1936年。
34. 山西省教育厅编印：《山西省第一届举行全省中学学生毕业会考工作报告书》，1933年。
35. 山西省教育厅编辑处编印：《山西省教育厅全年工作报告摘要》，1935年。
36. 《福建省教育工作报告（民国二十一年十二月至二十二年十一月）》，印行时间不详。

37. 福建省教育厅编印：《福建省教育统计》（民国十九年度），1932 年印行。
38. 《广东省督学民国十七年度视察全省学务报告书》，广东省教育厅刊行，1929 年。
39. 《民国二十一年度广东全省教育概况》，印行时间不详。
40. 河南省教育厅编辑：《河南教育特刊》（全一册），1929 年印行。
41. 李敬斋：《河南教育最近概况》，1931 年。
42. 李敬斋：《河南全省教育会议报告》，1931 年 8 月。
43. 湖南全省地方自治筹备处：《中华民国十八年湖南全省教育统计》，1931 年。
44. 《湖南省最近三年教育概况总报告》，湖南省教育厅 1932 年印行。
45. 湖南省教育厅第一科编印：《民国二十三年度上期湖南省中等以上学校概况调查统计》，1935 年。
46. 江苏省教育厅编审室编印：《江苏教育概览》，江苏教育厅第五科发行，1932 年。
47. 《教育部督学视察湖北省江西省教育报告》，教育部 1933 年 10 月印行。
48. 江西省教育厅督学室：《二十二年度江西省各县教育概况》，江西省教育设计委员会编译部发行，1934 年。
49. 卢祝平等：《二十四年度江西省教育统计》，江西省政府教育厅发行，时间不详。
50. 浙江省教育厅：《教育概况》，1929 年。
51. 《山东省各市廿年度教育年报》，印行时间不详。
52. 四川省教育厅编印：《四川省第一届中等学校学生毕业会考成绩一览》，1934 年。
53. 国立暨南大学西北教育考察团：《西北教育考察报告书》，上海：国立暨南大学出版课，1936 年。
54. 浙江省教育第一科编印：《浙江省高等教育与中等教育》，1933 年。
55. 上海新闻社：《1933 年之上海教育》，上海：上海新闻社 1934 年印行。
56. 《上海大中小学校调查》，1935 年。
57. 萧季英：《中学教师服务之状况》，北平：国立北平师范大学出版课，1932 年。
58. 湖北教育厅编审委员会：《民国二十二年湖北教育概况统计》，1934 年印行。

59. 《文昌县教育局要览》，1924 年印行。
60. 《第一次教育统计图表》，《近代文史资料丛刊三编》（93—95），台北：文海出版社 1907 年影印。
61. 《中华民国第三次教育图表》，《近代文史资料丛刊三编》（98—99），台北：文海出版社 1915 年影印。
62. 《民国六年全国中学校一览表》，1917 年印行。
63. 中华教育改进社：《中国教育统计概览》，上海：商务印书馆 1923 年版。
64. 教育部普通教育司编：《全国公私立中等学校名称及分布概况（民国十九年》，1933 年 8 月印行。
65. 教育部普通教育司编：《全国公私立中等学校名称及分布概况（民国二十年)》，1931 年 10 月印行。
66. 教育部普通教育司编：《全国公私立中等学校名称及分布概况（民国二十一年)》，印行时间不详。
67. 教育部统计室：《中华民国二十二年度全国中等教育统计》，1936 年印行。
68. 教育部统计室编：《全国中等学校一览表 1936 年》，1937 年印行。
69. 上海学生联合会：《五四后之上海学生》，1925 年印行。
70. 蒋维乔：《江苏教育行政概况》，1924 年印行。
71. 教育杂志社：《新学制中学课程》，上海：商务印书馆 1925 年版。
72. 王卓然：《中国教育一瞥录》，上海：商务印书馆 1923 年版。
73. 阮蔚村：《远东运动会历史与成绩》，上海：勤奋书局出版 1934 年版。
74. 《学部奏咨辑要》，1905，《近代文史资料丛刊三编》（96），台北：文海出版社影印。
75. 《教育部行政纪要》（民元至民四），《近代文史资料丛刊三编》（97），台北：文海出版社影印。
76. 《全国教育行政会议、各省区报告汇录》，《近代文史资料丛刊三编》（100），台北：文海出版社 1916 年影印。
77. 《国际联盟教育考察团报告书》，《近代文史资料丛刊三编》（102），台北：文海出版社 1933 年影印。
78. 国联教育考察团：《中国教育之改进》，国立编译馆，1933 年。

79. 《十日谈》编辑部编印：《学校生活特辑》，1934年。
80. 李楚才：《帝国主义侵华教育史资料·教会教育》，北京：教育科学出版社1987年版。
81. 李清悚：《帝国主义在上海的教育侵略活动资料简编》，上海：上海教育出版社1982年版。
82. 蔡春等：《历代教育笔记资料》（清代部分），北京：中国劳动出版社1993年版。
83. 舒新城：《中国近代教育史稿选存》，1936年印行。
84. 舒新城：《中国近代教育史资料》（上、中、下），北京：人民教育出版社1961年版。
85. 朱有瓛：《中国近代学制史料》（共四辑），上海：华东师范大学出版社1983—1993年版。
86. 陈学恂：《中国近代教育大事记（1840—1919）》，上海：上海教育出版社1981年版。
87. 中央教科所：《中国现代教育大事记（1919—1949）》，北京：教育科学出版社1988年版。
88. 中国第二历史档案馆：《中华民国史档案资料汇编·教育》，南京：江苏古籍出版社1994年版。
89. 璩鑫圭等编：《中国近代教育史资料汇编——学制演变》，上海：上海教育出版社1991年版。
90. 李桂林等：《中国近代教育史资料汇编——普通教育》，上海：上海教育出版社1995年版。
91. 朱有瓛等：《中国近代教育史资料汇编——教育行政机构及教育团体》，上海：上海教育出版社1993年版。
92. 陈学恂：《中国近代教育史教学参考资料》（上、中、下），北京：人民教育出版社1987年版。
93. 陈学恂：《中国近代教育文选》，北京：人民教育出版社1983年版。
94. 教育杂志社编辑：《新学制的讨论》（上、中、下），上海：商务印书馆1925年版。
95. 中国史学会主编：《辛亥革命》（共八册），上海：上海人民出版社1957年版。
96. 中国社会科学院近代史所：《五四运动回忆录》（上、下、续），北京：

中国社会科学出版社 1979 年版。
97. 郭廷以：《中华民国史事日志》（共四册），台北：中研院近代史研究所，1979—1985 年。

（三）学校概览

98. 《天津南开学校中学部一览》，1921 年印行。
99. 《校风》，天津：南开中学，1915—1919 年。
100. 《南开中学丁卯级同学录》，1927 年印行。
101. 《天津南开学校中学部一览·25 周年纪念》，1929 年印行。
102. 张伯苓：《南开四十年》，1944 年印行。
103. 《北平弘达中学十周年纪念刊》，1933 年印行。
104. 《（北京）明德中学校刊》，1941 年印行。
105. 《北京清明中学概览》，1927 年印行。
106. 《（镇江）崇实女子中学五十周纪念刊》，1934 年印行。
107. 《汇文年刊》，1936 年印行。
108. 《集美初级中学概况》，1947 年印行。
109. 《集美高级中学概况》，1947 年印行。
110. 《集美学校编年小史》，1948 年印行。
111. 《建中要览》，1930 年印行。
112. 《私立中国中学第三届毕业纪念刊》，1937 年印行。
113. 《（长沙）明德学校略史》，1922 年印行。
114. 《湖南私立明德中学校一览》，1929 年印行。
115. 圣心学校编：《圣心》，1932 年印行。
116. 《私立北平辅仁大学附属中学概况》，1936 年印行。
117. 《私立广东国民大学附设中学概览》，1934 年印行。
118. 《保定私立育德中学校规则·27 周年纪念》，1932 年印行。
119. 《（苏州）振华女学校三十年纪念刊》，1936 年印行。
120. 《天津私立含光女子中学校校刊》，民国 30 年（1941）。
121. 《天津私立特一校刊》，1937 年印行。
122. 《天津私立特一中学纪念册》，1934 年印行。
123. 北平艺文中学：《道尔顿制实施概况》，1933 年印行。
124. 杨志行：《解放前南开中学的教育》，天津：天津教育出版社 1989

年版。

125. 曾克：《春华秋实：开封北仓女中回忆录》，郑州：河南人民出版社 1985 年版。
126. 殷达：《福相史话——湖南私立福相女中校园漫步》，北京：中国环境科学出版社 1993 年版。

（四）天津市档案馆档案

127. j54-3413，南开中学函送民国二十三年度决算，1934.01
128. j54-3884，震中学校函请豁免房捐牌维教育，1936.03
129. j56f-2845，天津私立南开中学校请领管业证，1932.01
130. j56f-32262，南开中学税契，1929.11
131. j56f-32312，天津私立河东中学领管业证税契，1932.03
132. j56f-74649，业户天津私立究真中学校请管业证，1936.04
133. j96-839，南开中学校函请将大广公司捐助地址准予发给印契，1929.11
134. j110-1，天津私立河北中学校呈请立案并送表册等件，1929.01
135. j110-2，震中中学校呈恳备案并送简章，1929.01
136. j110-3，南开女子中学校呈送表册请立案，1929.01
137. j110-4，私立究真中学校呈请立案，1929.01
138. j110-5，天津汇文中学校函祈赐下私立学校立案应用各项表格，1929.01
139. j110-6，天津中山中学学生会报告校长高峥嵘办学以来黑幕重重等情一案希援助（附立案），1929.01
140. j110-7，私立圣功中学校董会呈请立案，1929.08
141. j110-8，天津特别市私立圣功女子中学校董会用表册，1929.01
142. j110-9，河东中学校董事李荣培呈请立案，1929.01
143. j110-15，私立南开学校董事会呈南开中学校请立案，1930.05
144. j110-18，私立老西开学校校董会呈小中学立案，1931.01
145. j110-23，私立旅津广东初级中学呈请立案，1931.05
146. j110-26，河北省教育厅函送省立中学及核准立案私立中学一览表，1931.01
147. j110-27，安徽中学校呈请立案，1931.06

148. j110-31，私立仰山女子初级中学呈请立案，1932.02
149. j110-32，天津市私立仰山女子初级中学校校董会章程，1933.01
150. j110-33，私立大同中学呈请立案，1932.06
151. j110-34，私立九一八中学校董会呈请备案，1932.07
152. j110-35，私立树人初级中学呈请立案，1932.07
153. j110-36，天津市私立树人中学校立案用表，1930.01
154. j110-37，私立三八女子中学校呈请立案，1932.06
155. j110-42，私立开明初级中学校董会呈请立案，1933.06
156. j110-44，令私立南开究真中学校该校曾在教育厅立案自应划归厅辖，1933.11
157. j110-45，天津市私立法汉中学呈请立案，1933.01
158. j110-48，令私立启明中学来局备案，1933.12
159. j110-49，原特一中学校董会呈请立案，1932.12
160. j110-50，天津市私立特一初级中学校董会设立呈报事项表，1932.12
161. j110-51，私立木斋中学立案，1934.03
162. j110-52，私立普育女中学校请备案，1934.05
163. j110-62，河北省教育厅函送私立中日中学附设高级职业部立案表请查照饬遵，1936.02
164. j128-2155，长芦中学堂添设银行专修所各行董保送学生学生名册，1907.01
165. j134-54，旅津安徽中学成立及结束事，1930.02

（五）地方教育史志、文史选辑

166. 耿申等：《北京近代教育记事》，北京：北京教育出版社1991年版。
167. 吴廷燮等纂：《北京市志稿·文教志》，北京：燕山出版社1998年版。
168. 曹子西主编：《北京通史》第九卷，北京：中国书店出版社1994年版。
169. 河南省地方史志编纂委员会等：《河南新志》，郑州：中州古籍出版社1990年版。
170. 砀山县政府第三科编：《砀山教育》，1934年印行。
171. 本志编纂委员会：《石家庄市教育志》，石家庄：河北教育出版社

1992 年版。

172. 保定市政协文史委员会：《保定近代教育史略》，保定：河北大学出版社 1992 年版。

173. 甘肃省地方史志编纂委员会：《甘肃省志·教育志》，兰州：甘肃人民出版社 1991 年版。

174. 旅顺口区教委教育史志编纂委员会：《旅顺教育志（1840—1990）》，1992 年印行。

175. 福州市教育志编纂委员会：《福州市教育志（308—1989）》，1995 年印行。

176. 王秉祯等：《长春市志·教育志》，长春：吉林人民出版社 1995 年版。

177. 湖南省地方志编纂委员会：《湖南省志·教育志》，长沙：湖南教育出版社 1995 年版。

178. 杭州市教委：《杭州教育志》，杭州：浙江教育出版社 1994 年版。

179. 徐州市教育志编写办公室：《徐州市教育志》，徐州：中国矿业大学出版社 1991 年版。

180. 唐山市教育志编委会：《唐山市教育志（1840—1990）》，北京：教育科学出版社 1993 年版。

181. 福建省地方志编纂委员会：《福建省志·教育志》，北京：方志出版社 1998 年版。

182. 刘得志：《晋州市教育志》，石家庄：河北人民出版社 2001 年版。

183. 兰州市地方志教育志编纂委员会：《兰州市志·教育志》，兰州：兰州大学出版社 1997 年版。

184. 江苏省地方志编纂委员会：《江苏省志·教育志》，南京：江苏古籍出版社 2000 年版。

185. 江西省教育志编纂委员会：《江西省教育志》，北京：方志出版社 1996 年版。

186. 王挥等：《泉州市区教育志稿》，2001 年印行。

187. 刘世国：《吉林教育大事记》（一），长春：吉林教育出版社 1989 年版。

188. 内蒙古教育志编委会：《内蒙古教育史志资料》，呼和浩特：内蒙古大学出版社 1995 年版。

189. 偃师市教育志编纂委员会：《偃师市教育志》，郑州：中州古籍出版社 2001 年版。
190. 周口地区教育志编纂办公室：《周口地区教育志》，1994 年印行。
191. 郑州市教育志编辑组：《郑州市教育志》，郑州：中州古籍出版社 1994 年版。
192. 开封市教育志编委会：《开封市教育志（1840—1985）》，郑州：中州古籍出版社 1991 年版。
193. 三门峡市教育委员会编，《洛阳地区教育志》，郑州：中州古籍出版社 1992 年版。
194. 赵清九：《商丘地区教育志》，北京：中国展望出版社 1990 年版。
195. 王垂熙：《焦作市教育志（1898—1985）》，开封：河南大学出版社 1989 年版。
196. 商洛地区教育局：《商洛地区教育志》，西安：三秦出版社 2006 年版。
197. 衢州市教育志编辑委员会：《衢州市教育志》，杭州：杭州出版社 2005 年版。
198. 宜宾市教育局：《宜宾教育志》，重庆：西南师范大学出版社 2005 年版。
199. 沙河市教委：《沙河市教育志（1107—1990）》，北京：教育科学出版社 1994 年版。
200. 济南市天桥区教育志编纂委员会：《济南市天桥区教育志》，济南：山东人民出版社 1999 年版。
201. 海阳市教育志编纂委员会：《海阳市教育志》，青岛：青岛海洋大学出版社 1998 年版。
202. 泰安市教育志编纂办公室：《泰安地区教育志资料》（三），1988 年印行。
203. 菏泽地区教育史志办公室：《菏泽地区教育志（1840—1985）》，1992 年印行。
204. 聊城地区教育史志办公室：《聊城地区教育志》，1989 年印行。
205. 德州市教育志编纂委员会：《德州市教育志（1840—1985）》，1988 年印行。
206. 曲阜教育志编写组：《曲阜教育志》，1987 年印行。

207. 贵州省地方志编纂委员会：《贵州省志·教育志》，贵阳：贵州人民出版社1990年版。
208. 《20世纪上海文史资料文库》，第8辑。
209. 《大同币新荣区文史资料》，第3辑。
210. 《安庆文史资料》，第28辑。
211. 《清远文史资料》，第8辑。
212. 《江门文史》，第28辑。
213. 《剑阁文史资料选辑》，第20辑。
214. 《唐山文史资料》，第12、13辑。
215. 《保定文史资料选辑》，第9—12辑。
216. 《山西文史资料选辑》，第25、67辑。
217. 《绍兴文史资料》，第2辑。
218. 《山东文史集萃·教育卷》。
219. 曹思彬等：《广州文史资料专辑·广州近百年教育史料》，广州：广东人民出版社1983年版。
220. 《上海文史资料选辑·解放前上海的学校》，上海：上海人民出版社1987年版。
221. 《广州文史资料》第16辑。
222. 《杭州文史资料》，第2辑。
223. 《杭州文史资料（15）·师魂续编》，1992年。
224. 《江津文史资料选辑》，第14辑。
225. 《开封文史资料选辑》，第6辑。
226. 《南昌文史资料选辑》，第8辑。
227. 《清苑文史资料选辑》，第2辑。
228. 《天津文史资料选辑》，第8、27辑。
229. 《天津市河东区文史资料》，第4辑。
230. 天津市教育局教育志编修办公室：《天津教育大事记（1840—1949）》，1987年印行。
231. 张绍祖：《天津地名丛刊·津门校史百汇》，天津：天津人民出版社1994年版。
232. 《兴化文史资料》，第9辑。
233. 《中华文史资料文库》，第17辑。

（六）文集、年谱、传略

234. 王守仁：《王阳明全集》，上海：上海古籍出版社 1992 年版。
235. 苑书义：《张之洞全集》，石家庄：河北人民出版社 1998 年版。
236. 天津图书馆等：《袁世凯奏议》，天津：天津古籍出版社 1987 年版。
237. 梁启超：《梁启超全集》，北京：北京出版社 1999 年版。
238. 康有为：《康有为自编年谱》，北京：中华书局 1992 年版。
239. 蔡元培：《蔡孑民先生言行录》，济南：山东人民出版社 1998 年版。
240. 高平叔：《中国近代教育论著丛书·蔡元培教育论著选》，北京：人民教育出版社 1991 年版。
241. 广东省社会科学院历史研究室：《孙中山全集》，北京：中华书局 1981—1986 年版。
242. 陈旭麓等：《孙中山集外集》，上海：上海人民出版社 1990 年版。
243. 陈锡祺：《孙中山年谱长编》，北京：中华书局 1991 年版。
244. 严复：《严复集》，北京：中华书局 1986 年版。
245. 孙应祥：《严复年谱》，福州：福建人民出版社 2003 年版。
246. 徐一士：《一士类稿·一士谈荟》，北京：书目文献出版社 1983 年版。
247. 柳芳：《胡适教育文选》，北京：开明出版社 1992 年版。
248. 中华职业教育社：《黄炎培教育文集》（共四卷），北京：中国文史出版社 1994 年版。
249. 曲士培：《中国近代教育论著丛书·蒋梦麟教育论著选》，北京：人民教育出版社 1995 年版。
250. 张彬：《中国近代教育论著丛书·经亨颐教育论著选》，北京：人民教育出版社 1993 年版。
251. 汤才伯：《中国近代教育论著丛书·廖世承教育论著选》，北京：人民教育出版社 1992 年版。
252. 戚谢美等：《中国近代教育论著丛书·陈独秀教育论著选》，北京：人民教育出版社 1995 年版。
253. 吕达等：《中国近代教育论著丛书·舒新城教育论著选》，北京：人民教育出版社 2004 年版。
254. 胡适：《胡适全集》，合肥：安徽教育出版社 2003 年版。

255. 陶行知：《行知教育论文选集》，1947 年印行。
256. 《董必武选集》，北京：人民出版社 1985 年版。
257. 姜建等：《朱自清年谱》，合肥：安徽教育出版社 1996 年版。
258. 陈独秀：《陈独秀文章选编》，北京：生活·读书·新知三联书店 1984 年版。
259. 陈独秀：《独秀文存》，合肥：安徽人民出版社 1987 年版。
260. 陈独秀：《陈独秀著作选》，上海：上海人民出版社 1984 年版。
261. 杜威：《杜威五大演讲》，合肥：安徽教育出版社 2005 年版。
262. 杜威：《民主主义与教育》，北京：人民教育出版社 1990 年版。
263. 杜草甬，《叶圣陶教育文集》，北京：人民教育出版社 1989 年版。
264. 李大钊：《李大钊全集》，石家庄：河北教育出版社 1999 年版。
265. 夏丏尊：《白马湖之冬》，台北：伟文图书公司 1984 年版。
266. 王国维：《静庵文集》，沈阳：辽宁教育出版社 1997 年版。
267. 钱穆：《文化与教育》，南宁：广西师范大学出版社 2004 年版。
268. 金耀基：《金耀基自选集》，上海：上海教育出版社 2002 年版。
269. 上海师大教育系：《马克思恩格斯论教育》，北京：人民教育出版社 1979 年版。
270. 崔国良：《中国近代教育论著丛书·张伯苓教育论著选》，北京：人民教育出版社 1997 年版。
271. 王文俊等：《张伯苓教育言论选集》，天津：南开大学出版社 1984 年版。
272. 郭荣生：《张伯苓先生纪念集》，《近代中国史料丛刊续辑》（180），台北：文海出版社影印 1975 年版。
273. 《民国经世文编》（教育），《近代文史资料丛刊》（496），台北：文海出版社 1966 年影印。
274. 蒋廷黻：《蒋廷黻回忆录》，长沙：岳麓书社 2003 年版。
275. 蒋梦麟：《西潮》，沈阳：辽宁教育出版社 1997 年版。
276. 杨亮功：《早期三十年的教学生活·五四》，合肥：黄山书社 2008 年版。
277. 郭齐家等：《中国近代教育家》，北京：北京科学技术出版社 1995 年版。
278. 秦孝仪：《中华民国名人传》（一—五），台北：近代中国出版社

1984—1986 年版。

279. 李新等：《民国人物传》（一——十二），北京：中华书局 1978 年—2005 年版。

（七）论著、论文

280. 舒新城：《收回教育权运动》，上海：中华书局 1927 年版。
281. 察庵：《学界风潮纪》，上海：中华书局 1919 年版。
282. 常道直：《学校风潮的研究》，上海：商务印书馆 1925 年版。
283. 中国青年社非基督教同盟：《反对基督教运动》，上海：上海书店出版社 1924 年版。
284. 陈翰笙：《广东农村生产关系与生产力》，中山文化教育馆 1934 年版。
285. 费孝通：《乡土中国》，上海：观察社 1948 年版。
286. 常乃惠：《全民教育论发凡》，上海：商务印书馆 1926 年版。
287. 古楳：《现代中国及其教育》，上海：中华书局 1934 年版。
288. 庄泽宣：《如何使新教育中国化》，上海：民智书局 1929 年版。
289. 范锜：《三民主义教育原理》，上海：民智书局 1929 年版。
290. 中国国民党执行委员会训练部：《教育要义》，1930 年印行。
291. 毛邦伟：《中国教育史》，北平：文化学社 1932 年版。
292. 陈翊林：《最近三十年中国教育史》，上海：太平洋书店印行 1930 年版。
293. 庄俞等：《最近三十五年之中国教育》，上海：商务印书馆 1931 年版。
294. 舒新城：《中国教育指南（1926 年）》，上海：商务印书馆 1928 年版。
295. 王凤喈：《中国教育史》，长沙：正中书局 1945 年版。
296. 于景陶：《中国教育史要》，1929 年印行。
297. 陈东原：《中国教育史》，上海：商务印书馆 1936 年版。
298. 邰爽秋：《庚款兴学问题》，教育编译馆 1935 年版。
299. 姜琦：《教育史》，上海：商务印书馆 1934 年版。
300. 张季信：《中国教育行政大纲》，上海：商务印书馆 1934 年版。
301. 徐世圭：《中国教育史略》，出版社不详，1931 年版。

302. 邰爽秋：《中国普及教育问题》，上海：商务印书馆 1937 年版。
303. 中学生社：《中学生的出路》，上海：开明书店 1935 年版。
304. 陈启天：《中学训练问题》，上海：中华书局 1922 年版。
305. 傅恩龄：《东北地理教本》，天津：南开中学 1931 年秋。
306. 罗荣渠：《现代化新论》，北京：商务印书馆 2004 年版。
307. 塞缪尔·亨廷顿等：《现代化：理论与历史经验的再探讨》，上海：上海译文出版社 1993 年版。
308. 布莱克：《现代化的动力——一个比较史的研究》，成都：四川人民出版社 1988 年版。
309. 金耀基：《从传统到现代》，北京：中国人民大学出版社 1999 年版。
310. 殷海光：《中国文化的展望》，上海：上海三联书店 2002 年版。
311. 林毓生：《中国意识的危机》，贵阳：贵州人民出版社 1986 年版。
312. 吉尔伯特·罗兹曼：《中国的现代化》，南京：江苏人民出版社 2005 年版。
313. 罗荣渠等：《中国现代化历程的探索》，北京：北京大学出版社 1992 年版。
314. 钱乘旦等：《走向现代国家之路》，成都：四川人民出版社 1987 年版。
315. 虞和平：《中国现代化历程》，南京：江苏人民出版社 2001 年版。
316. 侯建新：《现代化第一基石》，天津：天津社会科学出版社 1991 年版。
317. 章开沅：《比较中的审视：中国早期现代化研究》，杭州：浙江人民出版社 1993 年版。
318. 许纪霖等：《中国现代化史 第一卷》，上海：上海三联书店 1995 年版。
319. 尹保云：《什么是现代化》，北京：人民出版社 2001 年版。
320. 李国祁：《中国现代化的区域研究：闽浙台地区》，台北：中研院近代史研究所，1982 年。
321. 王树槐：《中国现代化的区域研究：江苏省》，台北：中研院近代史研究所，1984 年。
322. 苏云峰：《中国现代化的区域研究：湖北省》，台北：中研院近代史研究所，1981 年。

323. 张玉法：《中国现代化的区域研究：山东省》，台北：中研院近代史研究所，1982年。
324. 张朋园：《湖南现代化的早期进展》，长沙：岳麓书社2002年版。
325. 苏云峰：《中国新教育的萌芽与成长（1860—1928）》，北京：北京大学出版社2007年版。
326. 蒋廷黻：《中国近代史大纲》，南京：江苏教育出版社2006年版。
327. 李学智：《民国史论稿》，天津：天津社会科学出版社2007年版。
328. 李学智：《民国初年的法治思潮与法制建设》，北京：中国社会科学出版社2004年版。
329. 张宪文：《中华民国史》，南京：南京大学出版社2005年版。
330. 费正清等：《剑桥中国晚清史（1800—1911）》，北京：中国社会科学出版社1985年版。
331. 费正清等：《剑桥中华民国史》，北京：中国社会科学出版社1994年版。
332. 陈旭麓：《近代中国社会的新陈代谢》，上海：上海人民出版社1992年版。
333. 张静如：《北洋军阀统治时期中国社会之变迁》，北京：中国人民大学出版社1992年版。
334. 张海鹏：《中国近代通史》（第一卷），南京：江苏人民出版社2006年版。
335. 秦英君：《中国现代史简编》，开封：河南大学出版社1987年版。
336. 董长芝等：《中国现代经济史》，长春：东北师范大学出版社1988年版。
337. 范明辛：《中国近代法制史》，西安：陕西人民出版社1988年版。
338. 田正平等：《中国教育史研究·近代分卷》，上海：华东师范大学出版社2001年版。
339. 周谷平：《近代西方教育理论在中国的传播》，广州：广东教育出版社1996年版。
340. 钱曼倩：《中国近代学制比较研究》，广州：广东教育出版社1996年版。
341. 董宝良等：《从湖北看中国教育近代化》，广州：广东教育出版社1996年版。

342. 张彬：《从浙江看中国教育近代化》，广州：广东教育出版社1996年版。

343. 田正平：《留学生与中国教育近代化》，广州：广东教育出版社1996年版。

344. 何晓夏等：《教会学校与中国教育近代化》，广州：广东教育出版社1996年版。

345. 彭平一等：《湘城教育纪胜》，长沙：湖南文艺出版社1997年版。

346. 刘正伟：《督抚与士绅：江苏教育近代化研究》，石家庄：河北教育出版社2001年版。

347. 阎广芬：《经商与办学：近代商人教育研究》，石家庄：河北教育出版社2001年版。

348. 商丽浩：《政府与社会：近代公共教育经费配置研究》，石家庄：河北教育出版社2001年版。

349. 金钟明等：《中国民办教育史》，北京：中国社会科学出版社2003年版。

350. 邬志辉：《中国教育现代化新视野》，长春：东北师范大学出版社2000年版。

351. 沈灌群：《从鸦片战争到五四运动时期的教育》，北京：教育科学出版社1984年版。

352. 栗洪武：《西学东渐与中国近代教育思潮》，北京：高等教育出版社2002年版。

353. 申晓云：《动荡转型中的民国教育》，郑州：河南人民出版社1994年版。

354. 关晓红：《晚清学部研究》，广州：广东教育出版社2000年版。

355. 王炳照：《中国科举制度研究》，石家庄：河北人民出版社2002年版。

356. 陈景磐：《中国近代教育史》，北京：人民教育出版社1979年版。

357. 雷良波：《中国女子教育史》，武汉：武汉出版社1993年版。

358. 马镛：《外力冲击与近代上海教育》，武汉：湖北教育出版社2003年版。

359. 李宗刚：《新式教育与五四文学的发生》，济南：齐鲁书社2006年版。

360. 桑兵：《晚清学堂学生与社会变迁》，南宁：广西师范大学出版社 2007 年版。
361. 华东师范大学教育系教科所：《中国现代教育史》，上海：华东师范大学出版社 1983 年版。
362. 熊贤君：《千秋基业——中国近代义务教育研究》，武汉：华中师范大学出版社 1998 年版。
363. 李桂林：《中国现代教育史》，长春：吉林教育出版社 1991 年版。
364. 喻本伐等：《中国教育发展史》，武汉：华中师范大学出版社 1991 年版。
365. 王炳照：《中国古代私学与近代私立学校研究》，济南：山东教育出版社 1997 年版。
366. 高奇主编：《中国现代教育史》，北京：北京师范大学出版社 1985 年版。
367. 熊明安：《中华民国教育史》，重庆：重庆出版社 1997 年版。
368. 于述胜：《中国教育制度通史》（第七卷），济南：山东教育出版社 2000 年版。
369. 李国钧等：《中国教育通史》（第六卷），济南：山东教育出版社 1988 年版。
370. 李华兴：《民国教育史》，上海：上海教育出版社 1997 年版。
371. 田正平等：《中国教育思想通史 第六卷》，长沙：湖南教育出版社 1994 年版。
372. 董葆良等：《中国教育思想通史 第七卷》，长沙：湖南教育出版社 1994 年版。
373. 汪刘生等：《中外教育史大事对照年表》，长春：吉林教育出版社 1990 年版。
374. 王炳照等：《简明中国教育史》，北京：北京师范大学出版社 1987 年版。
375. 毛礼锐：《中国教育史简编》，北京：教育科学出版社 1984 年版。
376. 李才栋等：《中国教育管理制度史》，南昌：江西教育出版社 1996 年版。
377. 郭齐家：《中国教育思想史》，北京：教育科学出版社 1987 年版。
378. 何晓夏等：《教会学校与中国教育近代化》，广州：广东教育出版社 1996 年版。
379. 林金枝：《华侨华人与中国革命和建设》，福州：福建人民出版社

1993 年版。

380. 孙成城：《中国教育行政简史》，北京：地质出版社 1999 年版。
381. 宋家珩主编：《加拿大传教士在中国》，北京：东方出版社 1995 年版。
382. 王伦信：《清末民国时期中学教育研究》，上海：华东师范大学出版社 2002 年版。
383. 王炳照主编：《中国私学·私立学校·民办教育研究》，济南：山东教育出版社 2002 年版。
384. 孙培青：《中国教育史》，上海：华东师范大学出版社 2000 年版。
385. 吴洪成：《中国教育史研究》，重庆：西南师范大学出版社 1998 年版。
386. 杨天平：《民国中后期三民主义教育宗旨述评》，《理论界》2004 年第 1 期。
387. 熊贤君：《1949 年前中国私立学校的董事会组织管理体制》，《教育研究与实践》1998 年第 3 期。
388. 熊贤君：《论民国时期教育经费的困扰与对策》，《湖北大学学报》（哲社）1996 年第 3 期。
389. 杨大春：《南京国民政府的教会学校政策述论》，《苏州大学学报》（哲社）1999 年第 2 期。
390. R. H. Tawney, *Land and Labor in China*, New York: Harcourtbuace & Company, 1932.